土地资源约束下的新城区发展

——关于青岛市崂山区的案例研究

李 立 等著

经 济 科 学 出 版 社

图书在版编目（CIP）数据

土地资源约束下的新城区发展：关于青岛市崂山区的
案例研究／李立等著．—北京：经济科学出版社，2007.7
ISBN 978 - 7 - 5058 - 6373 - 6

Ⅰ．土…　　Ⅱ．李…　　Ⅲ．区（城市）－城市经济－经
济发展－研究－青岛市　　Ⅳ. F299. 275. 23

中国版本图书馆 CIP 数据核字（2007）第 081672 号

主要撰稿人：

李　立　叶焕民　韩立民　张天旺

于　洋　边伟军　徐立勋　祝晓波

张红智

序　言

　　我国现代意义上的新城区发展可追溯到 20 世纪 80 年代，但大规模的开发建设却是从 20 世纪 90 年代开始的。随着经济的高速增长，城市的空间不断拓展，一批以工业开发为先导，以发展地方经济为目标的新城（经济开发区、卫星城镇等），如雨后春笋般地成长起来，并对加速我国的工业化和城市化起到了重要的推动作用。

　　然而，与对新城建设速度倾注的热情相比，人们对新城区建设中资源和环境约束的普遍关注却晚了许多年。当人们津津乐道于一座座新城的雄伟与壮丽，徜徉于 GDP 指标高速成长的憧憬之中时，不觉间，可以利用的土地资源变得越来越少了。鳞次栉比的厂房、拔地而起的高楼和流光溢彩的都市生活使人们感受到了新城区建设带来的繁荣，但同时也留下了许多怅然若失的隐痛。近年来，随着土地资源约束矛盾的突出和城市人文与生态环境矛盾的显性化，新城区发展的理念也随之发生了许多新的变化。社会各个方面对资源集约利用、环境保护、宜居型城区乃至人文关怀的日趋关注，可以说，既是一种新的历史责任感的反映，也是那种隐痛之后的反思。

　　基于上述情结的研究目前大致有三种类型：第一类是运用实证研究方法，通过现场调查和观察获取一手资料，然后按照经济学、社会学理论和实践经验，对新城区建设中的社区生活、人口特征、经济与社会组织乃至发展的动力和进程提出各种方案和对策；第二类是运用类比方法，借鉴国外发展经验，参悟城市发展的一般规律，并在此基础上萌生出了许多新的理念；第三类是个案和专题性的研究，通过对一些代表性事件和现象的剖析，或对典型区位发展状况的描述，提供了许多发人深省的意见。

此外，若干偏重于城市规划与管理、土地经济学等专业领域的研究也推出了许多引人注目的成果。

本书采用的是一种个案研究方法，但对研究视角的把握却是全方位的。关于新城区发展研究的切入点是土地资源约束，落脚点是城市形态的完善和产业结构优化，同时，还论证了土地资源约束背景下的增长模式转型、战略思路调整以及与之密切相关的城市布局理念、城区和乡村的民生问题、政府执政方式的调整等。另外，本书也运用类比研究方法，提供了一些关于国外土地集约利用和管理经验方面的成果。

之所以选择青岛市崂山区作为研究对象，主要出于两个原因：一是崂山区是青岛市这座富有活力的城市中最具成长性的重要区域之一。在进入大规模开发建设的十多年间，崂山区的经济实力和城区形态发生了巨大变化，关于新城区发展的几乎所有重要问题在这里几乎都可以寻到端倪；二是崂山区以我国的海上名山——崂山而闻名，自然条件十分优越，有山有海，但可以用于建设的土地资源与大城市周边类似的新城区相比，却十分紧缺，尤其是经历了十几年的快速建设后，其可转让的土地资源几近枯竭。用它来印证土地资源约束背景下的新城区发展是具有典型性的。此外，还因为，崂山区既是一个在土地资源集约利用方面创造了许多经验的区域，同时，也是历史上曾经出过闻名全国的"六大土地大案"的地方。选择这一个案作为研究对象具有较强的普遍性意义。

本书与以往的个案研究相比有四点差异：一是从山东半岛制造业基地建设和青岛市整体发展规划的背景出发，为崂山区这一个案的研究提供了一个宏观的参照背景；二是按照科学发展观的要求，在强调集约使用有限资源和积极开辟新资源的同时，强调了能力塑造和资源有效组织的战略意义，各项立论突出了可持续发展的要求；三是依据崂山区集国家高新技术开发区、国家旅游度假区和国家风景旅游区为一身的特征，突出了高起点发展的思想，为崂山区设定了诸多在区域经济范围内担负高端引领责任的发展目标；四是依据崂山区新发展阶段的要求，围绕土地要素集约利用的中心议题，提出了城市形态优化、产业布局调整、战略模式转型等对策性建议。

本书由导论和十一章正文构成。各章节的主要内容如下：

导论，在关注崂山区跨越式发展的巨大成就和光明前景的同时，指出了崂山区资源环境硬约束和自主创新能力不足的矛盾，以及在城市形态和产业发展等方面遇到的"瓶颈"，并在此基础上提出了实施新发展战略的十个基本思路，以及按照这些思路应关注的问题和从事的工作。

第一章，经济增长特征与战略转型。在肯定崂山区良好经济运行态势的前提下，找出了其中隐含的可能冲击全区经济持续良性运行的多个不利因素（区级财政有可能随房地产业由盛转衰，增长势头萎缩；全区经济高速增长受核心产业投资规模不足拖累，有可能难以为继；外贸出口受制造业利用外资形势严峻、外贸摩擦增多等不利因素影响，高位运行的困难越来越大），同时，依据崂山区工业化和城市化的资金流向等相关影响因素判断，其经济增长背景已经变化，实施战略转型已成必然趋势，并相应地设计了若干推进新增长战略实施的对策。

第二章，土地利用状况分析及对策。运用定量分析手段，揭示了崂山区土地利用规模变化与经济产出规模之间的联系，以及土地利用规模在各部门的不规则分配状态，测度了不同产业单位产值占地比率的差异；运用LUCC方法，对崂山区土地利用结构变化情况进行了分析，使用土地利用动态度概念对崂山区各类不同用地变化情况进行了比较，揭示了崂山区存在的土地资源相对匮乏、土地资源配置不合理、土地利用效益较低等问题，给出了不同类别用地的结构优化模型、目标指向和解决办法，并提炼总结了指导土地管理的"十个度"工作原则。

第三章，城市功能演进与城市形态创新。论述了城市形态演变的进程，提出了建设"紧凑型"中心城区、创立"点轴结合型"产业布局、保持"生态旅游型"城市环境、提升现代服务功能的城区功能建设目标，以及对崂山区未来5~10年内土地利用结构变化和人口发展规模的预期。阐述了实施紧缩型城市发展战略（紧缩建设规模、紧缩产业布局、紧缩城市扩张边界、紧缩政府建筑空间），以提升城区综合功能为主线，促进城市职能转型、社会文化功能升级、发展环境创新，城市物质实体空间与人文社会环境和谐发展、高技术产业与新型都市经济并行发展的城市形态创新的实施路径。

第四章，产业分布状况和发展态势。对崂山区当前的产业分布特征、结构变化趋势、主导产业贡献和产业形态演进情况进行了定量分析，并结合第三产业对第一、二产业的关联度，以及第三产业内部各具体行业对第一、二产业的关联度分析，指出了崂山区在主导产业集中度、房地产业的财税影响力和新型高效农业及生产型服务业发展状况等方面存在的问题，提出了实现崂山区产业布局演变过程中"一核、三带、四区"

的总体产业布局框架的工作思路。

第五章，高新技术产业发展状况评价。使用高新技术产业发展度概念，对反映崂山区高新技术产业发展状况的投入指标总值、产出指标总值、效益指标总值和潜力指标总值进行了总体评价；结合 R&D 经费投入强度、产品出口竞争力、高新技术产业产品的产值率、高新技术产业增加值年增长率和高新技术产品出口额年增长率等分类指标的进一步细分评价，分析了崂山区在高新技术产业 R&D 经费投入、高新技术产业产品附加值、中小型高新技术企业和非工业高新技术产业发展等方面存在的问题，并提出了推进崂山区高新技术产业发展的对策。

第六章，新型都市产业发展思路。对崂山区发展优势比较突出的四类优势产业的现状和发展背景分门别类地进行了分析，并且针对不同产业给出了发展建议：文化创意产业应重点在创意产业化、创意园区建设、创意发展环境完善、创意产业链塑造方面多下功夫；现代服务业应加大金融服务、信息服务、现代物流、科技咨询和教育、社区服务等新兴服务业的发展力度；特色旅游业应克服旅游产品不成系列、旅游开发缺乏个性、运营机制缺乏活力、管理人才匮乏等制约因素，重视打造个性化旅游精品，增添文化和生态旅游内容，扩展休闲度假旅游项目，做好旅游地产项目，同时，要积极做好涉外旅游产品推介，发挥节庆活动的推进作用；会展产业发展应发挥拥有省内设施最为精良、配套服务堪称一流的会展场馆和多年会展管理经验的优势，解除会展特色不突出、参展公司规模小、展后服务缺乏等障碍，并做好打造会展品牌、加强会展场馆管理等工作。

第七章，海岛旅游开发与保护。从崂山区境内海岛资源的特征分析入手，对各海岛的自然资源和旅游资源进行了分析，论证了将海岛旅游融入陆地、滨海和登山旅游之中的意义，以及市场和产品开发的策略。同时，指出了海岛旅游开发的自然环境约束、经济风险和文化约束，提出了发展海岛渔业游、海岛科考游和探险游、海岛度假游、海岛康体休闲游、生态旅游等设想，并特别研究了海岛旅游开发的环境容量，以及防范自然和经济双重风险的原则，提出了海岛旅游开发走可持续发展道路的主张。

第八章，城市近郊失地农民补偿与政策体系设计。对失地农民产生的原因及失地农民问题的严重性进行了分析，在对现行征地制度缺陷和现行征地补偿制度缺陷（补偿立法漏洞多、层次繁杂、补偿标准低、补偿金额分配不合理、失地农民再就业困难）进行剖析的基础上，提出了以保障失地农民"可持续生计"为基本目标（设计合理补偿机制、引导和帮助失地农户积累资产、促进失地农民生产性就业、建立普惠社会保障机制等），解决失地农民问题的政策设计思路和工作原则。此外，本章还对国内关于失地农民补偿的经验进行了综合性的介绍。

第九章，关于新发展战略的思考。一是区级财政如何面对"土地财政"逐渐淡出的新情况？二是大规模城市建设中如何满足公共产品服务、城市资源公平分配的新要求？三是面对近年来日趋下降的生态质量，应如何锻造城区生态文明的新"名片"？四是面对崂山区创新能力不强的压力，如何提升全区创新力和综合竞争力？五是未来的经济和社会发展需要各类行为主体协同配合共同完成，如何才能建立他们之间协同配合的互动机制？六是在城市用地的功能分化不断加速的新形势下，如何保证新经济增长格局与城市形态创新相适应？

第十章，发达国家土地管理与集约利用经验。对美、日和欧洲众多经济发达国家土地管理和集约利用的经验进行了评述，并特别突出了以土地分类图或开发时序图形式限定城市扩展进程与时间、通过改变城市产业结构和发展循环经济优化城市形态等可借鉴的经验。其中，美国芝加哥利用复合型规划保证土地集约使用的经验，日本东京对城市土地实行法制管理、优化城市布局和加大生态城市建设步伐的范例，以及英国、德国和法国利用区划法加强土地管理和集约化利用土地的经验具有重要启发意义。

第十一章，韩国土地政策和土地管理。一是对韩国国有土地管理政策的变迁和国有土地管理制度的基本内容进行了介绍；二是对韩国土地征用制度中事业用土地取得的一般程序、事业用土地的协商取得、事业用土地的征用取得、对施行公益事业带来损失的补偿，以及土地征用不服的处理、土地征用委员会的权限等问题进行了评述；三是对韩国长期未施行城市规划设施的影响及其制度的改善进行了反思，并提供了若干可供崂山区吸取的经验和教训。

此外，为丰富本专题的研究，书中还附录了一个关于青岛市北新产业区产业选择方面的研究报告。该研究报告重点对电子信息产业发展状况及产业链、汽车及其零配件行业发展状况及产业链、新材料及其制品发展状况及重点领域、制药行业发展状况及重点领域进行了解析，并在此基础上提出了针对特定区域的产业选择建议。该项研究所采用的分析方法和得出的若干结论，对新城区的发展同样是具有参考意义的。

由于本书所选择的研究领域，涵盖的范围和问题的深度对研究人员的视野和研究能力要求很高，而著述者受学识、能力及资料等方面的限制难以全面适应这一要求，因而，在对上述问题的论述中一定会有诸多失误和纰漏之处，敬请读者指正。

作　者

2007 年 3 月于青岛市

目　　录

导　　论

在大青岛的城市框架中，崂山区是一个独具特色的经济区域。其特殊性不仅在于它仅历经十多年发展，就以高新技术产业、旅游经济、会展经济而崭露头角，高科园产业区、中心城区、旅游度假区的基础设施建设日臻完善，在青岛市整体的发展格局中日渐突出了自己的重要地位，还因为在经历了经济高速增长、城建快速扩展之后，崂山区可转让的土地资源几近枯竭，招商引资受制于土地资源的匮乏、工业布局调整可回旋的余地受到严重约束。从某种意义上说，崂山区各项事业的发展已遇到一个十分关键的转折点。如何再造新的发展优势，创造支撑崂山区21世纪发展战略的新资源，已成为崂山区面临的一项十分紧迫的课题。

本项研究高度评价崂山区经历十几年建设之后所取得的巨大成就，对社会各个方面给予崂山区的普遍赞誉也同样有着强烈的认同感。但同时认为，近年来，崂山区资源环境硬约束和自主创新能力不足的矛盾已十分突出，推进经济与社会的高水平发展必须实施发展思路的重大调整。

一、突破"工业园"框架，完成建设"新城区"的任务

崂山区设立之初最突出的影响力来自于发展高新技术工业园的规划。但历经多年建设，崂山区实际的城市形态已发生了许多重要变化，其文化体育中心、高等教育基地、高档居住区和特色产业的特征日渐突出，产业发展、公共设施、居民小区、商贸和办公等不同功能用地在崂山区总的城市用地结构中所占的比例发生了显著变化，香港东路、海尔路、松岭路等"未来城市大街"已初现端倪，崂山区已从以"高新技术工业园"为主，逐步演变成集商业、工业、居住于一体的综合性"城区"。

这一转变要求崂山区将单纯产业发展的单向思维多维化，实现从简单的发展高新区向发展综合性"新城区"的方向转变，形成经济高效型、

人才集聚型、旅游度假型、环境生态型的"四型"城市化形态，强化商务和会展中心功能，提升旅游观光和休闲娱乐功能，发展研发创新和创意咨询功能，完善文化体育、科研教育、卫生医疗、公共服务等功能。使崂山区成为青岛市资源要素利用最集约的功能区之一。

按照这一要求，崂山区的发展格局亟须做出三个重大调整：

1. 从以北为主过渡到南北并举。崂山区发轫于高科园，且至今主要制造业仍集中于北部地带，但国际啤酒城改造、商务一区和二区、会展中心二期和三期工程的建设等若干重大项目的实施，已对崂山区南部区域服务业的发展产生了重要影响，崂山区周边地带的情况正在发生诸多质的变化；沿香港路、海尔路一线展开的各类总部大楼、服务机构造成了人气的新的凝聚；青岛科技大学新校和青岛海洋大学新校的建设、中科院海洋所等一批新驻院所将共同在崂山区构成一个高等教育和研发机构密集的区域。此外，目前崂山区一些有识之士已提出建设影视、动漫、工业设计等创意文化产业基地的设想，它与"教育培训产业基地"交相辉映的局面有望在未来几年迅速形成。所有这一切都要求崂山区的发展格局迅速地从"以北为先"演变到"南北并举、共同发展"。

2. 从以内为主转到内外并重。崂山区自然条件优越，养成了眼睛过分向内看，未能充分发掘和利用外部资源的局限。随着经济全球化趋势的发展和大青岛格局的逐渐展开，外部因素对崂山区发展的影响越来越突出。崂山区应充分利用由此而带来的各种机会，从"以内为主"向"内外并重"过渡。在发展思路上，既要注意解决内部关系和矛盾，又要注意解决与周边发展区间的关系和矛盾；在资源利用上，既要重视自身特色资源的开发利用，又要重视外部资源的开发利用，只有这样才能为崂山区的发展争得更多的发展机遇和条件。

3. 从偏重于沿海一线到推进全面发展。目前，崂山区南部的房子已经盖到了浮山的半坡上，东部地区的地产已延伸到了崂山的山脚下，尽管还留下了麦岛村改造的一笔重彩，但就整体而言，无论是继续开发房地产业还是其他各业均受到了重大限制。因此，必须对张村河流域、浮山后存续的空间、青银高速路沿线等多个区域的发展实施全面的规划，才能使崂山区的发展格局左右逢源，真正实现从简单的发展高新区向发展综合性的"新城区"方向转变的任务。

二、从一般性的城市建设向逐渐优化城市形态的方向转变

城市形态是城市的物质（环境）实体在地域空间上的投影，是城市政治、经济、社会结构、文化传统的显现。关于城市形态的规划既是对城市未来发展的一种预见性设计，也是城市发展进程中各种利益群体综合目标追求的一种反映。国内一些城市高楼越建越多，但整个城市既没有地标线，也没有天际线，既无类似于青岛八大关的幽静之美、厦门鼓浪屿的旖旎风光，也没有美国旧金山、① 日本神户的管理者在城市建设中那种巧夺天工的匠心。崂山区应当吸取这些教训，注意不要再犯碧海山庄、爱丁堡花园等蹩脚建筑建起来又拆掉的错误。② 同时，要在本区域范围内的"城中村"改造、特色街区建设刚刚起步时，就对创建和谐人居环境给予更多关注，坚决顶住各种急功近利的诱惑，③ 努力完成从一般性开发建设向逐渐优化城市形态方向转变的任务。

按照上述原则，应考虑如下几点要求：

1. 崂山区是全市多项大型重点文化体育设施和会展馆所集聚的区域，承载着青岛市经济与社会发展总体功能目标的相当一部分的重任。因此，该区域的发展必须综合考虑全市经济与社会发展的需求，围绕上述设施的效能，加快现代会展服务、金融服务、现代商务、文化娱乐、滨海旅游度假等业态的建设进度，创建各类不同特色的"街区"，将崂山区的建设与"大青岛城市化建设"融为一体。

2. 崂山区名山大海兼备，自然条件优异，具有发展多功能生态住宅区的有利条件，且大量外来人口迁徙产生强劲的房地产需求，因此，将其发展目标定位为"逐渐成为具有浓厚文化底蕴和良好人居环境的现代化滨海都市区"④ 是有一定道埋的。但崂山区可开发的土地供给量有限，要保证住宅建设量与人口容量的协调，并为本区域未来就业人员预留一

① 旧金山市位于美国加利福尼亚州西海岸圣弗朗西斯科半岛，面积47平方英里，三面环水，环境优美，是一座山城。气候冬暖夏凉，阳光充足，被誉为"最受美国人欢迎的城市"。旧金山是重要的国际贸易中心，也是美国西海岸的金融重镇。该市服务业发达，其中旅游业是第一产业，拥有金门桥、艺术宫、渔人码头等著名的旅游景点。

② 碧海山庄和爱丁堡花园是崂山区境内两处规模不小的别墅群。二者因设计不合理、不适合人居而分别在建成3年和9年之后被拆除，成为崂山区经典性的城市规划与建筑设计的败笔。

③ 仓促开发一片区域的收入比将来对它进行改造的投入要大得多。日本前首相田中角荣在《日本列岛改造论》中说：改造旧的东京，比在平地上建设一个新东京要多花20倍的价钱。

④ 中国人民大学区域经济与城市管理研究所：《青岛市崂山区经济社会可持续发展总体战略研究》（2005）。

定的住宅建设空间，必须合理规划低、高密度开发的区域，更多发展普通高层住宅，适度发展高档住宅，严格控制别墅的建设，以提高有限建设用地的容积率。原因是，任何城市居住者的收入水平都不可能保持在一个水准线上，满足高、中、低不同消费层的需求，兼顾当前和长远、本地居民和外来移民的不同需求，是城区人口合理分布、保持和谐发展的基本要求。如果顾此失彼，势必导致新城市问题的产生。

3. 崂山区既有广阔海域，又有山海城的美景，当务之急是将这些环境资源进行整合包装，科学、合理地设计城市建筑布局，要突出山、海、城一体的城市特色，突出与青岛市区景观的有机衔接，突出海尔路、滨海大道、香港东路两侧和张村河两岸等重点区域的设计，突出多姿别致的建筑造型、特点鲜明的建筑装饰材料、丰富典雅的建筑色彩，体现山、水、城、人的高度和谐统一，努力塑造一幅"天人合一"的城市画卷。

此外，崂山区城市形态的优化还应充分尊重雅各布斯①提出的城市人文关怀的精神，营造和谐的人文环境和以人为本的社会氛围，妥善处理城市化进程中的各种利益关系和矛盾，全力完成麦岛片、中韩街道驻地片、行政中心周边、浮山新区片、张村河沿线、沙子口等重点区域的城中村改造，力争在二三年内基本消除中心区内的旧村。同时，要在建立有保障的社区生活体系方面进行更多的尝试。

三、从资源的粗放经营向集约化、复合化方向转变

据有关资料显示，目前崂山区的土地出让比例已占90%以上，多年粗放型的招商引资和无序开发，导致未来建设用地几近枯竭，这种以资源为代价换取经济增长的发展模式已不适应崂山区未来的发展。对于处于青岛东部特殊发展区位的崂山来说，今天最重要的变化已不在量的增长，而在质的提高。其中，最为重要的就是要提高资源利用的集约化、复合化程度，建立节约型的生产和生活方式，提升整个经济与社会发展和运行的质量。

---

① 雅各布斯在《美国大城市的死与生》中阐述了一种充满人文关怀的雅各布斯精神。她以自己敏锐的观察注意到，只有那些按照传统城市规划理论重建的地区，才可能成为缺乏安全保障、欠缺人际交往、城市活力严重丧失的区域。老社区之所以安全，是因为那里的邻里有着正常的交往，有着对社区的强烈认同。

实现这一目标,需全力落实如下几项任务:

1. 建立节约使用资源的标准,将集约化发展的理念自觉地贯穿于各项工作之中。为促进节约型社会建设,解决耕地资源稀缺、人多地少的矛盾,进一步提高土地资源对青岛市经济社会发展的保障能力,青岛市政府 2006 年出台的节约利用土地的工作方案,已经提出了鼓励"零增地"招商,彻底清理闲置土地,充分利用地下空间,调整城市用地规模指标和老市区用地结构,严格控制建设项目用地指标等严格的"开源节流"措施,同时,《青岛市"十一五"经济与社会发展规划》中也制定了节约使用和利用各种资源的目标。崂山区要以此为准绳,制定相应的规划、标准和政策,落实相应的责任,加强各个部门之间的协调,力求将此项工作真正落到实处。

2. 处理好速度和效益的关系。崂山区是一个自然条件优异的区域,同时也是一个资源稀缺的区域。就资源禀赋的特点而言,继续延续追逐 GDP 发展、苛求无效率的增长速度,对崂山区的可持续发展是十分不利的。崂山区应当在资源约束的矛盾刚刚显露端倪的时候,就不失时机地进行产业结构的改造,全力抓好高新技术、旅游经济、现代服务业的建设,加快形成以株洲路一线为重点的高新技术产业带、以海尔路一线为重点的楼宇经济和以沿海"四点"① 为重点的滨海旅游经济产业带,推动高新技术产业、节庆会展业和旅游业集群式发展。

3. 提升资源高效、综合利用的创新能力。提高资源的集约化程度不能单纯依赖一般的资源控制,还需在集约化利用资源的技术和手段方面多下工夫。崂山区可供开发利用的土地资源越来越少,但这并不意味着没有发展空间。要拓展新的发展空间,可以选定"黄金"区域集中发展楼宇经济,向"空间"要效益,加速人流、商流、技术流的高度集聚,形成新的经济增长源;可以依托崂山的区位优势和高新区的品牌优势,引进国内外大公司、大开发商开建一批高层商务楼,作为招商引资的新载体,吸引一批企业的区域性总部、研发中心、商务策划咨询机构、软件开发商、孵化"毕业"企业、技术密集型企业等高层次实体入驻,使其成为拉动财源经济和现代服务业发展的主导力量。

---

① "四点"包括:极地海洋世界、石老人海水浴场改造、滨海步行道崂山段和青岛现代艺术中心。

四、从发展一般制造业向构筑特性化都市经济转变

近年来，崂山区的高新技术产业在全国的地位已经呈现出下滑态势。高新技术产业发展相对滞缓既有可转让土地匮乏造成招商引资困难的原因，也有产业结构固化，转型乏力的影响。今后几年崂山区应大力推进结构转型，优化产业布局，加快以株洲路为轴线，以国家通信产业园、海尔信息园、软件园、创业园为带动，以家电电子、海洋生物医药、软件、新材料为产业支撑，以铭晟电子、泰科达液晶显示器、飞锐光电、爱德检测、第一汽车研发等项目建设为契机，把握信息技术更新换代和新材料技术迅猛发展的机遇，突破信息电子产业的核心技术，促进新材料产业技术深化和规模提升，加快生物科技、海洋产业和软件产业发展步伐，支持海尔等超大型企业集团巩固和发展品牌和国际化优势，培育海泰光电、金谷镁业等一批自主创新能力强、产业化潜力大的中小型科技企业群体。力争用3~5年时间，初步形成高科技主导产业群体和新兴高新技术产业链，基本建成区域性高新技术发展中心和高新技术产业高地。

与此同时，要根据崂山区的实际情况，多层面地寻求发展机遇，逐渐形成各具特色的都市经济形态。

1. 发展楼宇经济新形态。[①] 以海尔路为轴线，以商务一区、二区、三区为载体，加快推进总投资100多亿元的莱钢建设、数码科技中心、中信万通证券、海协信托等29个总部类大项目的建设，形成楼宇经济的初步规模，加速人流、商流、技术流的高度集聚，形成新的经济增长源，同时，可在其他有条件的区域效仿海尔路南端的开发经验，最大效能地盘活土地资源，提升区域经济的核心竞争力。

2. 发展现代城市服务业。围绕城市发展的需求，培育并拉长大型超市、商务服务、餐饮服务、休闲服务、货物配送服务、医疗服务等产业链条，构筑吃、住、行、游、购、娱等全方位的城市服务体系。同时，要抓住中国"入世"之后金融和保险领域逐步开放的机遇，促进崂山区银行、保险等行业的发展，并争取在引进外资银行方面实现重点突破，形成本区域内强力的金融支持力量；正确处理虚拟经济和实体经济的关

---

① 楼宇经济指的是，以商务楼为载体，通过招商引资、留资，发展地区经济的一种经济形态。据对上海浦东新区105幢商务楼的一项调查显示，每幢楼入驻公司的年平均营业收入超过16亿元，每幢楼平均上缴税收超过6000万元。一幢大楼的经济规模相当于一家大型企业。

系，加快发展证券、期货行业和以电子商务为重点的网络经济，加强商誉和信用环境的监管。

3. 发展会展经济。会展业是现代制造业的延伸，是制造业对接市场的窗口。目前上海、北京、广州已形成全国性的三大会展中心，但仅有上海、北京、广州等全国性会展中心是不够的，随着会展业的发展，会展市场将不断细分，中国还需要大量地方性、专业性会展中心，青岛应成为其中的佼佼者。

崂山区会展经济的发展要充分发挥三个突出优势：一是依托坐落在崂山区的山东国际会展中心，① 充分发挥国际、国内会议和展览的场所优势；二是发挥崂山区在会展业耳濡目染、历经多年历练，已积累了较丰富经验的管理优势；三是利用崂山区地处国家旅游胜地——崂山和国家旅游度假中心——石老人国家旅游度假区，周边的旅游资源丰富，会展与旅游相结合的发展空间广阔的自然条件优势，高起点地规划会展项目，充分利用会展经济的产业波及效应。② 就崂山区会展经济的发展步骤而言，近期应以国内信息电子、纺织和轻工产品为主，进而推广至综合性会展和国际性会展，国家各部委、各行业专业性会展及研讨会等。同时，要学习国外特别是欧美会展经济发达国家的经验，加强专业会展主体的培育、会展行业协会自律机制的建设和会展管理专业人才的培养，重视会展经济的发展研究，力求在未来 3～5 年内真正实现崂山区规划的建设青岛市会展经济中心的宏伟目标。

4. 发展精品旅游产业。崂山区集山海景为一体，是青岛市旅游精品资源最集中的区域，充分发挥这一优势，打造精品旅游产业，不仅对崂山区，而且对整个青岛市旅游产业的发展具有至关重要的意义。

崂山精品旅游业的发展应特别关注如下几项选择：一是立足已有旅游资源和旅游市场，做好产品推介和深入开发的工作。例如，将观光与文化和历史融合，形成立体化的精品旅游主题；二是积极发展新的旅游形态。如休闲度假、海上旅游、农业观光等，其中，特别要关注海上游

---

① 山东国际会展中心坐落在崂山区。它毗邻大海，位置优越，集商住、餐饮、服务于一体，是举办国际、国内会议和展览的理想场所。国际会展中心二、三期工程 2006 年建成后，其总建筑面积扩大到 15 万平方米。其中，室内展览面积将超过 5 万平方米，室外展览面积 5 万平方米，会议面积近 1 万平方米，餐饮、会议等配套服务功能也将进一步完善。届时，会展中心将具备接待参会人数超过 10 万人的大型展览和会议的能力，对城市经济的拉动作用也将大幅提升。

② 据分析，接待一个观光游客若收益 1 元，接待一个会议旅游者则将收益 5 元；而展馆每增加 1 元营业额，能使周边地区产生 4～5 元的经济效益。会展旅游是一个高附加值的产业。

艇项目的开发。① 青岛已经亮出了"帆船之都"的旗帜，并借助奥运会帆船比赛的东风，开展了将青岛游艇旅游与帆船运动一起推向世界的一系列宣传推介活动。根据《青岛港总体规划》，至 2020 年青岛市将建设浮山湾、唐岛湾两个大型综合旅游港（主要设施包括国际邮轮码头、一般客运码头、游艇及帆船码头、供给品运输码头，可兼容渔船码头，泊位数量 600 个以上），结束了青岛市至今没有标准邮轮码头的现状，吸引国际邮轮的到来，带动相关第三产业的发展。另据报道，青岛市北区已规划在小港耗巨资建设"渔人码头"。崂山区应依据这些信息，把握发展契机，选准经营方向，扬长避短，以优势资源为基础，创建不可替代的特殊旅游系统和有别于其他地域的旅游形象特色。

5. 发展特色农业和都市农业。② 崂山区传统的农业目前已基本消亡，同时，各类特色农业和不同类型的都市农业已逐渐形成规模。这一新的经济形态不仅扩大了农业的经营范围与服务领域，为农村剩余劳动力提供了更多的就业机会，而且适应了城市居民休闲、旅游和娱乐的需求，取得了明显的经济、社会和环境效益。"十一五"期间，崂山区的茶产业将在现有茶田 7000 亩的基础上，发展到 10000 亩的规模。同时，将策划开发北宅新植物园、茶主题公园、百雀林观光园等特色生态旅游项目，为崂山旅游文化节、崂山茶节、崂山枯桃花会等重大节会增添更多新的特色。所有这些都将对崂山区特色农业和都市农业的发展产生积极推进作用。

五、从城区无序扩张向综合效能优化转变

为控制城市无序蔓延发展，加强对城市建设的调控，切实保证公众利益，国家建设部在新修订的《城市规划编制办法》中，将城市规划区范围、城市建设用地、市域内应当控制开发的地域等确定为必须严格执行的强制性内容。按照这一要求，崂山区需对现行的发展规划实施必要调整，紧缩中心城区建设布局，强化信息和服务业导向，提高土地容积率和单位面积的开发强度，抑制热衷短期效益的倾向，制定资源条件承

---

① 中国的游艇业正蓄势待发，上海、厦门、苏州、南京等地都已制定了游艇制造和旅游发展规划。

② 都市农业是把农业与旅游业相结合，在都市化地区利用田园景观、自然生态及环境资源，结合农林牧渔生产、农业经营活动、农村文化及农家生活，为人们提供休闲旅游、体验农业、了解农村的新型农业生产经营形态。

载能力的限制性标准，避免因土地和环境问题削弱崂山区中心城区的潜能。在外围区，应综合考虑"乡村—城市转化需求"对未来城市形态的影响。公共设施选址要有长远眼光，基础设施建设要留有余地，产业布局要兼顾未来一个时期部分企业外迁的需求。另外，应充分考虑"十一五"期间青岛市各项重点交通建设项目对崂山区人流和物流的影响。

鉴于上述要求，建议崂山区进一步优化现行的城市发展规划，将全区属地划分成优化整合、重点开发、限制开发三种类型。其中，优化整合区域，① 要把提高发展质量和效益放在首位，实施更严格的土地、水、能源利用和环境保护及生态建设标准，提高集约化程度，增强承载人口的能力；重点开发区域，② 要适度增加建设用地、鼓励人口集中、加快产业集聚和城市建设步伐；限制开发区域，③ 要从维护全市生态和环境安全的高度，制定相应的保护性措施，对为此而付出相应代价的群体，要考虑利用财政转移支付的功能，给予足额的直接性和间接性补助，同时要考虑该区域剩余劳动力转移和再就业的引导问题。

考虑到南北贯通的景观大道——松岭路开通以后，青岛市"新东部"发展战略的规划蓝图已经形成，与崂山区相邻的即墨市鳌山卫镇、田横镇、温泉镇正逐渐成为新的开发热土，以及鳌山湾百舸争流，愈来愈显示出诱人魅力和发展潜力的现实情况，④ 崂山区不应再津津乐道于业已形成的"两区一带"（"两区"指高科技园区、南部商贸、文化和会展产业区；"一带"指崂山风景区、石老人度假区旅游带等）经济格局，积极谋划南北一体化的经济发展格局和在多点支撑格局之中建立顺畅的贯通渠道已成为事关崂山区发展空间拓展和综合效能进一步释放的大事。如何解决这一问题，本报告后续部分将提出一些建设性意见。

提高综合承载能力是近年来关于城市综合效能优化研究关注的热点问题。就微观层面看，它指的是，城市的资源禀赋、生态环境、基础设

---

① 优化整合区域，指的是建设密度和开发强度较高、资源环境承载能力减弱的区市建成区和产业项目基本饱和的工业园区。

② 重点开发区域，指的是发展潜力较大、集聚经济和人口条件较好、开发强度较低的新增规划建设区和产业发展的重点地带。

③ 限制开发区域，指的是主体功能开发限定在特定范围内的地区。其中，一类限制开发区域是农业用地；二类限制开发区域指自然功能不宜改变、资源与自然环境承载能力相对较差、生态状况相对脆弱、不适宜大规模集聚产业和人口的区域。

④ "新东部"战略的提出，将使青岛市的发展空间向东北部扩大 400 余平方公里，并支撑起未来青岛的另一个经济增长极。按照规划，"新东部"将给青岛贡献：1 个全国乃至世界的顶级旅游区；1 个符合由汽车时代过渡到游艇时代、由观光时代过渡到休闲时代的旅游度假区；1 个在全国乃至世界具有影响力的活动、会议中心区，即具有顶尖级接待水平的国际会议中心。

施和公共服务对城市人口及经济社会活动的容纳能力，即整个城市能容纳多少人口，能承担多少就业，能提供多少良好的生活质量等。有关方面的研究显示，崂山区的水资源量的承载能力与工业发展规模之间的矛盾十分突出；① 崂山区的人均耕地面积仅为 0.0152 公顷，大致相当于联合国规定的人均耕地警戒线水平 0.053 公顷的 28.68%；可建设用地中扣除已建和已批未建用地还剩不足 5 平方公里；崂山区 2010 年的合理人口容量为 30 万人，但预计会达到 45 万人。上述分析尚未考虑今后一个时期崂山区城市人口增长对就业的压力、对交通状况的影响。

面对这一形势，崂山区必须改变过去单纯从发展需要来考虑资源供应的思维模式，重视资源禀赋和环境基础对发展目标的影响；必须注重城市建设和资源综合利用的有机统一，将节能、节水、节材、节地和资源综合利用贯穿于城市生产、流通、消费的各个环节；必须更新城市管理观念，创新城市管理手段，推动数字化、网络化技术在城市工作中的广泛应用，全面履行好社会管理和公共服务的各项职能。

实现崂山区城市建设综合效能的优化，还需促进"乡村—城市转型"的协调发展。崂山区"乡村——城市转型"的特殊性有二：一是城市改造迅速催生了旧村改造工程，一批城中村的居民在很短的时间内便转化了自己的身份。他们在旧村改造中虽然得到了一定的补偿，但其生活方式和生存技能方面依然带有以往的印痕，面临着失去土地之后如何融入新的城市生活（包括就业和城市生活方式的适应等）的问题；二是沙子口、北宅和王哥庄三个街道办事处均有一些自然村处在崂山风景保护区内或保护区边缘的恢复区边界之内，这些区域不允许建立工业项目和开辟建设用地，且耕地面积较少，人均收入较低，生存条件较差。他们所面临的是如何脱贫和如何获得与其他区域居民同等发展机会的问题。

针对本地区居民安置和当地经济发展的问题，我们认为，需采取有力措施，重点满足两类需求：一是安民、养民的问题；二是城市生态系统平衡的问题。② 由于"乡村—城市转型"过程中各种社会、经济、环境

---

① 中国人民大学区域经济研究所：《崂山区经济社会可持续发展战略研究》。
② 生态系统是一个由生物群落及其生存环境组成的动态系统。生态系统发展到成熟阶段，它的结构和功能处于相对稳定的状态，称为生态平衡。城市是人类为自身的生存而在自然环境的基础上建立的高度人工化的环境，是一个人工形成的动态系统。这个人工生态系统具有现代化的工业、交通、建筑物、园林及其他物质设施，为人类的物质和文化生活创造了良好条件。但工厂过度集聚、建筑过分密集、人口过于集中、交通拥挤、用水和能源不足等，也称城市的生态平衡。

问题集中，"群体事件"发生的概率较高，为避免出现侵害群众利益、破坏城市生态平衡的情况，应引入"可持续生计"的概念，① 从人口、资源、环境和经济与社会协调发展的高度，搞好统一规划、统一安置和综合治理。另外，应严格控制不同区域的产业发展方向。对一些自然条件特殊、生态平衡责任较大的区域，除允许其因地制宜发展一些适合本区域环境和生态要求的产业外，② 不鼓励其发展一般性工业性项目和进行开发性建设。同时，要注意对其为全局利益和生态环境保护而付出的代价给予相应的补偿或补助。

六、从孤立设计自身发展布局向与周边区市协调发展转变

近年来，与崂山区相邻的市南、市北、李沧和即墨等区（市）的发展规划已发生了若干重大变化，其中与崂山区相邻的各个结合部地带的变化尤为显著。在此情况下，继续坚持原定的城区发展设计概念不仅不合时宜，而且在执行中会引发与相邻区域功能规划的若干矛盾，不利于资源的优化配置和城区整体发展效能的提升。因此，必须打破"孤岛"性的思维定势，将原先制定的发展策略"泛区域化"，兼顾崂山区边缘地带产业规模成长、人口圈层蔓生以及由此而带来的城市交通、居民文化娱乐生活需求等因素的变化，实施与周边区（市）协调发展的战略，将崂山区城市功能规划与上述各个行政区域的发展规划对接，形成一个相互支持、相互配合的新型合作关系。崂山区城市发展规划的政策体系，也应兼顾区际之间资源整合和功能优化的要求，尊重周边区（市）现实和未来的取向，将比邻侧目的单向政策设计转变为破壁交融的合作性政策设计。

依据上述要求，建议对崂山区现行发展规划进行如下调整：

1. 功能和布局的调整。未来五年，崂山区张村河以南的区域将成为以科技教育、商贸、生活居住为主要功能的街区；沿高新区向北宅街道

---

① "可持续生计"指的是，个人或家庭为改善长远的生活状况所拥有和获得的谋生能力、资产和有收入的活动。按照"可持续生计"的解释，土地是一种可以满足当地居民可持续利用的资源。因此，当土地等被征用之后，城市管理者应该考虑以一种新的"可持续生计"来替代。

② 例如，北宅地处国家级森林公园——崂山风景区内，辖区内森林覆盖率高，名胜古迹多，空气清新，水质好，没有任何工业污染，是青岛市近郊的一方净土。几年来，北宅街道以举办樱桃节为突破口，积极发展生态旅游观光农业，使樱桃节的规模不断扩大，社会知名度不断提高，已成为青岛市一项重要节庆活动。

办事处方向延伸，将建成面积达 16 平方公里的高新技术产业带；以滨海旅游线为基础，将形成融石老人国家旅游度假区、沙子口旅游经济区、崂山风景名胜区、王哥庄滨海度假区为一体的崂山滨海旅游经济带；通过建设和改造将形成以沙子口、王哥庄、北宅三个街道驻地基点的与中心城区相呼应的辅助中心区。

我们建议，崂山区在此基础上进一步考虑两个问题：（1）打通发展轴，形成经济辐射带。原因是，道路系统是城市的骨架，在城市布局结构上具有决定作用。中心城区形成后必然对交通网络提出新的要求，利用香港东路（西接市南发达的金融商贸区）、银川路（西接青岛市东西快速路）、辽阳路（西接青岛市第二条东西快速路）、松岭路（北连崂山区的王哥庄一线和即墨市的大片区域）、海尔路、青银高速青岛段等四通八达的交通网络建设崂山区的经济辐射带，有利于为崂山区城市功能优化和产业布局调整提供更广阔的前景和发展余地。（2）做好资源整合的文章。包括，制定统一发展规划，对整个崂山山脉和王哥庄以北旅游资源进行整合，创建"一体化"的旅游市场；通过行政区划的调整，将鳌山卫镇、温泉镇和田横镇（现属即墨市管辖）的发展与崂山区的发展规划融为一体，为崂山区调整产业布局和城市发展形态的优化提供充分的回旋空间；① 将观光旅游、会展经济、文化旅游乃至工业旅游融为一体，树立崂山区经济与社会事业发展的"一盘棋"思想；打造特色化的功能街区，推动崂山区城市建设与经济社会发展的协调，等等。

2. 建设"商圈"，② 开辟商务大道。目前青岛已具雏形的商务大道有香港中路和山东路两条。③ 其中，香港中路虽繁华热闹，但空间格局基本已定，继续发展的余地狭小；而山东路商务大道，不论是目前的设施配置档次还是综合影响力与崂山区海尔路的规划相比都要稍逊一筹。由于海尔路两侧发展的腹地更开阔，潜力更大，云集的公司总部更多，随着建设工程的日新月异和诸多招商引资项目的成功，其商务大道的日益繁荣必将成为一个不争的现实。

---

① 本项选择需向青岛市政府提出充分理由，并获得有关方面批复，方有可能实施。

② "商圈"是指零售店以其所在地点为中心，沿着一定方向和距离扩展，吸引顾客的辐射范围。商圈可分为三个层次：一是拥有高密度顾客群的核心商圈，一般占销售额的 55% ~70%；二是位于核心商圈以外的次级商圈，一般占销售额的 15% ~25%；三是位于次级商圈外围的边际商圈。

③ 青岛中山路至辽宁路虽是一个传统商业街区，但商贸业中"贸"的比重较弱，且发展中心东移之后，人气有颓减之势。中山路改造塑造的将是另一种休闲街区的形象。故未列入。

　　由于交通性主干道两侧不宜布置商业街、门头房，不宜直接设置公共建筑出入口。"商圈"的建设还应与商贸大道两侧路网格局的优化紧密联系在一起。"商圈"中心的业态可包括购物中心、大卖场、超市、专卖店、折扣店等多种形式。围绕"商圈"的建设，各种公共设施布局应贯彻集中与分散相结合、主辅得当搭配、主次中心相辅相成等原则。此外，要考虑更多便民购物场所、服务场所的需求。从未来趋势看，除商务一区、二区之外，不排除在崂山区建设超大型综合流通场所（如 Shopping-mall）①的可能性。

　　3. 选择特性化的高端服务业。现代服务业一般指的是金融、文化、物流、会展、信息和专项服务业等。在可转让土地资源几近枯竭、传统制造业发展空间十分有限的背景下，崂山区必须在新一轮产业结构调整中将突破口聚焦到现代服务业上来，在更高起点上实现现代服务业的快速发展。这一点，目前已在全区上下达成了基本共识。问题是，崂山区近期发展高端服务业的重点和路径是什么？

　　青岛市南区表示要以香港中路、山东路为载体，逐步扩大其布局范围，重点推进证券、期货、外汇等资本市场建设，发展以金融服务业为主的高端服务业。由于市南区基础好，区位优势明显，其底气显然比崂山区足的多。青岛市南区同时还提出要以中山路改造为契机，建立青岛高端休闲娱乐业中心，其建设起点和传统影响力也比崂山区目前状况要高得多。在现代商贸业布局和发展起点上也是类似情况。

　　我们认为，在青岛市这样一个中等规模的城市形成几个高端的金融服务中心和高端的休闲娱乐中心是不太可能的。崂山区不应在这一层面上与已形成较大规模金融街区的市南区竞争，而应发挥自己的优势，利用本区域内体现国际性、时代性的大剧院、科技馆、展览中心和体育中心等文化体育设施密集、高等院校和科研院所汇聚的有利条件，大力发展以创意为特征的文化服务业。②此外，应发挥崂山区自然环境和风景名

---

　　①　Shoppingmall 最早出现在欧美发达国家，指的是，在毗邻的建筑群中或一个大型建筑中，许多商店、娱乐设施和餐馆组成的大型零售综合体。mall 是指在购物步行街上购物，犹如在林荫道上闲逛一样舒适惬意。

　　②　反对意见认为，千万不要以为香港路就已经是金融中心区了。首先，该区域现在仅有几家国有商业银行在那里聚集，国内的股份制银行、民营银行还未成型，而外资银行也还未允许进入，保险、证券、投资等金融机构也很少，这个所谓的金融中心区还远未达到金融机构聚集的地步。其次，该区域交通已很拥挤，随着进入汽车消费爆发期，这一带的交通将更成问题，因此，该区域根本不适合成为金融中心区。如果离开此地，进行高水准的规划和开发，形成一个真正的金融中心区是完全有可能的。

胜云集的优势，发展自然观光、生态旅游、度假旅游服务业。至于商贸中心的建设则更不应以市南区的马首为瞻，而要独辟蹊径，走自己的发展道路。即，充分利用海尔路商贸大道建设的优势，形成北接李村商贸中心、南与佳世客一线商贸区相呼应的新的商贸区。同时，可借助便捷化、快速化交通网络的帮助和设施精良超大型购物中心的吸引力，吸纳当地顾客和"五湖四海"的消费者，推动青岛市的商贸中心向崂山区自然延伸。

4. 同城工业园和开发区之间的竞争。崂山区辖属的高新技术工业园与黄岛区辖属的经济技术开发区是一对同城开发区。在常人眼里，二者事实上已形成了同业竞争关系，在招商引资过程中，势必会发生为换得客商进区，竞相降低准入"门槛"的不良竞争。但实际上这一情况是不应该发生的。原因是，青岛市在最初设立崂山高新技术工业园和设立黄岛经济开发区的时候，二者的定位就存在差异。崂山高新技术工业园的定位是研发、孵化和技术扩散，致力于引领高新技术产业发展，贵在引进和开发高新技术，并促进其产业化。而黄岛经济技术开发区则是以吸纳外资，发展现代制造业为主，以优化出口结构为主，侧重于建立青岛市的制造业基地。崂山区应依据这一差异，实施"高端引领"的发展战略，以高新区二次创业为主题，着力打造青岛高科技中心，建设产业"高地"，抓好以信息家电、软件、海洋生物、新材料四大产业集群为重点的高新技术产业项目的引进与建设，重点扶植镁合金、智能化电子信息产品、软件开发、生物医药产品等高技术项目，将崂山区高新技术产业的规模和竞争力提升到全国先进水平的行列，真正对得起"高新技术产业发展中心"的称号。

需要强调的是，崂山区高新技术开发区的建设规模是有限度的，不是无节制的。其发展规模和容量需要根据资源条件、市场需求、劳动力状况、主要产品的生产特点以及土地规模和环境自净特点等因素进行相应的控制。项目选择要以容纳产业链的高端环节和研发机构为主，建设布局要留有一定的发展余地，对那些处于产业链低端环节的一般制造业项目要舍得放手向城区外部转移。① 同时，必须拓宽发展视野，提升自己的"域外资源动员能力"，"跳出崂山区，发展崂山区"，充分利用邻近区域乃至跨省的陆域资源，争取在崂山区之外再造一个新崂山。

---

① 此举，不仅可消减可转让土地资源拮据的窘境，而且对提升产业链经济的效能和附加值率具有重要意义。

七、打造创意崂山，实施从效率城区向创新城区的转变

崂山区在经历了以土地换资金、以空间求发展的高速成长阶段之后，可供转让的建设用地也已消耗殆尽，继续发展常规制造业的道路已经走到了尽头。同时，由于青岛市市南区香港路一线服务业高密度集聚、市北区 CBD 先声夺人、李沧区建设北部商务中心和中央居住区的投入逐渐显出迷人的前景，崂山区四周人流和物流的涌入通道已被分别从多个方位截住。崂山区原先设定的退出低端制造业竞争，尽快接上商贸业这条"短腿"的发展思路同样遇到了严峻考验。而介于第二和第三产业之间的生产性服务业在崂山区又始终没有形成具有重大影响力的产业形态。在此背景下，如何突破各种约束，低成本、高效率地找到足以支撑崂山区全局的新产业增长之路，已成为事关崂山区经济与社会发展的一个重要节点。我们认为，打破这一僵局，应当从崂山区的实际情况出发，跳出一般商贸、服务业发展的窠臼，以创意产业发展为突破口，来带动崂山区现代服务业的突变和整个城市形态的升级。

借鉴国内外创意产业发展的成功经验和从崂山区的实际情况出发，发展崂山区的创意产业应突出三个特点：

第一，走产业为主的道路。原因是，崂山区正处在加速工业化和城市化进程的阶段，使创意产业围绕产业升级和结构调整发展，有利于形成对先进制造业的服务和支撑功能，实现二、三产业的相互促进，优势互补。围绕这一目标，应重点发展的方向包括，研发设计创意、建筑设计创意、文化艺术创意、时尚消费创意、咨询策划创意等。[①]

第二，走集群化发展的道路。创意产业有别于传统意义上的二、三产业，它分布于各个行业之中，缺少必要的载体，总体上较为分散。因此，建立创意产业集聚区便成为创意产业发展的内在要求。这种产业集聚，有利于产生群体竞争优势和规模效益，有利于将技术、商业、文化融为一体，创造新的经济增长点，带动多个行业的联动发展。

第三，走与城市转型相结合的道路。创意产业不仅偏好于宜人环境、

---

① 英、美等发达国家的创意产业是在工业化和城市化完成之后发展起来的，所以，更加注重以文化为主体；日、韩等亚太国家则兼顾文化和产业发展两个方面。其创意产业大致分为内容制造产业、休闲产业和时尚产业三类。中国学者多认为，创意产业应以产业服务为主体，更加强调其物质产品的层面。

公共服务、通讯设施、交通系统、法律秩序、公共卫生、电子政务系统等城市基础结构，而且需要高品质大学、研发设施、知识产权保护和包容性的城市机制等特殊条件支持，同时，它又渗透于城市管理的各个环节，衍生出为城市服务的多元化产品。因而，对催生新的城市文化生态，促进创新的产生、转化、生产、扩散有强烈的推动作用。走与城市转型相结合的道路有助于与实现创新城区的目标结合起来，获得更大的成长空间和产生更重要的影响力。

就崂山区的当务之急而言，创意产业的发展应把握如下几个重点：

一是创意权的保护。创意产业具有研发设计投入高、而复制成本低的特点，倘若知识产权保障不足，将会严重妨碍创意产业和产品的持续发展。因而，必须加强知识产权保护，形成保护和尊重创新成果的氛围。

二是高质量的人才集聚。目前，崂山区从事创意产业的人才储备明显不足。为弥补这一缺陷，可考虑鼓励有条件的高校设立创意专业或相应的院系，加强人才的培养和集聚，同时，应搭建专业性平台，广泛吸纳外部创意人才，尤其是能够发挥领军作用的创意人才加盟崂山区创意产业的发展。

三是创意园区的建设。创意园区是一种以个人创意和产业化的组织形态为核心的簇群，其成功的决定性因素不是土地和建筑物，而是政府、企业、非政府组织、私人项目相互之间的贯通；投资、服务、营销、中介、物业等各环节之间的协调；研发、加工生产、发行营销、中介代理等各个环节之间的合作。创意园区的具体模式没有一定之规，规模亦可大可小。我们认为，在高校和研发机构比较密集的松岭路、香港东路及崂山高新区可尝试加拿大渥太华或中国深圳模式，在文化设施高度集聚的区域较为适合于建立英国雪菲尔德市的模式。①

另外，崂山区创意产业应有明确的市场定位、营销策略、整合计划，以及专业营销人才，否则很难在竞争中取胜。② 从长远看，还需根据国内

---

① 较有代表性的模式有：(1) 加拿大渥太华地区，以大学为基础，连接信息、软件、游戏等产业所形成的科技研发型创意园；(2) 中国台北市华山艺文特区，以"第三部门"主办为主，吸引大批文化人、艺术家、会展工作者、设计师来这里举办各种创作、会展和交流活动的"艺术之家"；(3) 深圳创意产业园，以"孵化＋投资"为基本模式，按照"企业运作，政府支持，行业集中，功能完善"的原则，吸引活跃的创业投资，形成具有研发、投资、制作和培训的产业基地；(4) 英国雪菲尔德市文化产业区，它没有巨大空间面积，而是一个包括博物馆、大学科学区、图书馆、BBC电台、Site画廊、艺术家村、油画陈列馆、投资机构、中介代理、电影院和娱乐中心、咖啡厅等31栋文化和创意建筑为一体的效益簇群。他们聚合后形成一种"引爆效果"。

② 崂山区待建的麦岛创意文化街已定位于，创意文化制造、销售产业、媒体资讯产业、创意办公产业、影视音乐制作与文化培训产业、文化融资产业等；崂山区规划的国家级动漫网络游戏产业基地已经作出了培植青岛动漫产业国际知名度的目标设计。

外创意产业的发展趋势，加强"走出去"的研究，开发科技含量高、文化含量高、服务质量高的特性化产品，促进现代科技与文化创意的结合，以谋取更大发展空间、释放更大发展效能。

八、抛弃自我满足心态，确立对外开放的新境界

崂山区作为青岛市改革开放的前沿，历经十几年发展，外向型经济从无到有，由小到大，成就斐然。目前，全区已汇集了一批拥有高新技术和国际知名度的企业，确立了以通讯设备、家用电器、医疗器械、精制化工、食品饮料等为代表的产业群体，形成了数字程控交换机、彩色B超、心电图机、空调机、汽车总成等具有较强竞争力的主导产品。但如果仅仅据此就得出崂山区已是高度开放型经济的结论却有失偏颇。

在崂山区外贸出口快速增长和外资项目不断聚集的背后仍存在若干的隐忧：

隐忧之一，制造业利用外资形势严峻。由于受多种因素的制约及日益激烈的国内外竞争，崂山区利用外资，特别是引进制造业大项目的难度越来越大，出口增长后劲不足已从多个方面显露出来。

隐忧之二，出口产品质量有待提升。尽管崂山区出口商品中高新技术产品所占比例较高，但各类冠以高新技术的产品实际技术含量较低，产业链条短、增加值幅度低，出口产品面临技术壁垒、绿色壁垒和技术标准限制的风险在不断积聚。

隐忧之三，参与世界经济活动的程度仍偏低。近年来，崂山区的外贸依存度始终呈现一个迅速上升的趋势，[①] 但是，如果采用世界银行通用的"货物贸易进出口额/商品GDP"公式，再以购买力平价加以修正，那么，外贸依存度实际上只相当于现行计算方法测算数据的1/3；若考虑到崂山区加工贸易在对外贸易总额中占有相当比重的实际情况，那么，崂山区实际参与世界经济活动的程度还要打更大的折扣。

解决上述问题，需要崂山区应进一步创新对外开放的思路，抓住当前全球制造业产业转移，特别是日、韩两国与山东经济合作日益增多，珠三角、长三角的外资企业纷纷北上寻找新发展空间的机遇，采取有效

---

① 2005年崂山区进出口总额达到32.42亿美元，较上年增长7.8%；其中完成出口额17.09亿美元，较上年增长11.6%；外贸出口依存度达到69%，较上年增长10.84%，创下了历史新高。

措施，加大对外开放力度，提高产业聚集度，并落实如下几项任务：

第一，吸引更多外资介入现代服务业的建设，推动崂山区现代服务业接轨国际。青岛先后被国家列为经济中心城市、沿海开放城市、计划单列城市和副省级城市，近年来获得了中国最具经济活力城市、2005 中国最佳商务城市、首批全国文明城市、中国品牌之都等荣誉称号，正日益成为世界瞩目的一片热土。目前青岛的工业领域已大部分对外开放，但服务贸易市场的开放才刚刚开始，崂山区应根据市场需求均衡原理，促进现代服务业接轨国际，在青岛市服务业的对外开放格局中捷足先登，发挥积极作用。

第二，引进国外高端制造业技术，鼓励外商投资企业加强原材料、零部件本地化配套，延伸产业链条，拉动崂山区中小型高技术企业的快速发展，加快形成高技术产业集群。使之成为全区大规模投资的新热点和拉动全区经济发展的重要支撑。同时，应利用我国人民币汇率调整的时机进行利用外资战略调整。扶植技术密集型和资本密集型企业，推动外资从规模向质量转型，① 使越来越多的企业转向低消耗、高效益之路，开发更具竞争力的产品，逐步摆脱初级贴牌加工之路。

第三，加大区域之间的开放程度，各展所长，优势互补，达到共同发展的目的。崂山区南有大海屏障，东有崂山阻隔，西有稠密的居民区和繁华的商务政务中心，从长远的发展趋势看，不仅需要走出国门，到国外去投资，到国际市场上去竞争，而且需要在内涵型发展的同时，走出崂山，到本区域外部进行合作和发展。当前的任务是：在青岛市"新东部战略"划定的经济合作区域内进行合作开发、促进协调发展，共同打造青岛市东北部一个新的经济增长极；加强与崂山区新增"飞地"② 所在区域的经济融合，在推进当地经济增长的同时，为崂山区一般制造业的转移提供新的发展空间，缓解高新技术工业园有限土地供应的矛盾，推动各类经济资源的优化配置。

此外，要注意发现和发掘崂山发展的新优势，改变过去单纯以工业为主的发展模式，确立工业和服务业并重的新目标，避开土地资源供给有限的瓶颈，使高科技、大旅游和现代商贸成为崂山区经济发展的主导

---

① 人民币的升值会导致外资的投资成本增加，但技术密集型的外资企业受影响程度远远小于劳动密集型外资企业。利用这种机制推动外资从规模向质量转型是一个极好的时机。

② 跨越了一方行政区划，但管理使用权仍归其所有的土地称"飞地"，采用在本行政区划之外征用或购置土地进行开发建设的方式成为"飞地"开发模式。最近，崂山区根据莱西市发展的需求，在莱西工业园圈占了约 5 平方公里的建设用地。它为崂山区一般制造业的转移和若干制造类建设项目的实施，提供了新机会。关于这一"飞地"的用途和影响，将另行研究。

方向和新的财富源泉。

九、摆脱固化的土地资源配置模式，化解发展空间危机

近年来，崂山区政府已通过土地清查，获得存量用地 8900 多亩（含旧村改造和已有的项目用地）；通过对环宇、啤酒城公司等一批涉及合同纠纷、资产权属的问题处置，使一批历史遗留问题的解决出现重大转机；通过治理整顿、规划审批、挂牌竞价、拆除违法违章建筑等工作，逐步摆脱了若干制约崂山区发展的障碍，使全区的资源配置格局发生了巨大变化。但发展空间的约束并没有因此而消除，只有摆脱固化的资源配置模式，进一步拓展发展空间，崂山区发展的优势才能充分地发挥出来。

我们认为，可尝试的策略包括：

1. 调整发展规划。青岛市"新东部"发展战略提出后，着手制定和实施与即墨市的鳌山卫、温泉和田横"三镇"合作的"一体化"旅游发展规划，已成为崂山区旅游业新的发展需求。打破既定的设计空间和资源配置模式，开辟立体化的旅游市场，将观光、会议、会展、商贸、交通融为一体，塑造陆海一体化的高品质的旅游精品带，对化解崂山区发展空间的羁绊具有重要意义。①

2. 海域利用。按照现行行政规划，崂山区拥有陆地面积 390 平方公里，海域面积 3700 平方公里，海域面积接近陆地面积的 10 倍。在崂山区海域中还有 24 个岛屿，其中有 2 个可定位于旅游开发、10 个可定位于生态旅游。发展海上旅游和海洋特色产业的潜在空间很大。另外，崂山区还拥有规模可观的大片滩涂，如果能够在王哥庄和中韩的临海区域实现填海 5 平方公里的设想，更将进一步开阔崂山区海域建设的思路，为其提供可观的发展余地。

3. 扩大可利用的土地资源。可选择的方案有：（1）改造张村河流域，为高新技术工业园开辟发展空间，提升大片地区的开发价值，实现改造和建设并行的目的。（2）调整现有土地规划功能。包括在充分尊重生态保护、环境质量的前提下，经过科学论证，将一些原先不允许开

---

① 最近，青岛市委、市政府关于"新东部"战略的提出，标志着青岛市通过滨海大道突破崂山屏障，将城市版图向东北部拓展的主体思路已形成。此时，崂山已成为城中之山，而非城市边界。它表明，崂山区原先设定的发展空间已经打破，制定与青岛市"新增长点"合作开发和协同发展的规划已经提上了议程。

发的地段通过功能转换实现资源利用的更大效能。例如，按照自然水系分布规律，可将崂山风景区规划中部分不属于水源地保护的领域和部分景区中毗邻主干道的一定活动区域进行有限度的商贸和服务业开发。（3）实施产业转换，以特色农业取代低产农业、将一般保护林区转换为生态观光旅游区域，使有限土地发挥更大经济效能。例如，利用国家已批复建设的北宅植物园，开展生态旅游；发展水产养殖业，变闲置水面（淡水和海水）为生产资源；将一般制造业从崂山区迁出，实现高、低附加值产业之间的置换，等等。（4）向空间要地。对原开发规划中容积率低的项目，提出提高容积率的要求，对长期不予合作和无力改造的，予以回购或提出协作开发要求，进而达到提高有限土地容量的作用。借鉴外地经验，在不占用工业用地的前提下，向空闲厂房要土地，或通过在原低层厂房上新建高层厂房，向空中要土地不仅有效，而且是可行的。

另外，考虑到房地产超高速开发对崂山区城市形态的影响以及城市用地增长弹性系数①持续上升的现实情况。崂山区作为一个土地资源有限供给的区域，必须依据国家制定的用地控制标准，制定切实可行的高效利用土地的管理办法，同时，建议崂山区适当控制中心城区人口规模扩张的速度。② 这些举措，同样不失为一个解决可转让土地资源困扰经济发展矛盾的有效途径。

十、打破传统的"路径依赖"，寻求新的发展动力

崂山区是伴随着青岛市城市中心东移而诞生的多元结构高度复合的区域。在崂山区的行政区内，有 3 个国家级的政策性区域（青岛国家高新技术产业开发区、石老人国家旅游度假区和崂山风景名胜区），每年承办在国内外有较大影响的青岛国际啤酒节、家电博览会、海洋节等重大节庆活动，分布着在世界上有较高知名度的海尔集团、朗讯公司等大型企业。分析崂山区不同时期发展的推力可以发现，其最初的成功在很大程度上得益于高新技术工业园的建设和海尔、朗讯等超大型企业的成功

---

① 城市用地增长率与城市人口增长率之比称为城市用地增长弹性系数。《城市居住区规划设计规范》（1994）提出的控制数值为 1. 12，但据对 31 个特大城市普查，目前已达到 2. 29。

② 根据中国人民大学区域经济与城市管理研究所对崂山区人口承载力的计算，崂山区最高人口规模最好不超过 50 万，否则，崂山区现代化的人居环境将受到破坏。

进入。后发展阶段的繁荣则与土地资源的廉价出让和崂山区房地产业开发热潮的兴起有着重要的关系。但按建设创新型城市的要求，它在创意产业、创意人才和创新环境等方面的建设均显不足。由于创新体系不完善，产学研合作渠道不畅通，导致科技成果转化困难和产品转化速度缓慢的情况时有发生。而今，在可转让的土地资源渐趋枯竭、企业和区域经济发展的环境都已发生重大变化的新形势下，如何巩固和壮大崂山区历经多年发展已形成的大好局面，摆脱传统发展路径的依赖，避免陷入"想变变不了，想走走不动"的尴尬境地，求得新的发展动力，已成为崂山区确立新发展观的一个关键性问题。

鉴于崂山区已明确提出"五大中心"（青岛高新技术产业发展中心、青岛旅游度假中心、青岛东部商贸中心、青岛高等教育发展中心和青岛节庆会展中心）的城市定位，我们认为，崂山区今后一个时期迫切需要解决三个问题：一是向产业链高端攀升。2005 年崂山区高新技术产值占全部工业产值的比重已达到 89.8%，稳居青岛市各个区市之首，但其产业构成在各个产业链中的位置不容乐观。增强自主创新能力，培植高附加值产业项目，培植高端产业集群仍是一项艰巨任务；二是做强服务业。城市的主要功能是服务，服务业特别是现代服务业的发展壮大，既能为制造业发展降低成本和创造新的空间，又能优化投资软环境，降低外来创业者的商务和生活成本，同时还能扩大地方税收、安置就业。它是提高崂山区综合竞争力的一个关键环节；三是培育文化竞争力。崂山区虽在文化设施、自然环境和人文与社会景观（道教文化）等方面具有得天独厚的优势，但这还不足，还需进一步增强对社会各类资源的创业冲动，才能释放出巨大的能量。①

目前，这一工作正在通过以下几个方向紧锣密鼓地进行。

1. 通过市场，实现创新资源的集聚，为经济与社会发展找到新的推进力量。高新技术产业是目前崂山区提升区域经济核心竞争力的重要依托。全面提升高新技术产业的竞争力对全区工作有着至关重要的影响。创造条件尽快启动高新技术产业拓展区和王哥庄周边区域的规划建设，加快推进软件园、国家通信产业园、国家海洋生物产业基地建设，建成

---

① 文化竞争力体现在四个方面：一是文化创新能力，即是否能够既充分地发掘本土传统文化资源的现代价值，又能够有效地吸收外来文化的优秀成果，并使二者融合形成强劲的人文魅力。二是经济参与文化的规模和高科技支持文化的力度。三是文化生产、管理、运营的体制和策略。四是充足的具有开拓精神和国际视野，深晓国际行情和规则的创新人才和管理人才储备。

创业园二期、海大创业园等创业基地。同时创造条件，确保区域内海尔平板电视、3V诊断试剂等在建项目早投产，海泰光电、高校软控、九龙生物等规划建设项目早开工，争取再引进多家带有重大科技项目和高精尖研发人才的研发机构，加强产学研之间的合作创新，推进已经形成雏形的若干重大科技成果的产业化，都将对崂山区的经济与社会发展形成新的推动力。

2. 从实际出发，使城市总体规划得到公众的理解与认可。近10多年来，崂山区发展的重点是"建"。至今整个崂山区的大部分地域还像是一个"大工地"。但在大拆大建之后，如何按照科学发展观的要求来管理整个城区；如何坚持"以人为本"的宗旨和体现整个城市规划的社会公平原则；如何保证那些依山、滨水等区位条件最好的地段成为让广大群众能够享用的公共活动空间或公共设施用地，不被少数人独占；公共服务设施和居住区的规划设计，如何注意关怀老年人、儿童和残疾人的特殊需要，都是一些事关民生的重大问题。政府采纳专业城市规划时，应充分考虑老百姓的需求和尊重他们的知情权，避免公共利益被资本和权力所侵占。惟有如此，才能使城市规划和管理得到公众的理解与认可，才能使一座城市真正拥有发展的动力和活力。而今，人们已经欣喜地看到，崂山区制定的"十一五"规划，已经在此领域进行了多项大手笔的设计。如，投资8亿元加快城市基础设施建设，推进香港东路两侧、滨海公路松岭路段两侧、张村河沿岸等区域的村庄改造，开工建设麦岛片、北村、大埠东、小埠东等回迁安置房，启动王哥庄、北宅街道的村庄改造试点。此外，将推进热电厂二期、麦岛污水处理厂、沙子口污水处理厂等源头类基础设施建设，进一步完善城市功能；实施辽阳东路延伸段一期、李宅路等道路建设工程，李山东路、海口路等道路打通工程，滨海公路崂山段贯通和绿化、亮化工程，以及推进青岛大剧院、颐中体育馆等大项目建设，进一步增强城区载体服务功能等。但是，崂山区还缺乏市南区建设"时尚闽江"①的举措。这些举措不仅对居民，而且对崂山区城市功能的完善是十分必要的。

3. 将投资体制从行政选择向市场选择转变。长期以来，建立一种高

---

① 青岛市南区对包括闽江路、南京路、云霄路在内的12条街道进行改造，并将改造后的区域命名为"时尚闽江"。整个街区划分为时尚品牌区、魅力女人区、八方美食区、海鲜世界区、动感地带区、精品服装区、China公社文化区、我爱我家区、时尚风情区、文化休闲区，集十大功能于一身，各功能互相补充、互相推动，成为"一站式"时尚休闲消费的"天堂"。

效率的政府运作模式一直是人们津津乐道的一个目标，但却忽略了这一目标与政府主导型模式之间的联系。尽管政府的推动具有十分重要的意义，从某种意义上说，如果没有政府的强力推动，崂山区就不可能实现自身发展的许多目标。但是，参与市场竞争的主体毕竟不应该是政府，而是企业。政府在强力推进经济增长的同时，也需谨防误入"诺斯悖论"的陷阱。① 在以增强国际竞争力为主线，以科教兴市为主战略的今天，要促进崂山区的经济由政策主导阶段向市场化推进阶段转变，必须转变思路，打破陈旧城市管理思想的束缚，跳出政府招商引资的"怪圈"，将投资体制从行政手段向市场的基础性作用转变，将投资利益从政府统一所有向产权多元化转变，吸引更多的民间力量和城市外部资源加入崂山区城市建设的洪流，鼓励各类经济主体和所有制成分加入城市社会事业②建设的队伍，与政府形成利益共同体和战略伙伴关系。此举，不仅有利于提升崂山区城市社会事业建设的规模和层次，而且有助于摆脱"招商政府"的尴尬境况，为政府集中精力搞好本区域范围内公共服务体系的建设和为企业、居民提供高效率的服务创造有利条件。

4. 确立"民本崂山"的执政和发展理念。坚持"发展为了人民、发展依靠人民"和"尊重民意、集中民智、激活民力"的原则，放宽对微型和中小企业创业和经营的限制，废除抑制微型和中小企业发展的收费罚款体制，取消不必要的审批和许可项目，建立有利于调动一切发展主体积极性和创造性的体制与机制，促进各种经济成分的共生、共荣和共赢。同时，要努力营造规范透明的政策环境、务实高效的服务环境、竞争有序的市场环境、诚实守约的信用环境、文明向上的人文环境和安定团结的法治环境。充分激励人们的创新精神，保护人们的创业热情，③ 开启人们的合作心智，积极化解各种矛盾与冲突，使和谐社会成为全区人民共同建设、共同享有、共同追求的美好愿景，构建"和谐崂山、活力

---

① 经济学上著名的"诺斯悖论"指出：政府的干预行为本身应是一种公正无偏的公共服务，但是由于自身利益关联，有时却会导致政府的干预行为最后走到期望结果的反面。

② 不能将这里所说的社会事业理解为城市的基础设施建设。因为，一个城市的交通体系、水电供应、市政设施，不可能由单个企业来做，必须由政府来管，政府来做。

③ 为加大对民营经济的政策扶持力度，崂山区出台了《关于推进民营经济大发展的决定》。2005 年，全区新增个私企业 3285 家。其中，新增私营企业 994 户，户均注册资金高达 106.2 万元。同年，全区个私企业实现增加值 22.2 亿元、同比增长 22%，高于全区平均增速 4.4 个百分点，占全区经济总量的 11.3%；个私经济累计完成固定资产投资 5.55 亿元，同比增长 10.21%，占全区投资的 7.6%；全区个私经济实现社会消费零售额 30.72 亿元，占全区社会消费品零售额的 80.4%，拉动全区零售总额增长 13.9 个百分点。全区个私经济全年完成税收收入 3.11 亿元，同比增长 44.4%，占全区税收收入的 9.4%，拉动全区税收提高 3 个百分点。

崂山";要围绕"产业兴旺、环境秀美、文化繁荣、民生殷实"的目标，进一步改善城乡面貌和人民群众的生产生活条件，落实城乡就业扶持政策，完善社会保障体系，提升人民群众的生活质量和水平，使经济与社会发展成果惠及更广大的民众，将"民本崂山"的执政理念与源自全社会的发展动力融为一体，使崂山区的经济与社会发展持续地保持又好又快的态势，创造一个欣欣向荣、人民幸福安康的"富裕崂山"。

第一章

经济增长特征与战略转型

　　青岛市崂山区历经十多年发展，综合经济实力明显增强，社会发展水平日渐提升，已成为青岛市经济与社会发展的核心区之一，在全市经济与社会发展中占据重要的位置。2005 年，崂山区人口占全市人口的 2.90%（21.46 万人/740.9 万人），地方财政收入占全市的 7.65%（13.4889 亿元/176.34 亿元），国内生产总值占全市的 7.31%（196.98 亿元/2695.5 亿元），① 各类经济指标均明显高于全市平均水平。

一、经济增长特征分析

（一）经济总量变化态势

　　1. 生产总值态势。2005 年全区生产总值（GDP）实现 196.98 亿元，比上一年增长 17.6%，其中第一产业增加值 5.48 亿元，增长 4.1%；第二产业增加值 133.70 亿元，增长 16.4%；第三产业增加值 57.80 亿元，增长 22.6%。

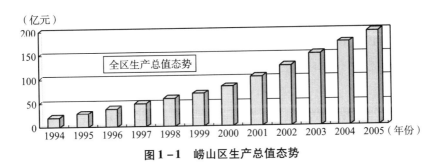

图 1—1　崂山区生产总值态势

---

　　① 相关数据源于《青岛市国民经济和社会发展统计公报》、《崂山区国民经济和社会发展统计公报》、《2004 年崂山区国民经济和社会发展统计年鉴》，下同。

2. 固定资产投资态势。全社会固定资产投资由 1994 年的 19.08 亿元提高到 2005 年的 72.66 亿元，增长 380.82%。12 年投资累计完成 462.79 亿元。

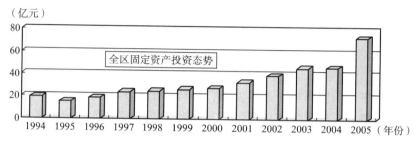

图 1-2　崂山区固定资产投资态势

3. 财税收入态势。2005 年完成地方和国家税收 33.09 亿元，比上一年增长 19.84%；完成区级财政收入 13.4889 亿元，比上一年增长 21.5%；完成地方财政一般预算收入 11.7948 亿元，比上一年增长 35.5%。

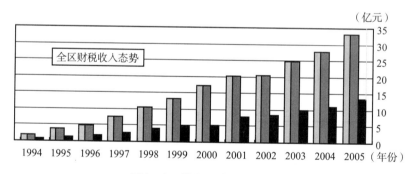

图 1-3　崂山区财税收入态势

4. 对外贸易态势。随着开放程度的不断加深，崂山区对外贸易能力逐渐加强。2005 年全区进出口总额达到 32.42 亿美元，增长 7.8%；其中完成出口额 17.09 亿美元，增长 11.6%。

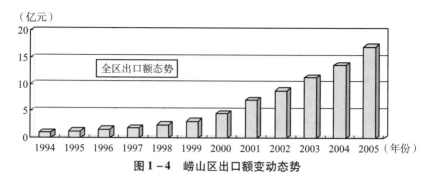

图1-4 崂山区出口额变动态势

（二） 经济运行特征

在崂山区经济总量运行态势良好的背景下，仍存在冲击全区经济持续良性运行的若干不利因素。

1. 房地产业、建筑业对经济总量贡献较大，但从长期看，受可转让土地资源限制，其对财源的贡献将呈减少趋势。由统计资料分析，2003～2005年全区固定资产投资分别为45.52亿元、46.28亿元、72.66亿元；其中，房地产开发投资分别为24.96亿元、18.02亿元、36.64亿元，房地产开发投资占全区固定资产投资分别为54.83%、38.94%、50.43%。由此看出，全区固定资产投资的半数左右是房地产开发投资，仅就投资规模而论，房地产业在全区各项产业中占举足轻重的地位。

全区近三年房地产业的各项指标及其销售收入连年大幅度递增，相关指标如表1-1所列。

表1-1　　　　　　　　房屋施工、销售统计数据　　　　　　　单位：万平方米

年份	房屋施工面积		商品房销售建筑面积		房屋销售额	
	合计	住宅	合计	住宅	合计	住宅
2003	211.7	175.9	42.3	40.8	23.1	22.2
2004	257.6	196.7	47.4		25.2	
2005	375.33		70.88		48.31	

资料来源：《崂山区统计年鉴》、《统计快报》。

按目前税法和税收征管规定，房屋销售以销售额的5%计征营业税；以应缴营业税的7%和3%计征城市维护建设税和教育附加税；以销售额的1%预交土地增值税；以季度销售额最低销售利润率15%[①]预交企业所

---

① 根据《关于印发〈山东省地方税务局房地产开发企业税收征收管理暂行办法〉的通知》（青地税发 [2005] 23 号）"预售收入的利润率不得低于15%（包括15%）"的规定。

得税。崂山区以房屋销额计征的销售税金和企业所得税综合税率保守估计为 11.45%〔5%×（1＋7%＋3%）＋1%＋15%×33%〕。崂山区以房屋销额计征的销售税金和企业所得税，2003 年约为 2.6 亿元，2004 年约为 2.9 亿元，2005 年约为 5.5 亿元。根据中央财政和地方财政税收分成的相关规定，以及青岛市财政和区级财政税收分成的意见，①再考虑房地产土地转让需交纳的土地管理费、登记费、造地费、土地出让金和耕地占用费、契税②等收缴及留成部分。以及将与房地产业相关联的建筑业提供的税收考虑在内，预计崂山区房地产业、建筑业向区级财政 2003 年、2004 年总贡献约 2 亿～3 亿元；2005 年总贡献约 4 亿～5 亿元，约占全区财政收入 1/4～1/3，③甚至更多。由上述数据分析，崂山区近年来财政收入高速增长的重要因素之一，是与房地产业以占全区固定资产投资半数左右的规模，快速拉动所分不开的。

应该看到，房地产业的发展以适宜人居的土地资源供应为依托。经过多年来的快速开发利用，崂山区可开发利用的土地资源越来越少，可转让土地资源的稀缺甚至枯竭必将成为制约房地产业发展不可逾越的障碍。我们认为，近年来崂山区房地产业的鼎盛繁荣，有可能延续 3～5 年，向后必定是逐渐萎缩的趋势。由此而来，可以预见对全区经济的不利影响将逐渐显现。

2. 核心产业固定资产投资规模不足，经济高速增长难以为继。1994～2004 年全区生产总值平均每年增长 22%，其中第二产业增加值的增长率高于全区生产总值增长率，第二产业增加值占全区生产总值的比例由 1994 年的 65% 提高到 2004 年的 70.50%。2005 年全区生产总值完成 196.98 亿元中，第二产业增加值完成 133.70 亿元。第二产业在全区的经济中基数高，比重大，是全区的核心产业。未来几年，第二产业增加值能否保持 20% 以上增长率，是决定全区经济能否持续稳定高速增长的关键。

固定资产投资额是以货币表现的建造和购置固定资产活动的工作量，

---

①　根据《青岛市人民政府关于财政管理体制改革的意见》（青政发〔2002〕55 号），"市与区共享收入包括增值税地方 25% 部分、营业税和企业所得税地方分成部分"等。"共享收入的分成比例，市与区共享收入统一按 5∶5 分成"。根据相关文件，企业所得税地方分成部分为 40%。

②　根据青岛市财政局、青岛市土地管理局青财农〔1998〕5 号文件，"契税应纳税率为 3%"；"计税依据为：国有土地使用权出让按合同成交价格"。

③　受数据资料限制，全区房地产业、建筑业对财政贡献的准确数据难以得出，此数据仅作初步参考。

它是反映固定资产投资规模、速度、比例关系和使用方向的综合性指标。建造和购置固定资产的活动，是国民经济不断采用先进技术装备，建立新兴部门，进一步调整经济结构和生产力的地区分布，增强经济实力，改善人民物质文化生活的物质条件。固定资产投资对经济增长的促进作用，当年或短时间内不可能完全显现，但其所形成的生产能力，构成投资周期结束后经济增长的基础保证。

由此看来，全区对第二产业的固定资产投资规模，很大程度决定了第二产业工业增加值增长的速度，从而也成为制约全区经济发展速度的重要因素。2004 年、2005 年全区完成固定资产投资分别为 46.28 亿元、72.66 亿元，其中第二产业投资分别为 10.98 亿元、13.41 亿元。由于受数据资料的限制，我们不妨使用 2003 年的相关数据，对近年来全区第二产业固定资产投资规模影响未来工业增加值增长速度的情况进行分析。

2003 年崂山区规模以上企业①工业增加值占全区工业增加值的93.57%。历年来规模以上企业固定资产、工业增加值、工业增加值与固定资产之比统计资料如表 1-2 所列。

由上述历年来规模以上工业企业固定资产总额与增加值之间的数据可以看出，全区第二产业固定资产产出效率在不断地提高，增加值与固定资产之比由先前的 0.6~0.7:1 变为 2003 年的 1.53:1。这充分说明全区第二产业增加值历年来的高速增长，一方面得益于第二产业固定资产投资规模的不断扩大，另一方面得益于企业产出效率的不断提高和高附加值产品比重的增多。权且以 2003 年 1.53:1 增加值与固定资产之比为预测的依据，再乐观地认为，2004 年、2005 年构成有效支撑第二产业增长的固定资产投资全部为规模以上企业，按此推算，2004 年第二产业固定资产投资 10.98 亿元，后续每年可增加工业增加值 16.79 亿元。相对 2004 年第二产业增加值 114.86 亿元，增长率为 14.6%；2005 年第二产业固定资产投资 13.41 亿元，后续每年可增加工业增加值 20.51 亿元。相对 2005 年第二产业增加值 133.7 亿元，增长率为15.34%。

---

①　规模以上企业指国有企业及年销售额 500 万元以上的非国有工业企业。

表 1 - 2　　　　　　　　规模以上工业企业增加值与固定资产关系　　　　单位：亿元

年　份	固定资产	工业增加值	工业增加值/固定资产
1994	13.76	10.00	0.73
1995	24.00	14.80	0.61
1996	22.78	20.80	0.91
1997	33.94	29.50	0.87
1998	36.52	36.80	1.01
1999	51.08	44.00	0.86
2000	38.02	48.13	1.27
2001	48.07	61.55	1.28
2002	60.34	77.60	1.29
2003	60.77	93.20	1.53

资料来源：同上。

由此得出分析结论：目前的固定资产投资结构和规模，最多只能保持第二产业增加值年增长 15% 左右，难以达到历年来平均增长 20% 以上的速度。崂山区第二产业增加值增长速度由 2003 年以前平均每年增长 22%，到 2004 年增长 21.3%，2005 年增长 16.4% 的变动趋势，基本验证了上述分析结论的正确性。

3. 第三产业对全区经济总量贡献相对较少，需重点大力发展。三次产业是根据社会生产活动历史发展的顺序对产业结构的划分。产品直接取自自然界的部门称为第一产业，对初级产品进行加工的部门称为第二产业，为生产和消费提供各种服务的部门称为第三产业。这是世界上通用的产业结构分类，但各国的划分不尽一致。

三次产业结构关系是国民经济中最基本的比例关系，反映了一个国家或地区经济发展的水平。随着国内生产总值的提高，产业结构变动的一般趋势是：第一产业在国民经济中的比重不断下降，第二产业的比重不断上升，直至成为国内生产总值比重最大的部门。产业结构的重心沿着一、二、三产业的顺序转移，许多国家和城市的经济发展过程，已经证明这种变化趋势的规律性。

产业结构和经济发展水平是相互促进的，目前，西方国家和一些国际组织均以三个产业的比例结构，来衡量一个地区的经济发展水平。世界上发达国家和地区三大产业皆呈"三、二、一"的比例结构，而经济落后国家和地区一般为"一、二、三"的结构。青岛市三次产业比例变化统计资料如表 1 - 3 所示。

表 1-3　　　　　　　　青岛市三次产业比例变化统计资料　　　　单位:%

年　份	产　业　比　例		
	第一产业	第二产业	第三产业
1988	23.6	50.6	25.8
1989	19.9	53.0	27.1
1990	22.4	49.1	28.5
1991	22.1	49.1	28.8
1992	17.6	51.2	31.2
1993	16.4	49.7	33.9
1994	16.3	48.1	35.6
1995	17.5	46.9	35.6
1996	18.7	46.3	35.0
1997	14.7	47.9	37.4
1998	15.8	46.6	37.6
1999	13.8	47.6	38.6
2000	12.2	48.7	39.1
2001	10.9	49.3	39.8
2002	9.6	50.4	40.0
2003	8.3	52.6	39.1
2004	7.5	54.1	38.4
2005	7.2	50.7	42.1

注: 青岛市奥帆委:《奥帆赛对青岛市经济影响预测分析》(2005 年)。
资料来源:《青岛市统计年鉴》、《青岛市统计快报》。

　　青岛市三次产业比重的演变过程基本符合产业结构演进的规律。从上述的统计资料看到,青岛市第一产业的比重呈逐年下降趋势,第三产业则是一个不断上升的过程。有专家预计,到 2008 年青岛市第三产业的比重将达到 46%,未来将达到发达地区 50% 的比重。

　　上述情况同样适用于崂山区三次产业结构变化的情况。崂山区三次产业结构的比例关系已经从 1994 年的 13.1∶64.5∶22.4 演进为 2005 年的 2.8∶67.9∶29.3。11 年间第三产业比重提高了 6.9 个百分点。

　　崂山区三次产业演进过程说明,崂山区的经济发达程度,尚处于第一产业快速向第二产业转移的阶段,未来的趋势是第三产业的比重大幅度地提高,最终过渡到经济发达水平。2005 年崂山区第二产业增加值完成 133.7 亿元,第三产业增加值完成 57.80 亿元,即便是静态地分析,以青岛市 2005 年第二产业与第三产业比重 50.7∶42.1 产业结构水平计算,2005 年崂山区第三产业增加值应达到 111.02 亿元,与 2005 年实际完成的 57.80 亿元相比,尚有很大的增长空间。若以发达地区产业"三、二、一"结构比例，以及动态地预测第二产业的增长来分析，第三产业增长潜力将会更为巨大，前景蔚为可观。崂山区必须尽快调整三大产业间的比例结构，在持续发展第二产业的同时，要加快第三产业的发展，使产业结构迅速过渡到"三、二、一"的发达地区状态。

4. 外贸出口依存度连年提高，出口额能否持续增长，受多重因素制约，变数较大。崂山区历年来外贸出口依存度统计资料和态势图如表1-4和图1-5所示。

表1-4　　　　崂山区外贸出口依存度统计资料　　　　单位：亿元

| 年份 | GDP | 出口额 | | 外贸出口依存度（GDP/出口额） | |
		美元	人民币（8/1$）	百分比（%）	增长率（%）
1994	20.25	0.95	7.60	37.53	
1995	28.61	1.20	9.60	33.55	-10.60
1996	37.79	1.60	12.80	33.87	0.95
1997	49.18	1.85	14.80	30.09	-11.16
1998	59.23	2.49	19.92	33.63	11.76
1999	69.13	3.10	24.80	35.87	6.67
2000	83.25	4.50	36.00	43.24	7.37
2001	103.54	7.00	56.00	54.09	25.09
2002	126.28	8.85	70.80	56.07	3.66
2003	151.1	11.30	90.40	59.83	6.71
2004	174.97	13.69	109.52	62.59	4.61
2005	196.98	17.09	136.72	69.41	10.84

资料来源：根据相关统计资料计算。

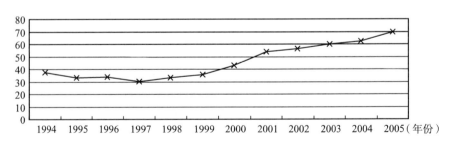

资料来源：根据相关统计资料整理。

图1-5　崂山区外贸出口依存度态势

表1-4和图1-5显示，崂山区外贸出口依存度自2001年后超过50%，并连年提高，2005年外贸出口依存度为69%达到历史新高。由此

说明，全区外向型经济特征十分明显，出口贸易对全区经济发展的拉动作用很强。从目前的形势来看，世界经济和贸易的持续好转及国内经济的快速增长，为全区出口的持续健康发展创造了良好的外部环境。但是也应该看到，影响全区对外贸易出口额增长的因素很多，存在的主要问题是：

第一，制造业利用外资形势严峻，影响了全区出口增长后劲。目前外商投资企业出口占全区出口总值的较大比例，现阶段和今后一段相当长的时间内，外资仍然是全区出口的主导力量。但由于受多种因素的制约及日益激烈的国内外竞争，利用外资，特别是引进大的制造业项目外资的难度越来越大，新增投产企业相对较少，出口增长主要依靠老企业"增资"、"挖潜"来实现，出口增长的后劲明显不足。

第二，出口产品技术含量有待进一步提升。2005 年崂山区高新技术产品出口、机电产品出口额分别为 3.83 亿美元、10.77 亿美元，分别占全区出口额的 22.41%、63.02%。在全区的出口商品中，尽管高新技术产品所占比例不断提高，但高新技术产品的技术含量比较低，拥有自主知识产权、自主品牌、技术含量高的高新技术产品在出口中占的比例低。这种状况使全区的出口产品有可能受到技术壁垒的影响，依靠降价以维持竞争优势，容易遭受反倾销调查。

第三，全区外贸出口已在高位运行，要保持较快的增长，困难越来越大。2005 年全区累计完成进出口总额首次突破 30 亿美元大关。全年进出口总额达到 32.42 亿美元，增长 7.8%；其中完成出口额 17.09 亿美元，增长 11.6%。在如此高的出口基数条件下，今后全区出口要保持较快增长的难度已明显加大。

最后，近年来我国对外贸易出口持续增长，主要是受惠于我国加入世贸组织，以及世界经济强劲增长等因素。应该看到，因国际石油价格居高不下等因素的影响，使包括美国在内的一些国家经济增长出现降温迹象，这将在一定程度上减少对中国外部需求，影响到中国外贸出口速度的提高。对外贸易摩擦连续不断，一些国家利用贸易壁垒，① 特别是技

---

① 贸易壁垒（Trade Barrier），又称贸易障碍，是指一国对外国商品劳务进口所实行的各种限制措施。一般分关税壁垒和非关税壁垒两类。就广义而言，凡使正常贸易受到阻碍，市场竞争机制作用受到干扰的各种人为措施，均属贸易壁垒的范畴。

术贸易壁垒、① 绿色贸易壁垒②等纷纷限制中国贸易的出口。除此之外，一些影响出口增长的因素不容忽视。如人民币继续不断升值，将直接削弱某些出口产品在国际市场的竞争力；国内原材料价格持续上涨，煤、电、油、运供应紧张将影响企业的正常生产，这些都将增加崂山区外贸出口当中的不确定因素。

二、增长战略转型的背景

（一）新的发展机遇

1. 半岛高技术产业带的隆起。近年来，山东省委、省政府决定建设包括济南、青岛、淄博、东营、烟台、潍坊、威海、日照八个城市的山东半岛高新技术产业带，以青岛为龙头，以高新技术产业开发区和胶东半岛制造业基地为支撑，以培育骨干企业和高新技术产业群为目标，强化上、中、下游配套产品开发，拉长产业链条，培育具有山东特色和竞争优势的高新技术产业群，从而带动山东省经济结构的优化升级。这一重大的区域经济发展格局调整，为崂山区高技术产业的发展提供了新的发展机遇。

2. 青岛市新城市功能框架的确立。近年来，青岛市经济和社会事业的快速发展，以及整个城市功能区划的调整，为崂山区高水平发展提供了崭新的天地。正在建设之中的滨海公路，连接起沿线数个功能互补的卫星城镇，已经大大改变了原有的经济格局和城市发展架构。崂山区作为青岛市城市形态的东部延伸区，山、海、城三大地域优势和高校密布的人文优势得天独厚，兼有发展老城区式繁华和新城区式别致的优越条件和空间。

3. 崂山区已积聚了相当的发展能量。崂山区历经十多年发展，已成为青岛市最具发展潜力和活力的新城区之一，各类产业的发展具有特色化、集群化、规模化的优势，高新技术、现代商贸、旅游度假、节庆会展、高等教育"五大中心"的建设初具规模，一大批新兴文化设施的建

---

① 技术贸易壁垒，是指一国以维护国家安全或保护人类健康和安全，保护动植物的生命和健康，保护生态环境，或防止欺诈行为，保证产品质量为由，采取一些强制性或非强制性的技术性措施，这些措施成为其他国家商品自由进入该国的障碍。

② 绿色贸易壁垒，又称环境壁垒或绿色壁垒，是指在国际贸易领域，进口国以保护人类的健康和安全、动植物的生命和健康，保护生态和环境的名义，凭借经济、科技优势，通过立法制定严格、苛刻的环境技术标准和繁杂的动植物卫生检验检疫措施，以及利用国际社会已制定的多边环境保护条约中的贸易措施，对来自外国的产品或服务进行限制和制裁的一种手段。

设，以及自主创新型科技产业、文化产业、旅游产业、楼宇经济、总部经济的发展，都为崂山区高层次的战略定位增添了厚重的"质感"。

（二）严峻的挑战

1. 政策倾斜"边缘化"。环黄海区域经济合作、山东半岛制造业基地建设和大青岛发展规划的实施，必定伴随着优惠的政策倾斜，从而使得列入规划的区域获得在财政、金融、税收、土地、投资、人力、贸易、舆论等等方面的优惠支持。相比较而言，崂山区将处于政策"热土"的边缘，势必失去政策倾向的强力促进和号召的巨大推动。

2. 投资流动"次热化"。从全青岛市范围分析，崂山区的区位综合竞争力受到西部来自黄岛新经济开发区、北部来自城阳出口加工区和临港经济区，以及即墨田横、鳌山等规划中新成长区蓄势待发的强力竞争。从山东半岛城市群建设格局分析，竞争态势将更为明显，崂山区仅是各种优势产业投资可选择的区域之一。

3. 资源约束"刚性化"。由于受国家级崂山风景区和青岛市水资源地保护的制约，崂山区经过前几年的高速发展和建设，其规划中的建设用地已经耗尽，可转让的土地资源几近枯竭，未来支撑经济增长的方式，将不得不从业已习惯的土地优惠政策、招商引资等"粗放性"增长模式中艰难地走出来，继而转向集约性使用有限资源和积极开辟新资源的"集约性"增长模式上来。一般说来，从"粗放性"到"集约性"增长模式的转变，势必产生企业投资向公共资源投资的外化，由量变到质变需要更高层次竞争力的塑造，贯彻集群的思想，充分凸现持续发展观中效益、效能和资源组织的有效性。

4. 社会结构"城市化"。目前，崂山区农业人口占全区人口的比重依然在60%以上，城市化进程不仅面对城乡二元经济的改造和大量农业人口市民化的问题，而且面对着各种不同情况的旧村改造的压力。解决这些问题，既要科学规划、合理布局，又要投入巨额资金，从而成为崂山区社会和经济发展的一个重要负担因素。

（三）增长的主导因素正从工业化向城市化转变

工业化与城市化是社会经济发展的两个重要方面，二者相互影响，相互促进，工业化决定城市化，城市化拉动工业化。狭义地讲，基础设施、公益设施和房地产投资规模和比例基本反映城市化建设的程度；工业化程度则主要通过对制造业的投资规模和比例予以反映。崂山区历年来城市化建设投资统计资料和工业化与城市化投资态势如表 1 - 5 和图 1 - 6 所示。

表 1 - 5   **城市化建设投资统计资料**   单位：亿元

年份	全社会固定资产投资合计	城市化建设投资				比率（%）
		基础设施	公益设施	房地产开发	小计	
1994	19.0832	3.92	0.52	5.3493	9.7893	51.29
1995	15.3018	3.60	0.72	4.0702	8.3902	54.83
1996	18.4400	3.16	3.78	5.2078	12.1478	65.87
1997	23.8385	2.80	4.21	4.5904	11.6004	48.66
1998	24.4603	1.95	3.30	4.2321	9.4821	38.76
1999	26.1670	4.80	4.17	5.1140	14.084	53.82
2000	27.2076	3.50	5.30	9.2580	18.058	66.37
2001	32.6099	3.89	3.89	12.8573	20.6373	81.68
2002	38.5548	3.51	3.51	17.9697	24.9897	64.82
2003	45.5245	4.18	4.18	24.9582	33.3182	73.19
2004	46.2800			18.02		
2005	72.6600			36.64		

    注：2004 年、2005 年《崂山区社会经济统计公报》尚未公布基础和公共设施固定资产投资额的数据。

    资料来源：依据崂山区历年来城市化建设投资统计资料整理。

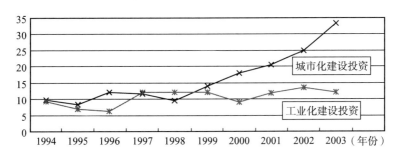

图 1 - 6   崂山区工业化与城市化投资变化态势比较

    由表 1 - 5 和图 1 - 6① 可以看出，崂山区历经了 1994～1996 年建区初期城市化建设与工业化建设投资并重，1997～1999 年偏重工业化建设投

—————————

    ① 由于缺少历年来崂山区制造业投资数据，考虑到崂山区第一产业和不包括房地产业投资的第三产业，以及建筑业等投资规模不大，并且相对稳定，所以图 1 - 6 中各年全社会固定资产投资合计减城市化建设投资，得到各年近似的工业化建设投资数据，实际的工业化建设投资数据应该比图中的数据小，但变化趋势不会有太大的改变。

资，到 2000 年后城市化建设投资逐年增多并超过工业化投资规模三个阶段。从资本形成的结构看，崂山区经济社会发展呈现出两大趋势：其一，制造业投资占固定资产投资的比重下降，以制造业为主的资本形成格局发生了变化；其二，基础设施、公益设施和房地产投资大幅度提高，全社会固定资产投资的 60% 以上直接转向投资于城市化建设，第三产业所占比重明显上升。这既与一般的产业结构调整相关，但更主要的是与城市化的推进及与之相关的第三产业的发展有关。

资本的流向表明了崂山区经济增长的主导因素已经从工业化转向了城市化。崂山区经济发展已经经历了工业化决定城市化的经济增长过程；正在和将要经历城市化拉动工业化的经济增长过程。在工业化决定城市化的时期，大量的资源在工业部门流动，包括工业化本身创造的价值和大量其他部门转移的价值，如税收减让、工业用地无偿使用、劳动力没有社会保障、出口退税等。这种"扭曲结构"补贴工业化的特征决定了资源耗费型的经济增长。

城市化成为新的经济增长的主导因素后，价值转移的顺序必然发生重大变化，首先是消除"结构扭曲"，将原来人为压低的价格逐步按市场的方式校正，在这一方式转变中的稀缺资源再估值就变得有意义了。工业化发展最无价的资源是土地、水和空气，而在城市化过程中它们成为最为稀缺的资源，因而价格体系的调整是必然的。城市化作为以人为中心的空间集聚地的特征就是要求经济、社会和自然的和谐发展，否则城市就将步入畸形的发展。

崂山区城市化建设更深刻的含义不仅仅在重新理解资金、资源的流向和价值，更重要的是城市化将彻底改变崂山区经济社会发展环境的空间分配模式，也将改变工业化过程中的项目发展模式，使城市成为在空间意义上集聚资金、资源、人口、公共基础设施、工业和政府的系列组合体。以城市化为基础统筹建设社会经济发展体系，是"十一五"及今后一段时期内崂山区经济社会发展的最主要变量，关于经济增长方式和战略发展模式的设计均须对此给予高度重视。

三、增长战略的定位与实施

(一) 增长战略的定位

崂山区以往关于经济增长的战略定位是："差异竞争，错位发展"。

这一战略在崂山区建区初期，对于集聚全区力量，实施重点目标的突破和建立基本的产业框架体系曾经发挥了重要的指导作用。但时至今日，这一定位已经难以适应新形势下崂山区发展的实际情况了，因此，必须不失时机地实施增长战略的调整。根据前述分析，我们认为，崂山区的增长战略应定位为："高端引领，统筹发展"。

"高端引领"，就是立足于自身在区域经济中的优势地位，突出发展高科技为主导的先进制造业、以知识应用为特征的创意产业，着重发展占地少、能耗低、知识密集、附加值高的智慧型高端产业。力争使商贾巨头、集团总部和研发中心、行业"旗舰"型企业、科技创新型企业等市场经济的精华汇聚在崂山区，高水平地发展崂山区的高端服务业，以有限的空间集聚无限的能量，成为青岛市自主创新示范引领区、现代服务业核心集聚区。

"统筹发展"就是立足于现有的基础，全面合理规划城区布局，优化产业结构，正确处理社会和经济发展的关系，营造城区文化，打造人与自然和谐的优美环境。在时间梯度、空间维度和内涵丰度等方面，齐抓共管，协调推进，成为最有特色和优势的模范城区。

（二）增长战略的实施

1. 占领产业"高地"。崂山区目前不少工业用地置换改造的时机已经成熟，崂山区要进一步提高工业用地产出率，缩短战线，扩大战果，整合有限资源，把人力、物力、财力聚集到对经济具有拉动力的重大项目上，尤其应该大力提升依靠创意和技术的产业。

2. 拓展服务"高端"。一直以来，服务业在崂山经济结构中相对薄弱，这种不平衡从某种程度上将成为崂山区今后迅速发展的制约。而大型商贸楼宇、酒店、商贸中心、会展中心的建设，有利于弥合这一差距。在此基础上所拓展的旅游经济、总部经济、商贸经济方兴未艾，随之而来的不仅仅是崂山多了几幢漂亮的大楼，它带来的将是人才结构的改善，以及楼宇外围某些特色街的形成和发展，衍生效应也许难以用数字统计。

3. 打造文化制高点。崂山区可以打造"三足鼎立"的文化产业格局：一是利用商业旅游设施，建立"文化商旅圈"；二是发挥现代文化、科技设施，打造"文化娱乐圈"，提升人气；三是建设文化创意科技产业基地，营造"文化研发圈"，增强崂山区文化创意产业的后劲，占领文化产业制高点。有人总结，创意产业发达的地区往往是人气最旺、最时尚的地方，有助于人们产生灵感和创意。在这一点上，崂山区有广阔的提升空间。要真正吸引创意企业、创意人才"把根留住"，文化休闲娱乐、商业配套、综合交通等方面都需要更加"以人为本"，不断完善综合服务环境，积聚更多人气。

4. 建设高品质社区。创造品位高雅的建筑空间形态、绿色环保的社区环境，文化趣味浓郁的内外景观体系。提倡建设绿色家园，倡导健康的生活方式。青山、碧海、蓝天、佳居。崂山区不仅是"经济崂山区"，更是"生态崂山区"、"文化崂山区"，成为环境良好、资源合理利用、生态良性循环、城区优美洁净、居民健康长寿的理想之地。

5. 协调推进城市化与工业化。以建设最有特色和优势的模范城区为目标，注重城区的生态品位、文化品位、艺术品位和建筑特色，提高城市空间环境质量和整体设计水平。重视停车、广场、休闲、步行和绿地空间的规划，增加城区的现代生活气氛，坚持社会、经济、环境效益的统一。着眼城区长远发展，通过高起点规划、高标准设计、高水平建设、高效能管理，全面提升整个城区的综合发展水平。

第二章

土地利用状况分析及对策

　　崂山区地处青岛市东部，是 1994 年青岛市进行区划调整后成立的一个新区，具有典型的城市边缘区的特征。由于这一地区既是独立于典型城市与典型乡村的地域实体，又是城市与乡村之间物质和能量交换的纽带，与一般区域相比具有更优越的地理位置和发展优势，因此，必然成为土地使用者竞相争夺的战略要地，具有可转让土地面积减少最快、土地供需矛盾最尖锐的特征。因此，对其土地利用情况的分析和对策研究具有重要意义。

一、土地利用规模的变化

（一）研究目的

　　土地是城区一切社会经济活动赖以生存的载体，也是城区社会经济发展的必要前提。从经济学角度讲，城区用地规模扩张是与城区规模效益递增联系在一起的。随着城市化进程的加快，城区人口和经济发展对土地的需求日益增大，规模较大的城区会产生明显的聚集效应。这种聚集效应能够带来规模收益、就业机会、科技进步和社会福利等多重效应。分析崂山区 1994～2004 年期间土地利用规模的变化情况不仅可看到其持续上升的态势，同时，还能看到它与崂山区迅猛上升的经济产出规模之间一种紧密的联系。

（二）土地利用规模在各产业部门的分配

　　崂山区 2005 年生产总值（GDP）为 196.98 亿元，是 1994 年全区生产总值 20.25 亿元的 9.7 倍。与此同时，崂山区的三次产业结构也发生了很大的变化，第一产业、第二产业和第三产业比例从 1994 年的是 13.1：64.5：22.4

演变为 2005 年的 2.8∶67.9∶29.3。其中，第一产业比重下降 10.3 个百分点，第二产业比重上升 3.4 个百分点，第三产业比重上升 6.9 个百分点。崂山区第三产业比重虽上升较快，但第二次产业在崂山区总体产业结构中所占的绝对优势地位始终没有变化。

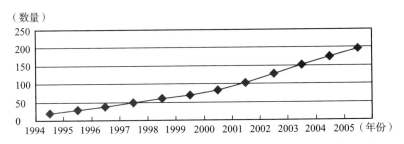

图 2－1　崂山区 1994～2005 年国内生产总值的变化（亿元）

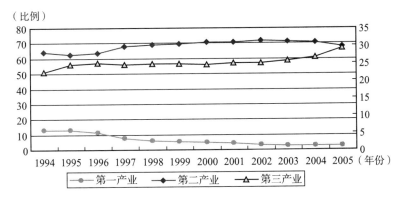

图 2－2　崂山区 1994～2005 年间三次产业结构比例变化（％）

上述变化同样也引起了土地资源在不同产业部门间的重新分配，导致崂山区土地利用结构的巨大变化。不同产业部门发展速度的差异与其占用土地的规模和比例的变化，使得土地利用结构完全偏离了常规的分配规则，呈现出一种各个部门之间无规则的分配状态，不同部门占用土地的比重进入了一个全新的动态变化的过程。

（三）不同产业单位产值占地比率的测度

为了对这种趋势进一步分析，我们引入了专门测算城市中不同产业单位产值占地比率的指标。

该指标通常有两种确定方法：

其一，行业单位产值占地面积系数法。即，在收集某行业若干个样本企业占地面积和产值等资料后，分别将其汇总，并求解二者之商，该数值即为该行业单位产值占地面积系数。计算公式为：

$$产业\ i\ 单位产值占地面积系数 = \frac{产业\ i\ 某年占地面积}{产业\ i\ 某年总产值}$$

其二，回归系数法。由于某行业中的企业利润是由土地、劳动和资本共同的贡献所得，即：$Y = f(R, L, C)$。式中，Y 为企业的当年利润，R 为土地面积，L 为企业标准劳动，C 为企业标准资本额。[①] 由于在线性回归模型中，变量的含义为自变量每变动一个单位时因变量的变动值，因此，土地变量的回归方程系数可近似地认为是该企业的单位土地面积产值。

在上述两种测算单位产值占地率的基础上，还可结合预测行业规划期末的产值[②]来确定某产业的用地规模。考虑到数据的可获得性，我们采用行业单位产值占地面积系数法对崂山区部分产业单位产值占地率进行了粗略的估计。

结果显示，单位产值占地率最小的为金融保险业，每亿元只需占地0.11 公顷，其次为商业 3.08 公顷，然后是旅游业为 3.91 公顷，工业的单位产值占地率最大，为 19.95 公顷。

本项测算工作的意义有二：一是根据不同行业的单位产值占地率，结合该行业的发展规划目标值，就可大致得出该行业的用地数量，并用于指导土地利用结构的调整和规划。二是将各类产业占用土地的现实规模情况与测算数值进行比较，扣除预留发展空间的因素，就可以得出其占地规模合理与否的评价，并可以为后续的土地资源管理和有限的土地资源合理调整提供相应的参考数据。

二、土地利用结构的变化

城区土地利用结构包括两层含义：一是用地结构由哪些用地类型组

---

① 在上述公式中，土地用其面积作为计量单位，一般用平方米表示；标准资本额用元表示，企业标准劳动用企业合理工资量表示，单位为元。

② 行业的规划期末的产值可以按趋势外推法来进行。

成；二是这些用地类型是按照怎样的构成方式组合在一起的。具体讲，城区土地利用结构的内涵包括：（1）城市土地利用的组成要素即用地类型及其性质和特点；（2）各要素的相互依赖关系和相互联系的方式，包括其比例关系；（3）各要素的相互作用；（4）各要素相互关系的发展变化趋势。

崂山区土地结构的变化主要表现在两个方面：一是一级用地类结构的变化；二是城区内部用地结构的变化。由于土地利用/土地覆被的变化（LUCC）是变化研究的重要领域之一，而区域土地利用变化研究是土地利用变化研究的重要方面。这些重要信息不仅对该区域的土地管理决策、生态环境保护提供了深入研究的基础，而且对于区域土地可持续利用的研究具有重要意义。

为了得到上述信息，本项研究在地理信息系统支持下，通过数学模型对崂山区1996～2004年间的土地利用时空变化进行了测度，并应用典型相关分析方法，对其驱动因子进行了分析。由于土地利用/土地覆被的变化（LUCC）涉及因素繁多，过程错综复杂，为简化计算过程，关于崂山区土地利用时空演变趋势的研究仅以土地利用类型的变化为重点。

（一）结构变化的幅度

区域土地利用变化幅度是指土地利用变化面积方面的变化幅度，它反映了不同类型在总量上的变化。通过分析土地利用类型的总量变化，可了解土地利用变化总的态势和土地利用结构的变化。其公式为：

$$F = \frac{U_b - U_a}{U_a} \qquad (2-1)$$

式中：U_a，U_b，分别为研究期初及研究期末某一种土地利用类型的数量，F为土地利用变化幅度。本书利用式2-1，计算了崂山区1996～2005年间的土地利用变化情况。

表2-1　　　　　　1996～2005年崂山区土地利用变化　　　　单位：公顷,%

土地利用类型	1996年土地分类面积	2005年土地分类面积	9年间土地利用面积变化	土地类型变化幅度	土地利用动态度
耕地	3987.4	1002.4	-2985	-74.86	-8.32
园地	5104.1	3003.9	-2100.2	-41	-5.13
林地	20691.7	23169.5	2477.8	11.97	1.49
牧草地					

续表

土地利用类型	1996 年土地分类面积	2005 年土地分类面积	9 年间土地利用面积变化	土地类型变化幅度	土地利用动态度
居民点及工矿用地	4448	6754.4	2306.4	51.85	5.76
交通用地	436.5	953.6	517.1	118.47	13.16
水域	1047.5	1431.4	383.9	36.65	4.58
未利用土地	3219.2	2618	-601.2	-18.68	-2.08

资料来源：根据崂山区土地资源统计资料整理。

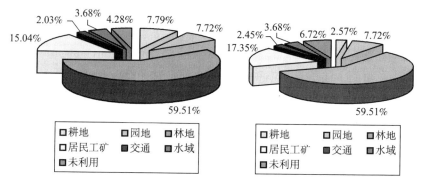

图 2 - 3 崂山区 1996 年和 2005 年土地利用结构对比图

从表 2 - 1 和图 2 - 3 可看出：

（1）崂山区 1996 年土地利用分类面积居前 3 位的是林地（53.15%）、园地（13.11%）和居民点及工矿用地（11.42%）；到 2005 年，居前 3 位的是林地（59.51%）、居民点及工矿用地（15.04%）和园地（7.72%）。

（2）在 1996 ~ 2005 年这 9 年期间，崂山区的耕地、园地和未利用土地面积分别减少了 2985 公顷、2100.2 公顷和 601.2 公顷，耕地的减少幅度最大，达 74.86%，园地减少幅度次之，为 41%。

（3）在 1996 ~ 2005 年这 9 年期间，崂山区增加土地利用的情况为，交通增加幅度达到 118.47%，居民点及工矿用地增加幅度次之，达到 51.85%，水域的增加幅度为 36.65%。

上述结果表明，9 年来，崂山区经济迅猛发展，城市化进程不断加快，大量耕地减少，未利用土地被开发，交通用地、居民点及工矿用地大幅增加。其中，崂山区的林地面积之所以变化幅度不大，在各类土地利用面积中的比重一直占据半壁江山，则归功于对国家级崂山风景区的严格保护和全区境内大规模植树造林活动的开展。

（二）结构变化的速度

土地利用动态度是定量描述区域范围内某种土地利用类型变化速度的指标。它不仅可以反映区域土地利用变化的剧烈程度，而且对比较土地利用变化的区域差异和预测未来土地利用变化趋势具有积极作用。

单一土地利用动态度的表达式为：

$$K = \frac{U_b - U_a}{U_a} \times \frac{1}{T} \times 100\% \tag{2-2}$$

式中：U_a，U_b 分别为研究期初及研究期末某一种土地利用类型的数量；T 为研究期时段长度。当 T 设定为年时，K 为研究时段内某一土地类型的年变化率。

综合土地利用动态度的表达式为：

$$LC = \left[\frac{\sum\limits_{i=1}^{n} \Delta LU_{i-j}}{2 \sum\limits_{i=1}^{n} LU_i} \right] \times \frac{1}{T} \times 100\% \tag{2-3}$$

式中：LU_i 为研究初期第 i 地类研究期末转为其他土地利用类型的面积；LU_{i-j} 为第 i 地类研究期末转为其他土地利用类型的面积；T 为研究时段。当 T 设定为年时，LC 为研究时段内某一土地利用类型的年变化率。

根据单一土地利用动态度和综合土地利用动态度公式计算结果为：崂山区 1996～2004 年间土地利用变化速度较快，土地利用年变化率为 3.90%；崂山区 8 种土地利用类型的年变化率如图 2-4 所示。

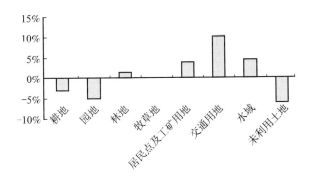

图 2-4　崂山区土地利用类型的年变化率

（三）结构变化的驱动机制

1. 工业化与城市化。工业化、城市化是现代经济与社会发展的两种不同过程。它们不仅通过人口、产业集中、地域扩散占用土地，使土地利用非农化，而且通过生活方式和价值观念的扩散，改变原来的土地利用结构。其中，在工业化和城镇化发展过程中农耕地转向非农业用途尤为突出。例如，日本、韩国在工业化过程中其耕地分别减少了52%和42%；美国1950～1960年每年减少农耕地50万～100万平方公里。

据崂山区统计资料记载，全区1996年工矿用地面积1583.4公顷，2004年则达6160.1公顷，8年增加了36.13%。目前，崂山区依然处在一个城市化加速发展的时期。2005年崂山区城市化水平为56.89%，高于山东省的43.5%，低于青岛市的58.5%水平。随着城市化水平的提高和国民经济发展，各项建设事业对土地需求量将与日俱增。但能否在推进城市化的同时实现土地利用的供给保障呢？

众所周知，崂山区在整个青岛市的空间布局当中具有十分重要的地位。特定的区位优势和优良的自然条件，使崂山区成为青岛市相关功能用地的重要扩张空间，区内形成了AAA级崂山景区、国家级度假区、国家级高新技术产业区、青岛市啤酒城、青岛市博物馆、山东省国际会展中心等一系列城市功能扩散区域。保障城市整体利益的需求，必然使崂山区自主性的用地安排受到多种限制。这进一步加剧了其城市化进程中合理实施土地资源配置的困难。

2. 人口增长。如果把土地利用视作一个开放性的系统整体，人口则是该系统结构的组织者、参与者，同时还是系统输出品的消费者。换言之，人可以通过生产技术、活动方式调节、组织土地利用系统结构，同时作为参与者，也占有一定面积的土地用作生活的场所——居住地，最后，还作为消费者，消耗土地利用系统的产品，增加对土地生态系统生产力的压力。因此人口增长必然导致居住地的增加和土地利用系统输出产品需求量的增加。而输出产品需求量的增加有两条途径：一是调整、优化系统结构，提高土地利用系统的能量转化生产能力；二是扩大土地利用面积，开发未利用的土地资源，提高土地利用强度。同时也不可忽视由此而带来的土地退化、环境质量降低等问题，并影响土地利用/覆盖的格局（见图2－5）。

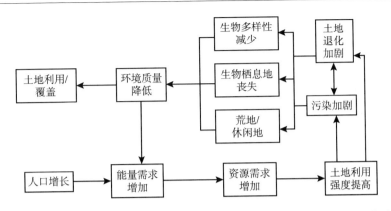

图 2 - 5　人口增长对土地利用覆盖的影响（据 BRYAN. A. West，图式有修改）

　　崂山区 1996～2005 年间，人口增长了 43.05%，未利用土地面积由 1996 年的 3219.2 公顷减少至 2005 年的 2618 公顷，净减 18.68%。全区已利用土地面积 2005 年增加至 36325 公顷，占总面积的 93.3%。同期交通用地由 1996 年的 436.5 公顷增至 2005 年的 953.6 公顷，净增 13.16%。耕地面积由 1996 年的 3987.4 公顷减至 2005 年的 1002.4 公顷，净减 2985 公顷。各类指标的变化已经成为崂山区用地规模增长弹性系数快速上升的强大推力。

　　3. 政治经济政策。政策因素在我国的社会经济发展中一直起着十分重要的作用。改革开放以来，我国经济飞速发展，取得了巨大成就，与国家制定的正确的政治经济政策密切相关，特别在计划经济体制向市场经济体制转型时期，政治经济政策的作用尤为突出。

　　政治经济政策对土地利用的影响是通过地权制度、价格制度、经营机制等形式反映出来的。土地利用的实践表明，国家土地政策的张弛，倾斜点的变化都会引起土地利用结构的变动。如近几年来封山育林、退耕还林等政策的实施是导致崂山区林地面积增加、土地利用组合类型在 2002 年出现林地扩张的主要原因。20 世纪 80 年代国家提倡大力发展乡镇工业，耕地大量被占用。而 1986 年以后，《土地管理法》颁布，耕地减少趋势得到了有效控制。90 年代初由于经济过热，到处建立开发区，开发房地产，又出现了耕地减少失控的现象。随后几年，由于国家加强了宏观经济调控，实施土地用途管制，耕地减少的趋势得到有效缓解。但近几年由于各地招商引资的盲目无序竞争，耕地减少趋势仍在加剧，政策层面的一些漏洞依然需要引起高度警惕。

三、土地利用过程中存在的问题

（一）土地资源相对匮乏

崂山区土地总面积 389.43 平方公里，但由于限制城区发展建设的因素较多，实际可供城区建设的空间并不多。概括地说，崂山区可供城区建设的土地面积将受到如下几个因素的限制。

规划选择的建设用地，首先要满足已有山林绿地的要求。按照崂山区林业局划定的绿线，山林绿地之外可供建设的土地面积为 147.48 平方公里。按照地形限制因素分析可供城区建设的土地占 34.1%，共 132.89 平方公里。

崂山区建设用地选择的限制，除地形、绿线因素之外，还有水源保护区的限制。考虑到水源保护区的限制，在可供建设用地面积的 132.89 平方公里中又有 14.54 平方公里位于水源保护区中，其中，位于准水源保护区内的建设用地为 1.91 平方公里，位于二级水源保护区的建设用地为 12.63 平方公里，不受限制的建设用地为 118.35 平方公里。

影响崂山区可建设用地的因素，除了上述三个以外，还有崂山风景区保护要求的限制。崂山区 118.35 平方公里的可建设用地中，位于崂山风景区的有 13.74 平方公里，位于风景恢复区的有 70.05 平方公里，这样，崂山区不受限制的可建设用地为 34.56 平方公里，其中已建和已批未建用地已达 29.1 平方公里。可以开发建设的用地仅为 5.46 平方公里。

崂山区的人均耕地面积仅为 0.0152 公顷，大致相当于联合国规定的人均耕地警戒线水平 0.053 公顷的 28.68%。为保证崂山区年均 20% 的经济增长率，需要大量建设用地作保证，而崂山区自身的土地资源状况是难以满足其要求的。为了解决这一矛盾，只能采取立足于盘活城区现有存量土地，对现有的建设用地优化配置，走集约合理利用土地的道路。同时，需要考虑到崂山区之外寻求土地资源的问题。

（二）土地资源配置不合理

从表 2 - 2、表 2 - 3 和表 2 - 4 的对比中可以看出崂山区土地资源配置存在以下问题：

1. 崂山区城区居民生活用地偏低。虽然全区居住用地占整个建设用地的 32.10%，但崂山区中心城区的居住用地仅为 30.4%，与国外城市建设用地结构相比，只及国外综合性城市生活居住用地的下限；在发达国家，住宅和生活用地一般都在30%以上，如底特律住宅用地达39.8%，伦敦达到36.3%。即使与同期国内的其他城市相比，崂山区居民生活用地比例也偏低。2001年全国平均水平为32.89%，东部地区为32.50%，特大城市占到了29.77%，上海则高达41.36%，这说明崂山区居民生活用地严重不足。

2. 工业用地比例偏大。在经济发达国家，工业用地占城市用地的比重一般在5%～10%，像美国芝加哥、底特律这样的工业城市，工业用地只占6.9%和6%，一些非工业城市的工业用地比重则更低。即使在国外的综合性城市，这一比例也只有15%～17%，崂山区为国家著名的风景旅游城区，其16.27%的工业用地比例显然过大。同时，崂山区的工业用地比例基本与城区内公共设施用地比例相当，这种用地结构不仅和旅游城市的性质不相称，也使城市生活质量的提高受到很大制约。从长远来看，工业用地比重应相应降低。

3. 仓储用地占地比重小。崂山区仓储用地只占0.13%，与全国水平的4.63%相比明显偏低，与国外综合性城市的5%～15%以及发达国家城市的3%～9%的仓储用地比例相比差距也较大。

4. 对外交通用地不足。崂山区的对外交通用地为0.62%，而全国平均水平、东部地区以及特大城市这一指标都在6%以上，上海则高达15.45%，崂山区仅为全国平均指标的1/10。如果与国外综合性城市的18%～20%相比，差距更悬殊。对外交通用地的严重不足，将会成为未来崂山区城市交通拥挤的一个重要原因。

上述情况表明，崂山区土地资源配置失衡问题已比较严重，今后一个时期，应根据自己的实际情况，确定城市用地结构和产业合理布局限制性标准，考虑城市土地利用的经济效应，充分满足城市居民的生产和生活的需要，注重投资强度，提高产出水平，建立城市土地利用与城市经济和社会发展相适应的土地利用格局。

表2-2　　　　　　　崂山区2003年城区建设用地结构统计

项目	居住用地	公共设施用地	工业用地	仓储用地	道路广场用地	市政公用设施用地	绿地	特殊用地	对外交通用地
面积（公顷）	2418.30	1232.25	1225.23	9.47	1024.50	149.20	1369.79	57.49	46.50
比重（%）	32.10	16.36	16.27	0.13	13.60	1.98	18.18	0.76	0.62

资料来源：根据崂山区2003年统计年鉴计算整理。

表 2 - 3		国外城市主要建设用地比例			
项　目	生活居住用地（%）	工业用地（%）	市政公共设施（%）	仓储用地（%）	对外交通用地（%）
国外综合性城市	20~50	15~17	10~12	5~15	18~20
发达国家城市	≥30	5~10	20~30	3~9	3~9

资料来源：根据《现代城市建设经济学》（中国城市出版社）资料计算得出。

表 2 - 4				2001 年国内部分城市用地结构				
城市名称	居住用地（%）	公共设施用地（%）	工业用地（%）	仓储用地（%）	对外交通用地（%）	道路广场用地（%）	市政公用设施用地（%）	绿地（%）	特殊用地（%）
北京	30.77	15.11	15.59	3.14	5.84	12.61	2.44	12.39	2.12
上海	41.36	5.99	25.06	3.29	15.45	3.98	1.29	2.12	1.46
广州	29.66	6.80	21.56	7.36	8.22	7.83	3.28	13.63	1.67
杭州	20.77	12.74	19.02	1.62	5.46	14.27	6.62	13.16	6.35
大连	30.30	8.48	24.45	4.66	6.85	9.52	3.10	7.52	5.14
南京	31.14	14.16	18.75	2.28	3.87	8.92	3.75	13.70	3.42
苏州	28.32	8.59	30.14	2.42	3.44	9.46	2.82	13.75	1.06
宁波	27.11	9.50	22.53	5.84	9.84	10.43	2.34	5.49	6.91
全国	32.89	11.67	21.1	4.6	6.38	8.59	3.48	8.46	2.83
东部	32.50	11.00	21.74	4.53	6.74	8068	3.20	8.64	2.96
中部	33.13	12.03	21.09	4.78	5.90	8.75	3.74	8.31	2.28
西部	33.72	13.17	18.98	4.46	6.16	7.95	3.86	8.15	3.55
特大城市	29.77	12.71	21.94	5.17	6.54	8.04	3.77	9.12	2.93

资料来源：根据建设部综合财务司《中国城市建设统计年报》（2001）的有关数据计算得出。

（三）土地利用效益低下

根据数据的可得性，本书主要从土地产出角度衡量土地利用效率。城区土地单位面积创造的国民收入或总产值指标[①]是衡量城市土地经济价值的重要指标。该项指标从总体上反映土地利用经济效率，是城市位置、人口密度、经济繁荣程度等因素综合作用的结果。

从图 2 - 6 可以看出，虽然崂山区的地均 GDP 从 1994 年的每平方公里 520.11 万元提高到 2005 年的 5059.33 万元，11 年间增加了 9.7 倍，但与国内外一些类似城市的地均 GDP 比较，崂山区土地利用效益明显偏低。其中，1995 年东京和香港的土地利用效益分别是崂山区的 1073 倍和 881 倍；2001 年上海市和北京市的土地利用效益分别是崂山区的 3.77 倍和

---

① 城区土地单位面积创造的国民收入，是国民收入与城市占地面积之比。一般认为，土地单位面积国民收入或产值高，土地利用的经济效益就好。

1.3 倍。这种情况说明，崂山区可发掘的土地利用潜力还很大。提高有限土地的经济承载力和土地收益率，特别是工业用地效率，是今后崂山区城区土地合理利用的方向。

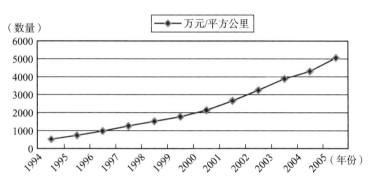

图 2 - 6　崂山区 1994 ~ 2005 年土地利用效益

其他城市相比，2005 年崂山区单位土地面积固定资产投资金额较大，达到每公顷 18.66 亿元。在固定资产投资中，行政、教育、科研等非生产性投资与交通、通信等基础设施建设投资所占比重较大，导致单位土地面积投入产出率低。如果将现有土地进行优化配置，提高现有城区土地的利用效率，将可以大大缓解经济发展对土地的需求压力。

表 2 - 5　　　　　　　崂山区与中外城市土地利用效益比较

城市名称	城市面积（平方公里）	地均 GDP（万美元/平方公里）
罗马（1995 年）	1580	25775
曼谷（1995 年）	1569	21850
东京（1995 年）	2059	98524
香港（1995 年）	1098	80924
北京（2001 年）	12574	376
上海（2001 年）	5299	1113
广州（2001 年）	3719	793
南京（2001 年）	2599	398
崂山区（2001 年）	389.34	295

资料来源：《城市规划通讯》1995 年第 21 期及《中国城市统计年鉴（2002）》。

在土地供应有限的情况下，如何提高土地经济承载力和土地收益率，特别是工业用地效率，将是今后乃至更长一段时间崂山区城区土地合理利用的方向。

鉴于上述结论，有必要对崂山区的工业用地效率做一具体分析。

工业用地效率评价的指标很多，其中最常用的指标有：建筑容积率、投资强度、土地产出率、建筑密度和行政办公及生活服务设施用地所占比例等。建筑容积率是反映工业用地的空间利用率，是衡量土地利用程度的重要尺度。因而，可以通过提高土地空间利用率，提高工业用地建筑容积率来提高土地利用的效率；投资强度反映单位土地上资金的投入情况，是衡量土地预期综合效益的重要尺度。增加单位工业用地面积的投资强度，引导企业积极采用先进生产设备、生产工艺和生产技术；土地产出率衡量土地的产出水平，是工业用地经济价值的重要指标；建筑密度反映工业对土地在平面上的利用状况，也是衡量土地利用程度的重要尺度。

本书选取单位城区土地 GDP 产出、单位工业用地面积、工业总产值和单位工业用地面积、工业增加值作为衡量城区工业用地效率的指标，计算结果如表 2-6 所示。

表 2-6　　　　　　　　**2003 年崂山区工业用地效率**　　　　　　单位：万元

年份	城区面积（km²）	工业用地（km²）	国内生产总值	工业总产值	工业增加值	单位城区土地 GDP 产出	单位工业用地面积工业总产值	单位工业用地面积工业增加值
2003	389.34	12.25	1511127	996000	996011	3381.18	81306.12	81307.02

资料来源：2003 年崂山区统计年鉴计算整理。

将表 2-6 中崂山区工业用地效率的各个数据与表 2-7 所示的国外部分城市 20 世纪 80 年代工业用地产出率进行相应的对照（排除统计口径和汇率原因，仅统计国有企业和规模以上非国有企业），[①] 可以发现，崂山区目前土地利用效益还很低，提升崂山区工业用地效率潜力是巨大的。

表 2-7　　　　　　　　**国外部分城市工业用地产出效率**

城市名称	工业增加值	统计年份	工业用地面积（km²）	统计年份	工业用地产出率（亿元/km²）
纽约	451.14×10^8（美元）	1998	71.31	1988	52.37
芝加哥	201.9×10^8（美元）	1990	40.76	1982	41.01

---

① 将崂山区中心城区非国有企业单位工业用地面积的工业增加值指标与国外城市的相应指标进行比较，同样发现，二者之间的差距很大。

续表

城市名称	工业增加值	统计年份	工业用地面积（km²）	统计年份	工业用地产出率（亿元/km²）
东京	34158.00×10⁸（日元）	1982	30.00	1990	81.52
大阪	20584.00×10⁸（日元）	1985	31.40	1987	46.94
横滨	18758.00×10⁸（日元）	1980	31.30	1980	42.91

资料来源：《城市规划汇刊》2000 年第 2 期。

需要指出的是，土地单位面积国民收入或产值高，土地利用经济效益就好，但是国民收入或产值的增减，除土地利用因素外，还取决于其他因素，如城市所属的类型、产业类别和生产性质以及工业企业的技术与管理水平等。

由于城市经济的复杂性，城市土地利用不是以某种单一活动的土地利用方式来决定的，它是各种土地利用方式的综合经济效果。在一定的经济技术条件下，土地利用率和开发程度是有限的。土地利用率高不是土地合理利用的最终目标，土地资源的节约，必须与经济效益的提升结合起来，城市土地合理利用的经济效果必须同时兼顾社会效果和生态效果，实现经济效益、社会效益和环境效益的统一，避免为了获取经济效果而牺牲社会价值和生态价值。这一原则应成为崂山区未来提高土地利用效率的各项努力中始终坚持的一个宗旨。

根据崂山区经济发展和土地开发利用的现实状况，今后一个时期，崂山区提高土地利用效率的工作重点，应当主要侧重于调整和优化产业结构、合理规划各类产业的空间布局，通过对容积率、投资强度、土地产出率等指标的监督和引导，进一步提高全区土地集约利用效率和保障可持续发展。同时，也不排除对那些土地利用效率低下或布局不合理的项目进行置换，通过存量结构的优化提高土地利用效率的可行性。

四、崂山区土地利用的对策选择

（一）用地结构调整的理论模型

为了真切地把握崂山区土地利用结构的调整方向，我们拟采用效用函数和租金函数作为进行城市用地结构调整的理论分析依据。

1. 一般模型。研究城市土地利用结构的调整，必须首先明确以下假定条件。这些假设是：（1）虽然城市土地的具体用途非常复杂，但根据其利用性质，我们假设只有4类用地：第一类是住宅用地；第二类是工业用地；第三类是商业服务业用地；第四类是非经济性用地。（2）完善的住宅市场已经形成，居民购买住宅受房价调节。（3）工商服务业的行为受最大利润规律支配。（4）城市土地利用主要受地租规律的调动。

城市土地利用结构的形成，是各类城市土地利用选择的空间组合，抽象掉城市规划等因素，它取决于地租的调节。

其关系表现为：

$$E = E\left[\sum_{i=1}^{n} R_i\right] \qquad (i = 1, 2, 3, \cdots, n)$$

式中，E 为土地利用结构，R 为地租额，i 为级差系数。

2. 住宅用地的调整模型。住宅用地一般会考虑两个因素：一是对某地段的效用评价；二是收入制约。在一定时期内，一个家庭的收入总是一定的。土地的效用评价，包括方便度、环境质量、可能获得的各种机会、生活费用等因素。

因此，效用函数为：

$$W = W(a_1, a_2, \cdots)$$

式中，W 为总效用，a 为评价指标。

收入函数为：

$$Y = Y(g, v)$$

式中，Y 为总收入，g 为工资收入，v 为工资外收入。

由此，用户可能支付的地租额 R，取决于 W 和 Y。

其租金函数为：

$$R_R = (W, Y)$$

即，$R_R = f\{W(a_1, a_2, \cdots)Y(g, v)\}$

根据 $E = E\left[\sum_{i=1}^{n} R_i\right]$，当 $R_R = R_n$ 时，则用户可能取得地租为 R 的地段上的地块；当 $R_R < R_n$ 时，用户无法负担第 n 级土地上的租金，就只能转移到较低租金的地块上去，直至 $R_R = R_n$，当 $R_R > R_n$ 时，用户可以进入更高租金的地段。

3. 商业服务业用地的调整模型。商业服务业的基本职能是将商品转移并售卖给消费者，以及为消费者提供服务行为等，故商业服务业既要与生产者接触，又要吸引消费者购买商品和劳务，所以，商业服务业用地位置尤显重要。商业服务业区位的确定要受利润及商业服务经营者对土地的评价所制约。商业服务业利润与其营业量关系极为密切。

这种关系可表示为：

$$R = R(p)$$

式中，R 为利润总量，p 为营业量。

商业服务业对土地的评价主要取决于交通情况和人口分布状况，其关系式为：

$$A = A(t, k)$$

式中，A 为总效用，t 为交通情况，k 为人口分布。

上述两个因素直接决定商业服务业可能支付的地租。

租金函数为：

$$R_B = \Psi(r, A)$$

即，$R_B = \Psi[r(p), A(t, k)]$

根据 $E = E[\sum_{i=1}^{n} R_i]$，当 $R_B = R_n$ 时，说明该商业服务企业能在某一地租额为 R_B 的地段上立足；当 $R_B > R_n$ 时，即企业还能支付更高的租金，进入更为有利的地段经营；当 $R_B < R_n$ 时，企业承受不了 R_B 地段上的租金支付，就只能退到 R_B 或更低租金的地段上去经营，直至 $R_B = R_n$。

4. 工业用地的调整模型。工业用地选择取决于商业服务相同的因素，即企业利润与对土地的评价，利润取决于产量的多少。

利润函数为：

$$\pi = \pi(Q)$$

对土地的评价则取决于运输费用，区位偏好，如偏向原料、偏向市场、偏向动力、偏向劳动力等。

企业对土地评价的函数为：

$$U = U(h, j)$$

式中，u 为总效用，h 为运输费，J 为区位偏好。

工业企业所能支付的地租取决于利润及对土地的评价。

故租金函数为：

$$R_K = g(\pi, u)$$

即，$R_k = g[\pi(Q), u(h, j)]$

根据 $E = E[\sum_{i=1}^{n} R_i]$，当 $R_k = R_n$ 时，说明该工业企业能在某一地租

额为 R_n 的地段上选择，当 $R_k > R_n$ 时，企业可以进入 R_{n+1} 或更高级的地段进行经营；当 $R_k < R_n$ 时，企业就只能转移到 R_{n-1} 或更低一级地段进行经营，直至 $R_k = R_n$。

5. 非经济性用地的调整原则。非经济性用地指的是如政府机关、公立学校、公立医院、公园等的用地。这类用地的选择弹性小，由于其本身不创造收入，其租金来源不同于前几类用地。在我国，这类用地的租金来源主要是靠财政拨款，这类用地一般是考虑需要，因而租金对它的调节作用不明显。不过，这类用地在城市布局中有非常重要的地位。因此，在这类用地的调整上，应考虑以下几个方面的原则：（1）对服务对象分布于全城各地的这类用地的选择，应尽可能做到这类用地的设施能够全部覆盖它们各自的服务对象；切忌把一部分城市居民排除在某些必需的服务范围外。（2）要尽可能使为周围公众造福设施用地的选择接近广大居民，使得公众为此必须付出的总代价和路费与路途时间最省；（3）要考虑聚集经济效益。

（二）用地结构调整的目标指向

1. 国外城市用地结构的规律性分析。[①] 国外城市尤其是西方发达国家的城市用地结构，是在市场经济规律长期作用下逐步形成的，它代表着城市用地结构的一般指向，对研究崂山区的用地结构调整具有规律性的导向作用。调整目前城市用地的种种不合理状况，应以城市用地结构调整的理论模型为基础。并借鉴国际上城市用地结构变动的一般经验和规律。

国外城市用地结构的一般规律是：（1）生活用地的比例占 30%～50%；（2）工业用地的比例占 10%～20%；（3）仓储用地的比例占 3%～5%；（4）对外交通用地的比例占 5%～15%。了解国外城市用地结构的变动规律，并从中吸取有益的经验，对合理把握城市用地结构的变动趋向有重要的意义。

2. 国内外城市用地结构的案例分析。

（1）中国香港地区城市用地结构指向。中国香港地区是世界金融中心之一，其城市用地结构形成和发展是市场机制充分作用的结果。分析中国香港城市用地结构，对于内地城市用地结构的调整有重要参考价值。

---

① 城市用地结构调整的理论模型是市场经济条件下城市土地结构运动的现实抽象和分析，应成为城市土地利用结构调整的理论基础。为进一步明确崂山区用地结构调整的目标，还应借鉴国外一些城市已经成熟的若干经验。

香港城市用地结构可大致描述为：①工业用地占 5.96%；②商业用地占 1.32%；③住宅用地占 27.15%；④公屋用地占 5.96%；⑤公共设施用地占 10.60%；⑥休闲用地占 9.27%；⑦发展（空置）用地占 24.5%；⑧道路用地占 14.57%。需要指出的是，中国内地城市用地结构的调整，应根据中国内地城市的具体情况，中国香港的城市用地结构指标可以借鉴但绝不能完全照搬。

（2）美国 50 个城市用地结构剖析。美国是世界上发达的资本主义国家，分析美国的城市用地结构，对于调整我国的城市用地结构比例，具有重要借鉴意义。

美国 50 个城市用地结构状态是：①工业用地占 7.3%；②居住用地占 44.5%；③交通用地占 24.8%；公共建筑用地占 15.9%；绿化用地占 7.5%。美国 50 个城市用地结构比例，应是我国城市用地结构调整的重要参考指标。

3. 崂山区用地结构调整的方向。

（1）国家现行规划指标的要求。我国政府规划部门对城市用地结构调整的现行规划指标为：①居住用地的规划比例为 40%；②工业用地的规划比例为 10%；③交通道路广场用地的规划比例为 20%；④绿化用地的规划比例为 15%；⑤市政设施、公共设施用地比例为 15%。

（2）崂山区城区现行用地结构的具体指标。根据前面对崂山区用地结构现状评估的分析，2003 年崂山区用地结构的现行状态指标可具体归纳为：①生活用地占 31.20%；②工业用地占 16.27%；③仓储用地占 0.13%；④对外交通用地占 0.62%；⑤市政设施、公共设施用地比例为 1.98%；⑥绿化用地占 18.18%，这些指标与国内外的城市用地结构相比，显示了崂山区用地结构的不合理。

（三）对策选择

我们认为，区域土地的开发利用是伴随经济由不发达走向现代化的整个过程而展开的，其大致可以划分为以下三个阶段：

第一是前期阶段。这一时期由于区域经济处于不发达状态，以农业和自然经济为主，生产要素结构表现为劳动力和土地等自然性要素大量过剩，而资本、技术等获得性要素严重短缺，生产要素的组合只能在较低的水平上进行，因而土地价格较低。

第二是一次开发阶段。随着工业化的兴起，区域经济开始快速发展，生产要素在区域内加速集聚和整合，资本、技术等要素大量流入，出现了对土地的大量需求，地价快速上升，成片农业用地和原态性土地被开发为工业用地和城市用地，直至可供开发的土地基本完成。

第三是再次开发阶段。当土地一次开发完成后，区域空间结构格局和城市布局便基本定型，土地的需求和供给都将趋于减少，土地的利用主要转向对一次开发中利用效率相对较低的土地进行再次开发，表现为一部分工业用地转向为服务业用地。同时，已开发区域的土地利用成本越来越高。推动土地开发范围的扩大或转移，从而进入新一轮开发循环。

土地利用状态的实质是各种要素资源集聚与配置的空间表现，是经济活动在物质空间的投影，反映了区域经济发展的空间结构、集聚特征和内在机理。我们所要寻找的，应该是一个地区的产业结构和经济发展水平与一定区域的土地利用水平的一个交叉点与平衡点。只有运用科学的方法，集约的手段，寻找到区域产业结构与土地利用结构的对应关系，才能为研究区域的产业发展和合理布局，推进土地的集约利用和可持续发展，提供一个较为理想的观察视角和分析框架。

因为土地资源的特殊性，完全的市场机制或完全的行政干预都难以使土地资源配置达到最佳状态。通过市场机制可以促使土地使用者从自身的经济利益出发进行选址，对多余的、低效益的土地自动进行调整。但由于市场结构的不完善，以及"公共物品"的产权模糊，会使土地市场产生"失灵"现象。完全依靠市场来对土地资源进行配置本身很难使土地资源达到优化配置。再加上我国很长一段时间一直是实行土地行政划拨制，经济活动空间安排的决策权高度集中，城市内不同等级土地的效用和稀缺程度，并未通过价格、地租的差异来反映，引起区位成本信号失真，土地没有按照竞租函数原理与相应效益的产业结合，使城区中心区的土地被用地效益不高的单位占据。所以，应在遵循市场规律客观要求的同时，运用不同的调控手段（如，对不同区位的土地征用不同的土地使用税），矫正以往的各类偏差，引导土地使用者形成合理的选址行为。

具体措施可按照"十个度"的工作原则实施。

1. 城区土地规划编制按年度。年度土地利用计划是城区土地集约利用的桥梁。城区规划作为城区发展的空间布局方案，一旦批准就必须分阶段有步骤地逐步实施。因此，城区规划能不能得到很好落实，关键在于规划的过程控制。年度土地供应计划是市场经济下政府调控城区发展的有效手段，若干个年度计划的滚动使得城区规划得以实现。通过编制土地的年度供应计划，一方面可控制增量土地供给，另一方面也可根据城区现状与发展目标的差距，有针对性地调整城区的功能分区以及大型的基础设施建设，引导城区的建设和开发。

2. 产业转移有梯度。崂山区土地资源虽然有限，但开发潜力和空间仍然很大。在不占用新地的情况下，从劳动密集型企业到高科技产业，再到产业的"大脑"——研发中心，不断地转型升级，不断地淘汰、更新有关产业，可以挖掘出持续开发的巨大空间。为此，需将鼓励外商投资设立研发中心、地区总部与采购中心，着力开发"高科技、高附加值、高效益"的项目，与积极引导高新技术产业区的各类企业向山东半岛的其他地区进行产业梯度转移结合起来。将促进产业升级，与提高土地产出效率结合起来。

3. 盘活土地存量有力度。为保证高新技术产业可持续发展，提高区域创新能力，崂山区应改变以往的征地模式，实行统一规划、统一管理、统一招商，为高新技术项目的入驻腾出了新的空间。同时，应采取政府引导、社会投资、风险共担、利益共享的运作机制，积极引导企业利用现有的空置厂房、场地，实施改造包装，吸纳科技型企业入驻，从而达到"产权企业"、政府、"入驻企业"共赢的目的。此外，崂山区还可在盘活闲置村级集体经济用地上做文章，在不改变现有土地产权关系的前提下，采取统一规划、独立开发、整体招商、集中管理等方式，对闲置的村级用地进行集约利用，以满足产业发展对空间的要求。

4. 土地开发有进度。实行建设用地全程管理，加强用地预审，对所有签约项目，都在合同中明确项目开工的时限和进度。对已经供应的建设用地项目，建立用地跟踪管理台账，随时了解每宗建设用地的建设进度和用地情况。

5. 地上建筑有高度。只要符合城市总体规划，不影响城市"天际线"，不破坏城市景观，提倡"借天生地"的思路，倡导厂房向高空发展，严格限制单层厂房，鼓励支持建造多层、高层厂房、公寓房，谋求内涵式发展。必要时，可以出台政策对企业建多层厂房的，按照不同的情况，适当减免基础设施配套费。

6. 地下建筑有复合度。将原来建在地上的工业仓储用地转移到地下，不仅有利于充分利用地下空间，还能产生可观的经济收益。① 开发地下空

---

① 据有关资料显示，地下空间的收益约为地面的42%。

间应走复合开发之路，要充分利用绿地下部的地下空间开辟地下停车设施、地下文化、商业、娱乐、体育等公共设施、交通、供给管线等市政设施及防灾设施、储藏设施。具体方式可考虑，大型广场绿地与地下空间的复合开发、高密度住宅区结合地面功能设置地下停车场和商业、娱乐设施等地下综合体、生产企业密集地区结合绿地建设地下货物与原料仓库等、城市文化劳动集中的绿地区域开发一些地下展示空间、小区绿地区域分段建设地下室与防灾设施、路边绿化区域开发道路供给管沟，城市外围绿地开发地下仓储、车库、缓冲带以及医疗保健、娱乐度假空间等。在开发方式上可采用全地下式、半地下式、靠坡式、堆积式等。

7. 企业投资有强度。崂山区可以提出投资强度定额标准，即："432"标准，青岛高新技术区每亩不得低于45万美元；各镇配套区每亩不得低于30万美元；民营企业每亩总投资不得低于200万元人民币。凡不符合上述用地定额标准的项目一律核减用地规模。

8. 配套用地有限度。采取"一宽二严"的办法，"一宽"是不破坏城区景观的前提下，容积率能放宽的要尽量放宽，让建筑物向立体化发展。"二严"是严格控制建筑密度，严格保证绿化率。对容积率偏低、绿化率偏高的现有工业企业，鼓励业主经规划审批后在原厂房上加层，或利用厂区内的绿化用地、空地建造厂房。同时，严格控制企业在厂区范围内建造员工宿舍楼和干部住宅，不允许在工业开发区（园区）或工业项目用地范围内建造"花园式工厂"。

9. 村庄改造有深度。把农民动迁工作与村庄整理、小城镇建设、现代化示范村建设和集约用地有机结合，凡在城市化建设和工业项目建设过程中，涉及农民宅基地动迁的，不再安排独家宅基地，而是统一建设高标准的多层公寓小区，实行"拆一补一"，避免"二次动迁"。

10. 市场化运作有透明度。对经营性用地一律实行招标或拍卖方式供地，出让信息全部在国土资源局外网等相关媒体上发布，纪检委、监察局负责监督，实行"阳光操作"。在新旧体制更替的过程中，崂山区土地利用的机制尚有待进一步理顺，只有在政府计划与规划的引导下，更大程度地引进市场机制，诱导各利益主体通过集约利用土地来获得聚集利益，才能最终提高土地利用的社会效率和经济效率，为崂山区的健康发展创造良好的条件。

第三章
城市功能演进与城市形态创新

本章以国际城市发展历史和中国城市化进程为背景，以建设山东半岛制造业基地和半岛城市群的中心城市青岛为空间参照，以青岛"十一五"规划的城市发展布局与功能区划为指导，以崂山的城市形态和空间结构的历史演变为切入点，围绕青岛市城市发展总体规划对崂山区的功能定位和空间布局要求，将空间实体环境因素与社会环境因素、生态环境因素结合起来，对崂山区城市形态的动态过程和城市功能的演变进行了探讨，提出了崂山区在有限土地资源供给条件下完善城市形态和功能定位的对策建议。

一、城市空间布局和功能的演进

（一）城市空间布局的演进

崂山区城市空间布局结构演变大致经历了农业向工业转化时期、工业化初期和现代化城市发展时期三个阶段。

第一阶段：近郊农业经济形态阶段。20 世纪 80 年代以前，青岛市城市空间布局呈带状结构，主要集中在胶州湾东岸并由南向北扩展。此时，属于现"崂山区"的大片地域尚属丁青岛市的近郊区，处于以农业经济为主的发展状态。

第二阶段：农业型经济向工业型经济转换阶段。1988 年"崂山区"行政建制建立，可以看作是崂山区经济由农业型经济向工业型经济转化的起点，也是崂山区城市化的起点。此时的土地资源相对富裕，崂山区的城市空间布局开始展开。20 世纪 90 年代中期之后，黄岛经济技术开发区和中韩地区高科技工业园布点建设，推动青岛市的城市空间开始向东西两个方向发展。崂山区伴随着青岛的城市大发展也经历了由农业型经济向工业型经济的重大转型。

第三阶段：城市化进程加速发展的阶段。1994 年新的崂山区成立，明确崂山区由郊区转变为青岛市的一个城区，崂山区的城市化进程由此拉开帷幕，并且以惊人的速度发展，很快进入工业化初期的城市集聚阶段，人口、产业、资本、技术开始向城市建成区聚集，城市规模迅速扩张。在十几年转型过程中，城市空间扩展的动力首先来自青岛主城区功能提升和空间布局东西向扩展；其次是高新区发展对城市用地空间的需求不断增长；三是当地居民和各级政府为实现城市化目标的努力。在崂山区城市化集聚进程中，伴随着整个经济社会转型，崂山区从人口空间结构、经济空间结构、社会空间结构以及郊区城市化五个方面，完成了城市内部空间重构。

（二）城市功能的调整

崂山区由农业城郊转变为城区后，城市的功能定位相应发生了转变。

建区初期，崂山区由位于中韩街道办事处的中心城区和环崂山的沙子口镇、王哥庄镇、惜福镇、夏庄镇为主组成。功能定位是：全市的行政、文化、科教、旅游、居住中心；资金流、物资流、信息流集散中心；集约化现代工业和高科技产业区。[①] 这一时期崂山区内部的城市空间结构是：中心城区以旅游、金融、商贸、房地产开发和高新技术产业发展为主，沿海尔路形成城市发展主轴，串联三个辅轴形成的总体布局框架。在海尔路与李山东路之间，北依金家岭，南依湛流干路的带状区域内划分了行政办公、国际会展、文化艺术、商业中心、国际啤酒城五个功能区，并在此基础上提出了建设集多种功能于一体的现代化市级商贸区的规划。

将新成立的崂山区纳入青岛市总体规划的范围之后，崂山区经济连续 10 年以 25% 左右的速度超常规发展，城市建设亦进入一个快速扩张的阶段，城市社会经济结构、生态环境都发生了翻天覆地的变化，城市空间布局和功能都不同程度地突破了规划内容。为适应这种变化，1997 年《青岛市小城镇发展与布局规划》将崂山区的中韩（高科园）计入青岛中心城，将沙子口、王哥庄列入独立发展的城镇系列，其中，沙子口规划为重点城镇。

---

① 参见 1995 年初公布的《青岛市城市总体规划（1995～2010 年）》。

　　1999 年，《青岛市城乡发展协调规划》将崂山区总体布局结构确定为："一园三区三处"。规划总全区人口 2010 年达到 38 万人，2020 年达到 50 万人。2010 年城市化水平 70%，2020 年城市化水平 80%。空间布局为"一个高科园，三个办事处，一条环形发展轴"。

　　2000 年《青岛市崂山区区域规划》把总人口规模扩大为：2010 年达到 40 万人，2020 年达到 54 万人。其中到 2010 年高科园 20 万人，沙子口 8 万人，王哥庄 8.5 万人，北宅 3.5 万人。空间布局为"一个中心区，两条产业带，三个辅助中心"。

　　2003 年崂山区开始编制分区规划，对崂山的城市空间结构给予了新的界定和规划。该规划坚持可持续发展理念和区域协调发展思想，提出了城市生态、景观协调发展的目标。另外，这一时期青岛市整体的发展思路已经进行了重大的调整，各个不同城区的功能特色更加突出，崂山区作为一个具有浓郁现代化气息的新城区，进入了一个超高速的建设时期，会展、旅游、文化产业成长迅速，城市建设呈现出日新月异的态势。

　　这一时期出现的问题主要是，由于缺乏分区规划指导城市的具体空间布局，在城市布局的微观层面出现了一些混乱现象。尤其在城乡结合地区和乡镇驻地，城市建设控制能力较弱，部分地区的开发建设强度已大大超过了当地土地与生态的承载能力。

（三）城市主体功能的确定

　　2004 年，崂山区主体功能体系确定为"五个中心"。即，青岛高新技术发展中心，青岛旅游度假中心，青岛东部商贸中心，青岛高等教育发展中心和青岛节庆会展中心。总体布局思路是形成崂山区中心城区、崂山景区、沙子口、王哥庄、北宅旅游综合服务区和仰口旅游度假区六大功能区域，将崂山区建成以高科技产业、科技教育、旅游度假为主要特色的现代化滨海新城区。

　　在崂山区整体功能体系中居于核心地位的中心城区，规划建设用地面积为 52.56 平方公里，可容纳最大限量的城市人口为 46.47 万人。它包含六个功能区：（1）滨海旅游区。该区域范围为东海路以南的地区，依托良好的滨海风景资源，建设自麦岛至石老人的大型海洋公园。（2）滨海居住区。包括东海路以北、香港路两侧的背山面海、自然环境优美的高档住宅区。（3）北部居住区。主要在城市北部以及张村河两侧的普通住宅区。（4）高新产业区。张村河以北、高新区划定的区域，以发展高新技术产业为主。（5）中心商务区。为海尔路与李山东路之间的区域以及从崂山区区政府至海滨的公共空间。（6）高等教育发展区。根据崂山区的现状情况主要指中国海洋大学、青岛大学、青岛科技大学所属区域。

崂山景区由巨峰、流清、太清、棋盘石、仰口、北九水、华楼、澄瀛9个风景游览区和沙子口、王哥庄、北宅、夏庄、惜福镇5个风景恢复区及外缘陆海景点三部分组成。包括崂山风景名胜区的核心区以及北宅北部地区、沙子口的北部地区、王哥庄的西部地区以及周边的岛屿，规划总面积为298.7平方公里左右。

在崂山区整体功能体系中具有重要地位的沙子口是崂山区中心城区的重要组成部分，规划城市建设用地10.11平方公里，城市人口为7.7万人，是青岛崂山风景名胜景区的南大门和旅游基地，是以旅游休闲观光为主要特色的滨海新城区；王哥庄规划城市建设用地面积10.70平方公里，城市人口为8.1万人。考虑到青岛市基于鳌山卫、田横镇和温泉镇的"东部新战略"已经确定，远期可考虑将王哥庄与鳌山卫整合成一个整体发展；仰口旅游度假区按服务功能划分为观光游览区、旅游服务区、村庄建设区和别墅度假区等。未来规划的目标是建设青岛市高品位的国际会议中心和休闲度假区；北宅功能片区主要依托良好自然条件和便利交通条件，发展旅游度假服务和高效观光农业，建设低密度的人与自然和谐共生的生态社区。

崂山区的总体布局结构呈现出以中心区为核心、以海尔路和香港路为丁字形主轴、以崂山风景区为依托和沙子口、仰口、王哥庄、北宅等共同组成点轴式分散布局结构型的山水城区。

（四）周边区际关系的影响

崂山区城市布局的快速扩展与周边城区产生了城市功能的转换和相互影响，周边地区的影响主要体现在以下几方面：

一是老城区发展空间受到局限，城市功能向周边扩散、转移，崂山区成为主要的功能承接地区。市南、市北、四方作为较早发展的老城区，需要向邻近地区进行扩展。市南区的主要职能是全市的行政中心、金融中心、信息中心、滨海旅游。与崂山区相邻地区的城市用地主要为居住用地。老城区人口的扩散，金融、信息产业的扩散。市南区的公共服务职能逐渐向崂山区扩散，形成主城东部的副中心，青岛的体育中心、会展中心、旅游中心将逐步在崂山区形成。市北区、四方区是青岛人口最密集的地区，人口疏散的主要方向是向东转移，浮山后地区已成为青岛市规模最大的居住新区，未来大型居住社区的发展必将在崂山区展开。

二是周边地区的产业竞争引起崂山区的工业产业出现向外扩散的趋势。受国内外产业结构调整升级的影响，崂山区的传统产业将向高新技术产业转变，原有传统产业将向李沧、城阳地区转移；以此拓展高新技术产业的发展空间。而李沧东部地区的发展空间相对充足，与崂山相邻的是李沧东部规划区，可作为崂山区高新技术产业发展的备用地。

三是旅游产业发展促进青岛滨海旅游产业链的形成。滨海旅游业的发展对崂山区的直接影响是海滨旅游产业链的延伸，使滨海旅游景观带向东延伸与崂山景区连成一体，滨海大道对这一旅游黄金带的形成和联结将起到更强的作用，位居崂山区东北部的仰口、王哥庄及即墨市的鳌山镇和温泉镇经滨海大道相连形成青岛滨海旅游产业链，构成滨海旅游的大格局。

二、城市空间布局演进特征与矛盾

（一）空间布局演进特征

1. 郊区城市化。崂山区郊区城市化的特征表现为，城市空间实体因素的变化快于社会与人群的转型。短短 10 年时间，崂山区的空间形态已由城郊农业区转变为青岛的东部副中心城区。但对崂山区户籍人口分布情况的分析表明：崂山区本地居民的城市化进程远远落后于城市建设速度。到 2004 年，崂山区户籍非农人口比重仅为 30%（见表 3 - 1）。大量农业人口仍居住在传统的乡村社区。在中韩街道办事处、沙子口街道办事处等区域甚至形成了反差巨大的"城中村"现象。其中，中韩街道办事处所属的"城中村"（被城市建成区包围的村庄）有 30 个，户籍人口达 5 万余人；沙子口、王哥庄、北宅南部的"城中村"有 41 个，户籍人口 6 万余人。另外，分散在崂山核心景区、风景恢复区和水源地保护区内的"景中村"有 68 个。

表 3 - 1　　　　　　　　　　崂山区户籍人口分布情况

年份	总人口（人）	非农业人口（人）	农业人口（人）	非农人口比重（%）
2003	199589	60283	139306	30.2
2002	196523	55162	141361	28.0
2001	192000	46270	145730	24.0
2000	191615	45600	146015	23.8
1999	191403	45203	146200	23.6
1998	190418	43526	146892	22.86
1997	187823	62813	112501	33.4
1996	184221	30770	153451	16.7
1995	183275	29896	153379	16.3
1994	180862	15585	165277	8.6

资料来源：《崂山区统计年鉴（1995~2004）》。

2. 城市郊区化。崂山区的城市空间结构形态由单中心向多中心演变，城市人口流动表现出青岛市的城市郊区化特征。崂山区由农业郊区向工业化城区转变过程中，跨越了传统城市结构与城市形态的演替步骤，避免了高密度单中心城市结构及"摊大饼"式城市扩张方式，依托高科园，通过香港东路、海尔路等交通主干建设，形成了以世纪广场为中心的点轴式布局结构；而城市新增人口则以迁入人口为主，表现出与工业化中后期相伴的城市郊区化特征。从崂山区建立新区的 1994~2005 年新增户籍人口 33738 人，增长 18.65%。

导致崂山区外部迁入人口高速增长的一个重要原因是，青岛科技大学、青岛大学、中国海洋大学、酒店管理学院、恒星学院等高等院校新校区的大规模建设和招生规模的扩张，[1] 以及浮山后等大型住宅区建设带来大量的人流。随着青岛科技大学、中国海洋大学等高校的新校区和众多新的居民区项目的完成，[2] 到 2010 年，陆续迁入崂山区的新增人口将超过 20 万人，届时，崂山区的总居住人口将达到甚至超过 45 万人。

————————————

[1]　受户籍登记制度限制，目前，青岛科技大学、青岛大学等高校数以万计在校学生的户籍在崂山区户籍人口登记表中尚未计入。但这部分人口长年生活学习在崂山区，应当计入新迁入人口。

[2]　按照浮山新区的控制性详细规划优化方案初步测算，新区总规划建筑面积约 1200 万平方米，其中住宅建筑面积约 900 万平方米，除周边道路外需配套建设干道 30 余公里。到 2005 年底，新区已建成房屋总建筑面积达 380 万平方米。2006 年在建 400 万平方米、竣工 200 万平方米，以此开发建设速度，新区到 2008 年可基本建成。

表 3 - 2 崂山区迁入人口占新增人口比重情况

年份	总人口（人）	净迁入人口（人）	净迁入人口占新增人口比重（%）
2005	214600	6281	91.0
2004	207700	2163	87.8
2003	199589	2686	87.6
2002	196523	3450	76.3
2001	192000	72	18.7
2000	191615	10	4.7
1999	191403	1154	117.1
1998	190418	2325	89.6
1997	187823	2921	81
1996	184221	1075	113.6
1995	183275	1428	59.1
1994	180862	1055	—

资料来源：《崂山区统计年鉴（1995～2004）》；2004 年、2005 年数据根据统计公报推算。

（二）矛盾与挑战

崂山区十几年大跨度的变化，使区域空间形态、城乡布局结构、居民社区均发生了深刻的改变，快速的城市化过程在更深层面使其经济结构、社会结构、资源环境均发生了巨大变化。城市建设与经济发展、社会发展、资源环境三大系统之间开始凸现出形形色色的矛盾。

1. 传统的土地开发模式限制了发展空间。城市土地利用方式和强度，决定了城市空间构成的基本形态和格局。崂山区的城市建设是靠出让土地资源，积累城市建设资金完成的。房地产业作为崂山区的支柱产业对城市发展起了决定性作用。近期内比较尖锐的矛盾，是高强度的土地开发，使城市建设用地大量消耗，用于建设的可转让土地资源接近枯竭。城市发展空间与崂山景区保护的要求发生冲突，城市建设用地资源紧张与经济社会发展需求不相适应的矛盾已经凸现。由于限制城市发展建设的因素较多，实际可供城市建设的空间并不多。按照传统的土地开发模式，已受到越来越强的约束和限制。

其主要表现有如下几个方面：一是山林绿地的绿线因素限制。崂山区山林绿地总面积 240.86 平方公里，占总面积 62.12%。除此之外，可供建设的土地面积为 147.48 公里；二是地形地貌因素限制。整个行政区划范围的土地分别按地形坡度小于 10%，地形坡度在 10%～25% 之间和大于 25% 的标准进行评价。25% 以下的土地是可供城市建设的用地。经分析统计崂山区地形坡度在 10% 以下的土地 107.25 平方公里，占总面积的 27.5%，10% ~25% 的土地面积 25.64 平方公里，占总面积的 6.6%；25% 以上的土地面积 256.44 平方公里，占总面积的 65.9%；可供城市建设土地面积有 132.89 平方公里；三是保护水库水源地的限制。崂山水库是青岛市重要的水源地，按水源地保护要求分为二级水源保护区和准水源保护区。前者面积为 53.76 平方公里，后者面积为 106.17 平方公里。除此以外，不受限制的建设用地还有 118.35 平方公里；四是崂山风景名胜区的限制。崂山 118.35 平方公里的可建设用地中位于崂山风景区中的 13.74 平方公里，位于风景恢复区中的 70.05 平方公里。位于风景区外不受限制的可建设用地为 34.56 平方公里，已建和已批未建用地已达 29.1 平方公里，未批未建用地仅有 5 平方公里。①

表 3 – 3　　　　　　　　崂山区土地资源分配状况

类　别	面积（平方公里）	占总面积比例（%）
山林绿地占地	240.86	62.12
坡度在 25% 以下的土地	132.89	34.10
水源地保护区土地	159.83	41.05
风景名胜区占地	83.79	21.52
风景区外不受限制的可建设用地	34.56	8.27
未批未建用地	5.00	1.28

　　资料来源：表中均为 2004 年数字，引自《青岛市分区规划（2003 ~2010）（崂山分区）》。

　　2. "城中村"、"景中村"加剧了城乡结构不平衡。崂山区的城市发展在很短时间内完成由农业经济阶段向工业化阶段的过渡，郊区城市化和城市郊区化的发展趋势同时交叉运行，工农业之间、城乡之间、中心区与边缘区发展不协调，在空间布局结构上面临农业与二、三产业对土地资源的竞争，城市扩张与水源区保护、风景区保护的竞争，农民利益和市民利益的竞争。郊区城市化与城市郊区化的矛盾，集中表现为"城中村"、"景中村"的大量存在。这些村庄土地转变为城市建成区之后，被城市建成区包围的村庄居住聚落和农村人口仍停留在松散的农村状态，还没有实现"村民"向市民的转化。不同社区的经济冲突与文化冲突，有可能加剧这种不协调。

　　3. 社会发展滞后于经济发展与城市发展。崂山区的社会发展水平落后于经济发展的矛盾，集中表现为城市的物态因素与人文因素之间的不

---

　　①　2004 年数字，引自《青岛市分区规划（2003 ~2010）》（崂山分区）。

协调，硬件与软件布局的不协调。高技术发展中心、高等教育中心、文化体育中心、商贸会展中心的城区功能定位，与区域内文化积淀、居民基本素质、科技知识普及水平、基础教育水平以及原青岛市居民对城市功能划分的认同程度相去甚远。不同的社会阶层、职业群体、居住社区对区域内的社会福利分配、社会保障体系建设、城市社区建设、城市文化和城市形象建设提供了基本动力，提高崂山区社会发展水平成为完善城市功能的重要任务。

4. 过度开发、持续开发对城区形象的消极影响。"涌潮式"的城市空间扩展模式和城市的持续扩张开始影响人与自然的和谐关系和城市形象。崂山区以山地丘陵为主，可建设用地较少，为争取更多的发展空间，25%坡度以下的土地均作为建设用地考虑，城市空间像潮水般在很短时间内就被占领完了。按照一定的海拔高度划定绿线，绿线以下的土地作为城市建设用地，绿线以上作为城市公园或绿化用地，结果是原先的山体形成一个个孤岛，自然山体被城市建筑所包围。这种发展模式对崂山区临山面海而居、建筑与绿地相间的城市特色形成了一定的矛盾。随着土地资源的相对枯竭，房地产业对崂山区经济增长的推动力已呈现出种种的疲态。可以预言，未来几年，崂山区房地产的过度开发，对城市形态的负面影响将逐步暴露出来。

三、城市功能定位及其影响因素

（一）城市功能定位的影响因素

1. 区域分工的要求。从区域分工的角度分析，青岛的城市定位是崂山区城市定位的前提。区域空间层级扩散规律表明，在都市圈或都市群的区域分工体系形成过程中，呈现出以中心城市为核心，按照其功能量级逐级扩散，并由此形成梯度式分工层次。青岛处于半岛制造业基地分工体系中的第一梯度的中心，必须为半岛地区发挥政治、文化、交通、信息、科技、教育、旅游等中心城市职能。崂山区作为青岛东部次中心城区，完善城市功能要以提高城市功能层次为主强化其科技创新中心、产品研发中心、人才培训中心、商贸会展中心的功能。在新的青岛城市发展战略下，黄岛地区大炼油等重工业大项目的建设和沿胶州湾工业走廊的布局，都在推动青岛的科技中心、文化中心、服务中心向东部转移。

大炼油等重工业项目在黄岛及沿胶州湾一线大量工业园区的建设，在 5 ~ 10 年后必将对胶州湾及整个西部地区的环境产生难以逆转的生态污染，大大降低西部地区的发展潜力，东部将成为发展高新技术产业、文化教育事业、第三产业的首选区域。

2. 发挥高新区优势的要求。从产业定位角度分析，在传统制造业衰退的同时，以高新技术科研为支撑的生产尖端产品的高新技术产业在大城市中迅速成长起来，大城市凭借其科技优势始终保持着生产制造中心的基础作用。有关研究表明：城市竞争力与高新区竞争力、城市质量和高新区质量的相关性显著，相关系数分别为 0.87 和 0.585，在一定程度上反映了高新产业区发展与城市竞争力的空间效应。[1] 崂山区作为青岛的高新技术产业基地，应利用产学研基础，重点建设青岛高新技术创业孵化体系，支持家电电子通讯、海洋生物、特色化新材料、软件产业四大高新技术产业建设；应该逐步占领产业链高端，强化产品研发和技术创新功能，向周边地区扩散一般制造环节，提升高新技术产业档次，建设面向半岛地区的科技创新体系和科技服务体系。要突出崂山区在青岛旅游业中的龙头地位。崂山是中国道教圣地之一，中华传统文化底蕴深厚；具有传统文化与先导文化融合发展的优势条件；崂山名山大海兼备，并且环境保存良好。崂山区独特的地理位置可以更好地发挥崂山的旅游品牌效应，在新的旅游产业格局中确立崂山的龙头地位。

3. 强化都市服务功能的要求。从城市的社会文化功能分析，崂山区城市组织管理、城市文化品质和居住生活中心职能将进一步强化。崂山区大专院校、科研机构相对集中，博物馆、科技馆、文化艺术中心、体育健身中心、会议展览中心等社会基础设施正在实施大规模建设，一些高层次机构（如公司总部、财政金融、商业服务、公共行政管理等）的职能正在逐渐向崂山区集中，文化艺术中心、高等教育中心亦开始东移。同时，依托都市发展的文化创意产业等新型都市经济将得到大发展。这些变化势必带来崂山区城市功能从以商品为中心的服务向以知识和信息为中心的服务转变，城市的文化、教育、科研功能地位将因此而得到空前的提高。

4. 保持生态效应的要求。从城市生态平衡功能的角度分析，崂山区拥有其他城区所不具备的关键要素。崂山景区 240 平方公里山林绿地不仅

---

① 于方涛：《城市竞争与竞争力》，东南大学出版社 2004 年版。

是整个青岛市区的天然"绿肺"和空气调节器，而且作为城市的后花园，是青岛市创建"最适宜人居住的城市"这一城市品牌的根本保证。建设"绿色崂山"，充分发挥崂山区的生态调节功能，不仅是发展青岛旅游产业的必然性需求，同时也是青岛市整个城市的发展常青不衰的基础。因此，关于崂山区功能定位的设计必须将生态效应的要求置于显要的位置。

（二）城市功能定位

根据上述要求，可将崂山区新的城市功能定位为：高新技术产业基地、制造业基地的科技创新中心和科技服务中心；东部商贸中心、会展服务中心、高等教育发展中心；具有良好生态环境和生态调节功能的，最适合人居住和旅游的综合性、生态型、现代化城区。

四、城市形态创新的思路与实施路径

（一）总体思路

以紧凑型中心城区、点轴结合型产业布局、生态旅游型城市环境、现代服务功能发达的城区功能为特征，建设具有强大综合竞争力和辐射力的现代化中心城区和相对紧缩的辅助城区布局。

近期建设目标是，以提升城区的综合功能为主线，实施城市职能转型、社会文化功能升级、发展环境创新，加快由物质生产型基地向综合型现代化城区的转变，营造城市物质实体空间与人文社会环境和谐发展的城市体系、引领高技术产业发展的研发基地和产业示范区域，具有优良生态环境的生活居住区域。同时，要在沙子口、北宅和王哥庄三个街道办事处驻地形成适应当地人流规模和产业层次的生活和生产服务网络，以及与中心城区服务系统配套的生产和生活系统。

（二）实施路径

1. 实施紧缩型城市发展战略。以空间紧缩和素质提高为战略基点，提高有限土地的二次开发和利用效率，优化城市空间组合与布局。

（1）紧缩建设规模和城市空间，把城市发展边界限定在自然环境容量之内，避免城市郊区化过度蔓延而产生的一系列城市问题。提高土地再度开发比率和产出效率，把崂山区平均人口密度保持在一个合理水平，尽量预留发展空间，为未来城市发展和生活空间构建留下必要的调整余地。

（2）紧缩人口增长速度和人口规模，适当控制人口增长率，把崂山区人口总规模控制在土地及其他城市基础设施的承载力范围之内。到2010年人口规模应控制在40万以内；① 长期的最大人口规模应限定在50万以内。适度压缩有关规划的人口增长指标，保证崂山区现代化的人居环境不受到破坏。人口政策的重点是依托高层次都市产业吸引高素质人口的迁入和提高崂山区原著居民的基本素质两方面。同时，要优化人口分布结构，协调居住和就业关系，尽量把住宅小区的建设与就业集中区就近匹配；把崂山风景区和水源保护区的人口规模与人口密度严格控制在现有水平之内。

（3）紧缩产业发展空间规模和布局，建设集约型产业体系，严格控制新建企业的产业层次，延伸产业链的前段和高端，向区外扩散和转移低端、低效的传统制造业，从发展一般制造业向构筑制造业产业高端优势转变，建设先进制造业集聚区，变常规的产业平面扩张为全要素产业素质的提高。

（4）紧缩一般城市建筑区域，竭力改变建筑物环海岸线布局和环绕山头绿地的反自然形态，建设敬密有致的城市连绵带和绿色生态网，避免走先破坏，再将"自然"以绿化空间的形式重新引入的传统老路，在保留原生态自然之美的基础上塑造现代化城市空间之美。

（5）紧缩政府建筑空间，拆除政府行政场所的铁栅栏，建设开放的市政中心、城市广场、街心公园等公共空间，为市民的公共活动和公开交流提供方便。塑造真正开放意义上的城市形象，营造足够多的开放的社会公共空间。同时，应强化保护和拓展城市公共空间的理念，改善不同城市社区的和谐关系，避免随意圈占城市公共空间的行为。

2. 实施高端引领的产业发展战略。在进一步提升高新技术产业产出效能和影响力的同时，扩大新型都市产业的发展规划，提高生态农业、生态旅游业的集约水平，实现新的产业布局形态。

（1）强化一个产业核心。"核"指以中心城区为主体，东到滨海大道、南至香港东路、西临海尔路、北至张村河。着重发展商贸、物流、金融、商务办公、信息服务等现代服务业，完善综合服务中心功能。

---

① 城市是一个多变而且复杂的巨系统，城市用地规模和功能布局所依赖的自变量（如人口）往往难以预测。深圳当时预测2000年的人口是100多万，并按此来规划。结果到2000年时人口规模却达到了700万。这一点，应当提醒崂山区予以注意。

（2）培育三条产业带。一是金色产业带。在中韩街道办事处和株洲路两侧建成现代化的高新技术产业集聚带，着重发展家电电子通讯、软件、海洋生物制药、新材料等产业及其配套工业；培育扶持高新技术产业，并增强其辐射能力。二是蓝色产业带。积极开发石老人海水浴场以及沿海岛屿，逐步形成以旅游、休憩为重点，海洋旅游为特色的产业体系。三是绿色产业带。围绕东部、北部内陆山区（即北宅和王哥庄），以滨海大道为轴线向两侧展开，建设绿色生态屏障，发展观光旅游、休闲旅游和绿色生态农业，适当发展"清洁型资源类工业"。

（3）形成四大产业区。一是中部都市产业区，南北拓展，东西延伸，成为崂山区商贸中心和区域性综合服务中心。二是南部旅游休憩产业区，以石老人国家旅游度假区为主体，东到沙子口（含雨林谷、观光园、崂山），西至大麦岛，南临黄海，北接香港路，形成旅游度假中心区域。三是北部高新技术产业区，在株洲路（含进一步拓展的地区）形成高新技术示范基地和产业高地。四是东部生态产业区，以北宅和王哥庄为主体，往周边拓展（包括枯桃），成为国家级生态示范区，主要发展生态农业和生态旅游业。

3. 实施提高与协调战略。以人口、资源、环境的协调发展为基本立足点，积极推进经济与社会发展、人文环境与生态环境建设的协调，创建和谐、富裕的新崂山。

（1）以人为本，协调社会各阶层之间的关系，特别是富有阶层和贫困阶层的关系；协调工农业之间的关系；协调原著居民和新迁入人口的关系；协调固定人口与流动人口之间的关系。

（2）改造城中村和景中村，建设充满人情味的新社区。"社区"设计理念要体现紧凑的、功能混合的、适宜步行的、邻里配置和特征适宜的分区；将自然环境和人造社区结合成一个可持续的有机整体；形成功能化和艺术化的生活空间。在新社区，应该有充分体现对低收入者人文关怀的廉价住房，在衣、食、行、玩、教等方面有完善的配套设施，贴心周到的服务；有步行街、中心广场、商业广场、休憩绿地、会馆、度假中心等可供人们充分交流的空间；有市民色彩浓郁的各种活动和促进人们交流的会所。

（3）积累城市文化资本，提高城市文化品位和人口素质；提高社会发展水平和城市可持续发展能力，在继承传统的基础上推进城市现代化建设。在对农村社区和旧城区的改造规划中，要注重建设与其配套的文化教育设施、医疗卫生设施等社会公益设施。

五、城市功能调整和形态创新的保障措施

第一，合理设定发展边界。保护城市自然生态环境，城镇的发展边界限定在自然环境容量之内，限制城市规模的不断扩张。城市规划要统筹考虑城市各种公共服务设施的建设，使其均匀分布于市区而不随意蔓延；新市镇的建设要有利于吸引城乡居民前来落户。

第二，制定开放性的旅游业发展规划。从构建青岛市大旅游格局的要求出发，把崂山风景区纳入崂山区行政建制管辖之内，以提高城市规划的科学性和管理效率。同时，依据松岭路开通以后，即墨"三镇"实施新的发展定位等新情况，制定崂山旅游的新的开放性的发展规划，做足大青岛旅游业的文章，并避免崂山景区维护与城市发展的矛盾。

第三，为改善目前城市居住用地大幅膨胀、可转让土地资源日益紧张的局面，应采取有力措施，适度调整控制房地产业开发速度和建设模式。同时，改善城市居住空间的建设模式，在靠近海岸线和较低山丘附近地区严格限制高层建筑及中高层住宅建设，保证天际线、地平线、海岸线的和谐。

第四，在继承传统的基础上推进城市现代化建设，保护自然原生态的同时，加强对文化原生态的保护。把各种风格的建筑、城镇规划和社区密度都整合成一流的城市社区。注意传统与现代的完美结合。新市镇大都建设于相对于城市中心区有一定距离并且经济落后的地区，由于受到的现代化破坏较少，这些地区的环境一般较好，且建筑、文化、风俗等还具有传统气息。针对处于大城市外围地区，开发建设之前往往经济水平、综合服务设施都相对滞后于中心城区的情况，大力兴建具有现代化气息的设施来提升其竞争力与吸引力。

第五，注意城市生态与环境的保护。城市规模主要受区域内自然生态和环境容量的限制，城市规模应以此为限，否则将导致区域生态与环境的恶化、城市活力的丧失和城市生态基区的急剧增大，最终导致整个地区的衰退。注意城市生态环境的保护，进一步强化"集约生态"的理念。集约化、高效地利用土地，把土地价值最大化地发挥出来，从而达到真正保护环境和生态的目的。

第六，注重社会平等和公共福利的提高。三项社会目标：社区、社

会平等和公共福利。资源平等分配的目标可以同实体规划建立直接的联系。公共福利强调整个社会的康乐，加强人们对该地区的维护和责任感。同时通过创造区域或邻里可识别性，增强共享感和归属感。从维护低收入阶层基本的生存权利出发，进行廉价的"公共房屋"建设计划。

第七，通过推进一批现有的事关区域经济增长和城区现代化建设的大项目，不断优化区域经济结构、树立城区新形象。围绕"建设有特色的新城区"的目标，推进旧村改造和城区基础设施建设。突出抓好以麦岛片、浮山片、中韩驻地片、张村河片等为重点的旧村改造类项目和滨海大道、中国海洋大学新校、青岛科技大学新校、热电厂、污水处理厂等一批基础设施类项目建设。围绕"建设有特色的都市高新技术产业区"的目标，推进重点高新技术产业项目建设，近期突出抓好以家电电子、海洋生物制药、新材料、软件四大产业为重点的高新技术产业类项目。围绕"建设有特色的商务区"的目标，推进高档商贸服务类项目建设，近期突出抓好以大型商业中心和高档商务酒店为重点的商贸类项目和以海尔路商务一、二区为重点的楼宇总部类项目。围绕"建设有特色的旅游区"的目标，推进重点旅游大项目建设。近期突出抓好以"一线四点"、石老人生态旅游景区、二龙山旅游景区、青岛新植物园等为重点的旅游类项目。为城市功能优化和城市形态创新奠定良好的基础。

第四章

产业分布状况和发展态势

经过十年开发建设，崂山区的产业布局有了根本改变。10 年前，基本上属于农村范畴，土地利用以耕地为主，产业以农业、渔业为主，只有少量乡村工业。10 年后，随着崂山区经济的起飞，开放型经济飞速发展，社会事业蓬勃兴起，家电电子通讯等高新技术产业已成为区域的主导产业，具有现代化面貌的新城区已初具规模。

一、产业分布状况

（一）空间分布特征

崂山区规划面积 58 平方公里，按功能分为 5 个区，以中央商贸区为轴心，逐层展开。其中，高科技工业主要分布在崂山区北部的株洲路一线，重点发展的产业领域为家电电子通讯、软件、生物医药、新材料等；商贸服务业主要分布在海尔路以东、辽阳西路以南、李山东路以西、香港东路以北，集中一批金融、商贸、科研和管理机构、宾馆、写字楼、会议中心等设施；旅游度假产业主要分布在崂山风景区与石老人海水浴场以及沿海一线；生态农业主要分布在北宅和王哥庄、沙子口街道辖区。其中，种植业多布局在山区，养殖业集中在东部沿海（海岛）地区。青岛市"新东部"战略实施，尤其是滨海大道（松岭路段）全线贯通以后，其东北部的格局会相应的发生一些调整，并有可能出现一定程度的重心偏移现象。

产业空间分布特征是，北工、南商、农业分布在东部和北部的边缘地带。目前存在的主要问题有两个：一是土地利用不经济；二是某些项目布局不尽合理，一些早期项目和中央商贸区混在一起，整体布局杂乱，功能不够突出。

（二） 结构变化趋势

崂山区的产业布局经历了一个不断调整的过程。从 GDP 的构成来看，产业结构明显偏重于第二产业。按照原来的青岛市分区规划，崂山区是青岛市的高新技术产业基地。因此，崂山区的产业结构长期以来以第二产业，尤其是高新技术产业为主。初步核算，2005 年崂山区生产总值（GDP）实现 196.98 亿元，其中第一产业增加值 5.48 亿元；第二产业增加值 133.70 亿元；第三产业增加值 57.80 亿元。三次产业比例关系由上年的 2.83∶70.50∶26.67 调整为 2.8∶67.9∶29.3。[①]

表 4-1　崂山区与世界不同收入水平国家的 GDP 三大产业构成比较

国家类型	崂山区 2002 年	低收入国家 2002 年	中等收入国家 2002 年	高收入国家 2001 年	世界平均 2001 年
农业	3.36	23.8	9.1	1.8	3.8
工业	71.67	30.4	33.9	27.5	28.6
第三产业	24.97	45.7	57.0	70.7	67.7

资料来源：根据《崂山区统计年鉴》及相关资料整理（为了具有可比性，表中崂山区三次产业构成比例采用 2002 年的数据）。

从三次产业对经济增长的贡献来看（见表 4-2），崂山区 2005 年 GDP 的增长率为 12.6%，[②] 其中，第一产业对经济增长的贡献率为 2.4%，拉动经济增长 0.3 个百分点，第二产业对经济增长的贡献率为 47%，拉动 5.9 个百分点，第三产业对经济增长的贡献率为 50.6%，拉动经济增长 6.4 个百分点。数据表明，2005 年第三产业对国内生产总值增长的贡献首次超过第二产业，并与第二产业共同成为崂山区经济增长的动力。

表 4-2　2005 年崂山区第一、二、三产业对 GDP 的贡献（按现行价格计算）

GDP（亿元）	第一产业	贡献率[①]	贡献度[②]	第二产业	贡献率	贡献度	第三产业	贡献率	贡献度
196.98	5.48	2.4%	0.3%	133.70	47.0%	5.9%	57.80	50.6%	6.4%

注：产业贡献率 = 产业当期增量/GDP 当期增量×100%；
产业贡献度 =（产业当期增量/GDP 当期增量）×（GDP 当期增量/GDP 基期量）×100%
资料来源：2005 年和 2004 年《崂山区国民经济和社会发展统计公报》。

[①] 数据来源：《2005 年崂山区国民经济和社会发展统计公报》。
[②] 按现行价格计算。

崂山区三次产业结构变化的一个显著特征是，第三产业总量不足。2005 年，崂山区第三产业在国民经济中的比重（29.3%）不仅远远低于英克尔斯现代化标准（即 45% 以上）的要求，而且从国际比较看，与库兹涅茨的（产出结构随人均 GDP[①] 增长）国际通用模式相比，第三产业比重明显偏低近 11.4 个百分点；与 20 世纪 20 年代后期市场经济发达国家相比，崂山区第三产业比重偏低近 34 个百分点（见图 4 - 1）。

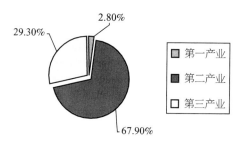

2.80%

29.30%

67.90%

第一产业
第二产业
第三产业

图 4 - 1 2005 年崂山区三次产业比例关系

（三）主导产业贡献

崂山区经济发展过程中，以四大产业（家电电子、新材料、海洋生物制药产业和软件产业）为主导的高新技术产业对工业经济贡献较大。2005 年，全区实现高新技术产业产值（包括软件业收入）385 亿元，占规模以上工业总产值的 85%，其中，电子家电产业实现产值 342.6 亿元，同比增长 13.64%；软件产业实现销售收入 13.21 亿元，同比增长 24.6%；海洋生物制药产业实现产值 4.57 亿元；新材料产业实现产值 28.14 亿元，同比增长 11.21%。从行业结构来看：工业增加值最多的前 5 位行业是家电电子产业、线缆行业、交通运输设备制造业、机械制造行业、食品行业。工业增加值最多的前 5 位企业是海尔集团、朗讯、汉河电缆、南车、可口可乐。从企业主体来看，崂山区内除海尔、朗讯等著名企业外，注册资本在 1000 万美元以上的外资企业还有 105 家，企业的投资规模和产出普遍较大。另外，崂山区内各企业普遍拥有自己的研发中心，其中，十几个集研究开发和生产为一体的基地型项目，如海尔研发中心、朗讯青岛研发中心、中船重工 725 所、海克斯康公司、青岛海泰光电技术有限公司、金谷镁业股份有限公司、一汽研发中心、信息软件园、生物创业园等在国内外具有一定的影响力。

---

① 崂山区人均 GDP 已经超过 1000 美元。

目前，崂山区制造业仍存在的问题有：一是产业结构过于单一，抗御风险能力不强。2005年，全区家电电子通讯产业总产值超过342.59亿元，其产值占全区工业总产值的接近89%。全球家电电子通讯市场的波动容易造成整个区域经济大面积滑坡。二是民营经济力量薄弱，注册资本在1000万元以上的企业只有78家，不到登记注册的私营企业户数（4767户）的2%，对区域经济的影响很小。三是产业链的延伸不够，区内许多大企业的配套厂都不在崂山区，没有形成相关的配套产业链。四是产业用地严重匮乏，发展空间受到很大限制。政策区可利用土地仅为467亩，且剩下的地块大都小而分散，新工业项目的进入和现有企业生产规模扩张受到严重制约。

（四）产业形态演进

1. 城郊型特色农业的发展。崂山区农村人口14.1万人，耕地只有2.7万亩，山多地少、人多地少，土地资源相对紧缺。近年来，随着节会农业、观光农业、都市农业和品牌农业四大特色农业的兴起，农业和农村经济呈现出健康、快速发展态势。全区种植农业主要以茶叶、水果和花卉为主。2005年，崂山区茶园面积10700亩，年产400吨；果品面积21400亩，年产11500吨；花卉种植面积2200亩。已初步形成了王哥庄茶叶、北宅干鲜杂果、中韩花卉和沙子口水产品养殖、加工的产业布局和茶叶、花卉、果品、水产四业并举的格局。独具崂山特色的城郊型、高效型农业产业已呈现出规模化发展、产业化经营的良好态势。

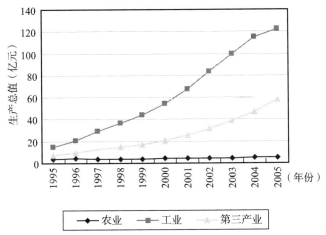

图4-2　1995～2005年崂山区农业、工业、第三产业增加值变化图

2. 崂山区房地产开发超速发展，投资增长率连续攀高。据统计，从 1999 年到 2005 年，7 年间崂山区房地产开发投资从 5.11 亿元增加至 36.64 亿元，平均增长率为 35.4%，累计房地产开发投资 124.81 亿元，其中，商品房投资 93.51 亿元，占房地产总投资的 74.9%。2005 年实现房地产开发投资 36.64 亿元，增长 103.3%，占固定资产投资（72.66 亿元）的比重高达 50.4%。其中，商品房建设投资占房地产开发投资 84.9%（见表 4-3）。从国际经验来看，房地产开发投资增长率与经济增长率之间的合理比例为 1.4:1，1999 年到 2005 年崂山区的这一比例达到 3.3:1，大大高于国际水平。崂山区房地产业投资高速增长，为崂山区的财政税收带来了较大的收益，但同时也潜藏着若干的危机。

表 4-3　崂山区 1999~2005 年固定资产投资、房地产投资、商品房投资统计

	1999 年	2000 年	2001 年	2002 年	2003 年	2004 年	2005 年
固定资产投资	26.17	27.2	32.61	38.55	45.52	46.26	72.66
房地产投资	5.11	9.26	12.86	17.97	24.95	18.02	36.64
商品房投资	1.82	5.33	9.83	12.58	17.39	15.45	31.11

资料来源：《崂山区经济与社会统计年鉴（2004）》，2004 年和 2005 年《崂山区统计公报》。

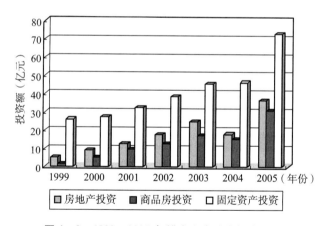

图 4-3　1999~2005 年崂山区房地产投资态势

崂山区产业形态演进中存在的问题主要是：

（1）新型高效农业的规模较小，品牌影响力较弱，农业的经济效益不高，农村改造和农民收入水平的提升面临较大的压力。崂山区中心城区旧村改造和房地产业的高速成长，进一步加速了传统农业的消亡，但

失地农民发展新产业或寻求新的就业岗位的能力不够强，"可持续生计"的问题尚未引起足够重视。目前兴起于北宅、王哥庄、沙子口等街道办事处的生态型、高效化的新型城郊农业的发展收益还不够明显，对外的影响力还很小。

（2）以批发零售、交通运输、仓储、旅游、餐饮为代表的传统服务业占据主导地位，而现代服务业发展相对滞后。由表4-4可见，崂山区传统服务业占第三产业比重为53.72%。而金融保险、卫生体育及社会福利、教育文化、广播电视等现代化服务业共占45.84%，与全国平均59.3%、北京77.1%、上海66.5%的水平相比差距较大。另外，崂山区为工业生产服务的第三产业服务无论是规模还是发展的水平均还处于初级阶段。它不仅影响了第三产业的优化升级，而且使第一和第二产业失去了配套的服务支撑，并在一定程度上制约了投资环境的改善。

表4-4　　　　　　　　　　2003年崂山区第三产业内部构成

产业类别	产值（亿元）	构成（%）
第三产业	36.17	100
交通运输、仓储、邮电通信业	6.64	18.36
批发零售贸易、餐饮业	5.54	15.32
金融、保险业	3.95	10.92
房地产业	4.52	12.50
社会服务业	4.79	13.24
卫生、体育和社会福利业	0.31	0.86
教育、文化广播电影电视事业	3.47	9.60
科学研究和综合技术服务业	4.33	11.96
国家机关、政党机关和社会团体	2.46	6.80
其他	0.16	0.44

注：2005年和2006年《崂山区统计年鉴》尚未发行，只能利用2004年年鉴中的统计数据。
资料来源：根据《崂山区统计年鉴（2004）》相关数据计算。

（3）第三产业对第一、二产业的关联度不强。本项研究采用快速比较方法，对崂山区第三产业与第一、第二产业的关联度的计算[①]结果表明，2003年崂山区第三产业的产业关联度仅为1:0.3142（见表4-5）。

---

①　测算方法是，令崂山区第一、第二产业的产值为1，通过计算崂山区第三产业与第一、二产业之合的比例，得出相应的关联度数据。这一方法与产业经济学中介绍的经典方法相比，显然不够准确和完善，但它可以近似地说明一种趋势。对日本数据的测算，采用的是同一方法，因此，二者的比较具有较高的可比性。

采取同样方法，对崂山区第三产业内部各个具体行业对第一、第二产业关联度测算的结果为：运输仓储业为 0.0577、零售及餐饮业为 0.0481、金融保险业为 0.0343、社会服务业为 0.0416。而对照发达国家日本，早在 1990 年，其第三产业对第一、二产业的关联度就已经达到 1.518；分行业的各项指标是，商业 0.289、金融保险业 0.124、房产业 0.247、运输通信业 0.146（见表 4-5）。

上述情况表明，崂山区第三产业在发展水平上落后于工农业生产发展的需求，其服务水平和发展规模与发达国家第三产业的影响力相比还有很大的差距。加快以现代服务业为标志的第三产业的发展应当成为今后一个时期崂山区推进经济增长的重要任务。

表 4-5　　　　2003 年崂山区第三产业内部构成及与第一、第二产业的关联度

产业类别	产值（亿元）	构成（%）	产业关联度
第一、第二产业	115.1		1
第三产业	36.17	100	0.3142
交通运输、仓储、邮电通信业	6.64	18.36	0.0577
批发零售贸易、餐饮业	5.54	15.32	0.0481
金融、保险业	3.95	10.92	0.0343
房地产业	4.52	12.50	0.0393
社会服务业	4.79	13.24	0.0416
卫生、体育和社会福利业	0.31	0.86	0.0027
教育、文化广播电影电视事业	3.47	9.60	0.0302
科学研究和综合技术服务业	4.33	11.96	0.0376
国家机关、政党机关和社会团体	2.46	6.80	0.0214
其他	0.16	0.44	0.0014

资料来源：根据《崂山区统计年鉴（2004）》相关数据计算。

二、产业布局的优化

（一）产业布局的影响因素

1. 城区的性质及职能。[①] 崂山区的城市性质及城市职能随着青岛市经济形势的变化发生了多次变动。1994 年，崂山区的城市性质为"全国重

————————

① 城市性质是指城市在一定时期内，在一定地区、国家乃至更大范围内的政治、经济与社会发展中所处的地位和所担负的主要职能。城市职能是城市在一定地域内的经济、社会发展中所发挥的作用和承担的分工。

点高新技术产业开发区和旅游度假区"。2004 年崂山区将城市性质定位为
"把崂山区建设成为国家高新技术产业示范中心、青岛旅游度假中心、青
岛东部商贸中心、青岛高等教育发展中心、青岛节庆会展中心。"此外，
围绕崂山区城市性质的争论至今还在进行。各种意见争论的焦点是，崂
山区究竟是要建设一个综合性新城区，还是建设一个专业化的工业或旅
游区域。崂山区决策层在一段时间也始终在这两者之间摇摆。

　　我们认为，崂山区应是一个融"国家风景旅游地、全国高新技术示
范中心和青岛市东部商贸中心、高等教育中心、节庆会展中心"为一体
的综合性城区。整个崂山区的产业布局必须服务、服从于城市性质、职
能的要求。发展具有示范带动作用的现代第三产业和高新技术产业，形
成集群化的产业增长能力是未来一个时期优化崂山区产业布局的一个基
本要求。

　　2. 空间结构①演变模式。崂山区目前仍处于生产要素高度集聚的阶
段。这一时期，昂贵的地价和高昂的劳动力成本将对传统产业形成越来
越大的压力，进入崂山区的门槛将逐步抬高，许多传统型企业面对强大
的财务成本和机会成本压力，将难以立足，劳动密集型的传统产业迁离
主城区的倾向会逐渐突出。相反，那些对市场营销、信息交流、技术人
才要求较高的资本和技术密集型企业，以及那些对基础设施依赖性较强
的企业，将向主城区进一步集聚，崂山区应顺应这种产业布局的新趋势，
鼓励不适应崂山区城市功能的企业外迁，引进与崂山区城市功能具有亲
和力的产业体系。这些产业体系将主要以现代服务业和高技术产业，尤
其是产业链的高端环节为主。为此，必须在城市建设过程中，预留相应
的发展空间、制定相应的引导政策，综合考虑城市基础设施建设的需求，
为新一轮产业转移和要素集聚奠定良好的基础。

　　3. 区位指向②的选择。崂山区的区位指向涉及三个领域：一是自然条
件指向。例如，崂山风景区和绵长的海岸线是崂山区宝贵的旅游资源，
它构成了在崂山区东南部发展旅游业的重要条件。再如，崂山北部是青
岛市重要的水源保护地，这一地区不适宜作为工业区。二是劳动力指向。

---

　　①　区域空间结构是指各种经济活动在区域内的空间分布状态及空间组合形式。典型的模式
有"极核式"、"点轴式"和"网络式"三种，分别代表了早期的集中阶段、集中后的分散阶段
和分散后的地方中心成长阶段。
　　②　区位指向是经济活动在选择区位时所表现出的尽量趋近于特定区位的趋向，是影响区域
空间结构形成与发展的重要的力量。不同的产业对于适于生存发展的空间有着不同的要求，因
此，"区位指向"理论对产业布局的形成及调整具有重要的意义。

由于大量使用劳动力的行业和对某种特征化劳动力有很大依赖性的产业有趋近于劳动力集中供给地区的趋向。其中，廉价劳动力指向的行业（如纺织、服装、制鞋、食品加工等），选址应靠拢居民密集区；高素质人才指向的行业（如那些对高技术人员依赖度很高的创新型企业），有向高等院校周边区域集聚的倾向。三是市场指向。对于销售受市场影响大，不方便运输的行业（如鲜活水产品、易变质食品等），产业布局有趋近市场的趋向。而服务业由于其即时性、多样性的消费方式决定了服务的提供者和接受者必须紧密结合，其布局也有趋近市场的取向。

4. 环境保护指向。崂山区沙子口、北宅和王哥庄地处国家水资源保护地和风景区内，环境保护任务繁重。按照树立和落实科学发展观、统筹协调人与自然的关系、构建社会主义和谐社会，创建国家级生态示范区的要求，崂山区需进一步作出保障经济社会和环境协调发展的规划，制定符合区域环保要求，推进生态农业和绿色轻型环保工业发展的具体措施，将建设"四型城区"的奋斗目标真正落到实处。

5. 布局理念。优化崂山区的产业布局应坚持两个重要理念：一是动态理念。产业布局不是一个静止的终极目标，而是一个向着预期目标发展的动态过程。面对不断变化的外部环境和城市化进程中各类行为主体内在发展动力的调整，产业布局规划的内容应更富于前瞻性、探索性；二是可持续发展的理念。随着经济的发展，生活水平的提高，生活方式的进一步现代化，市民对城市环境品质的要求越来越高，保护和改善生态环境的良性循环已经成为城市可持续发展的基本诉求，对任何地区或城市而言，自然资源、土地资源、空间资源都是有限的。如果不加节制地消耗资源，必然带来环境的恶化，资源的紧缺和经济发展的停滞，并导致社会矛盾的激化。对此绝不可有任何的疏失和懈怠。

（二）产业布局框架

经过调整后的崂山区产业布局，将逐渐形成"一核、三带、四区"的总体产业布局框架。

1. "一核"，即强化一个产业核心。"核"是指以中心城区为主体重点往东、南两方向拓展，东到滨海大道、南至香港东路、西临海尔路、北至张村河。着重发展科技、商贸、会展、物流、金融、商务办公、信息服务等现代服务业，完善综合服务中心功能，成为以科技教育、商贸、生活居住为主要功能的区域。

2. "三带"，即培育三条产业带。一是金色产业带。在中韩街道办事处和株洲路两侧建成现代化的高新技术产业集聚带，着重培育和扶持家电电子通讯、软件、海洋生物制药、新材料等高新技术产业，并增强其辐射能力。二是蓝色产业带。积极开发石老人海水浴场以及沿海岛屿，逐步形成以旅游、休憩为重点，海洋旅游为特色的产业体系。三是绿色产业带。围绕东部、北部内陆山区（即北宅和王哥庄），以滨海大道为轴线向两侧展开，建设绿色生态屏障，发展观光旅游、休闲旅游和绿色生态农业，适当发展"清洁型资源类工业"。

3. "四区"，即形成四大产业区。一是中部都市产业区，南北拓展，东西延伸，成为崂山区商贸中心和区域性综合服务中心。二是南部旅游休憩产业区，以石老人国家旅游度假区为主体，东到沙子口（含雨林谷、观光园、石老人等），西至大麦岛，南临黄海，形成旅游度假中心区域。三是北部高新技术产业区，在株洲路（含进一步拓展的地区）形成高新技术示范基地和产业高地。四是东部生态产业区，以北宅和王哥庄为主体，往周边拓展（包括枯桃），成为国家级生态示范区，主要发展生态农业和生态旅游业。

三、产业布局的战略对策

（一）点轴布局、圈层布局和网络布局相结合

由崂山区自然条件、区位状况及产业基础所决定，其产业布局的调整应以"点轴布局"模式为主，同时，综合运用"圈层布局"和"网络布局"模式。目标是，依托中心城区，开发三大轴线，建成四大产业区，三大经济带，形成"一心多极、圈层拓展、网络推进"的布局体系。

1. 突出主城区综合服务"核心"功能。崂山区主城区东起滨海大道，西至劲松七路、宁夏路，北起张村河，南至东海路，是崂山居民和企业最多、最集中的区域，也是产业布局的核心区和重要依托。这一区域未来布局重在实行对现有工业企业的"退二进三"和"退工还绿"，重点发展商贸、房地产、金融、教育、会展和旅游服务业，突出楼宇经济的产业集聚功能。从长远看，该区域的一般制造类企业，凡有条件的都要逐步向外调整疏散，腾出的空间将依据级差地租收益原理，转向发展第三产业，以强化和确保中心城区综合服务功能的发挥，将该区域打造成为

青岛东部的次级商贸中心、休闲娱乐中心、教育中心、办公中心。

2. 开拓通道经济带，带动沿线地区产业布局调整。采用通道经济带方式，沿交通干线进行工业及相关产业布局，在国内外有不少成功先例。崂山区应借鉴这些经验，把开发株洲路经济带、海尔路经济带及滨海大道经济带，作为产业布局调整和优化的重点工作之一。

（1）沿株洲路交通线布局。株洲路两侧，张村河以北，松岭路以西，海尔路以东，是崂山区高科技企业的聚集地。这里地势平坦，又有旧村改造的极好时机，具有明显的区位发展优势。该区域的产业布局，可采取"留笼去鸟"的策略，按照产业集群发展的要求，集中布局电子家电、软件、生物制药、新材料以及与其配套的上下游产业。

（2）沿海尔路交通线布局。海尔路北接李村商圈，南连石老人海水浴场，是崂山区商贸业开发潜力最大、发展后劲最足的经济带之一。该区域的产业布局，应突出商贸中心、高档酒店和高档写字楼的特点，目标是将其建成青岛东部的商贸大道。

（3）沿滨海大道交通线布局。开发枯桃、北宅特色旅游农业经济带，打通崂山区连接城阳、即墨的通道，提升崂山区的对外开放度，促进北宅和王哥庄地区经济发展。该区域开发的重点是旅游、生态和高效特色都市农业，目标是，将沿线花卉、茶叶、水果、旅游等特色资源整合起来，形成一批"绿色"产业，以充分发挥和提升崂山区东部地区的地位与作用。

3. 培育增长极，形成产业网络。依据极点—轴线—网络这一经济发展的动态要求，做好以下几项工作：一是极点开发。崂山区沙子口、北宅、王哥庄三个街道办事处的驻地是区位条件好、发展潜力较大的城镇，可以选择作为增长极（点），进行重点开发，使之构成区域的增长极（点），通过聚集效应、扩散效应、转化效应，带动周围地区经济增长。二是网络开发。崂山区中韩街道辖区，经济已有较好基础，城市化人口素质较高，基础设施较完善，产业布局适合采用网络开发模式。

（二）打造现代服务业发展平台

崂山区现代服务业发展应突出 2 个层次和六个重点；第一层次是把商贸业、旅游业和楼宇经济作为主导产业加以扶持和发展；第二层次是把房地产业、金融保险业、信息咨询业、科研教育事业作为配套产业进行开发。六大重点依次是：商贸、旅游、楼宇经济、房地产、金融保险、信息咨询业、科研教育事业。

1. 将楼宇经济①打造成为崂山区新的经济增长点。商务楼宇作为一种载体，通过与商家的结合，又促使产业聚集，推动资金和资源向金融、贸易、高新技术产业倾斜性分流，形成"建成一幢楼宇，繁荣一片经济"的效应。另外，楼宇经济产业链既长又深，涉及土地、规划、建设、经贸、财政、税务、工商、统计等政府部门和众多楼宇业主、物业公司、入驻企业等，加之，入驻商用楼的公司汇集了大量的人才流、资金流和信息流，能产生巨大的财富效应。② 为促进楼宇经济加快发展，崂山区已在海尔路周边，以崂山商务一区和商务二区建设为重点，引进了一批高科技研发中心、国内外企业总部、商贸物流业、广告传媒业、创意设计业。各项工程顺利实施后，该区域将成为区域性商业商务中心和国内外大企业总部的集聚地之一。

2. 打造独具特色的旅游文化产业。崂山区旅游资源非常丰富，具有独特的比较优势，充分发挥其丰富的历史文化遗产和旅游资源优势，打造独具特色的旅游文化产业，对服务业的发展具有重要意义。鉴于国内外旅游企业之间激烈竞争的现实情况，崂山区应结合市场变化和游客需求，实施精品战略，通过鲜明的主题，响亮的口号，唤起游客的共鸣；通过完善的配套服务功能，高档次的服务设施和高品质的服务水准，使游客觉得到这里旅游物有所值，不虚此行。另外，崂山区旅游业的发展要逐渐纳入青岛旅游圈，并与周边地区连手，在扩展崂山旅游发展空间，提高崂山旅游环境承载力等方面下更多的功夫。

（三） 以大项目为依托，加快高新技术产业发展

崂山区高新技术产业的快速发展，需要从比较优势出发，集中精力发展电子信息、生物医药产业、新型材料和软件产业，注意引进技术含量高、效益好、辐射强，带动作用大和居于产业链高端的产业。同时，应落实如下工作任务：一是对现有项目的产业结构和布局作必要调整，提高产业的集聚度，并采取有效措施加快新材料、软件、医药、食品产

---

① 楼宇经济是一种"隐藏"在商用楼宇中的高级经济形态，是以商务楼为土地要素，通过开发、出租楼宇引进各种公司，形成招商引资，从而引进税源，带动区域经济发展的一种经济形态。

② 上海浦东新区一项调查资料显示：陆家嘴功能区金茂大厦等 28 幢高楼，2004 年每幢平均营业收入超过 34 亿元，楼均上缴税收超过 1.4 亿元，一幢大楼的经济规模相当于一家大型企业。

业的发展，扩大规模，发挥它们在崂山区经济发展中的促进作用；二是通过在全区范围内的布局调整，为新发展项目的建设创造更大的空间；三是对未来新项目的建设要加强规划和论证工作，使之适应构建青岛东部新城区和城市化的要求，适应发展优势产业的需要。

（四）大力扶持民营经济，延伸产业链

产业链的优化对一个地区发展的作用意义重大。它不仅可以带来生产成本的大幅度降低和生产效率的提高，而且能够产生强大的吸附作用，不断吸引新的企业加入到良好的生态环境之中。对深圳 10 家成长性最好的民营科技企业发展过程的分析表明，他们都很巧妙地利用了产业链分工产生的能量，优化了经营环境，加速了企业扩张。其成功经验表明，产业链的延伸要从政策创新入手，以活跃市场经济和培育民营资本竞争能力为基础，充分发挥本地的产业基础和资源优势，同时，要对产业延伸的方向进行合理选择。

崂山区延伸产业链的途径包括：（1）对缺失的产业链进行重点扶持。产业链缺失对整个产业生态系统效率的发挥有重要影响。通过弥补产业链缺失的途径进入相应的产业领域，是延伸产业链的最便捷的途径。但要解决这个问题，必须对产业链缺失的环节和基本状态有一个准确的把握。崂山区在延伸产业链时，可以重点对四大产业基地的配套延伸产品、下游深加工产业、制造者（生产者）服务业和其他社会服务业进行重点扶持。（2）对产业链结构进行科学分析，并制定切实可行的方案。以往在制定产业规划方面存在一个明显误区，即完全忽视产业内在结构的关联性，认为所有行业在量上的增长都是合理的。这种无视产业链结构的规划不仅会造成很大的资源浪费，并且增加了产业生态环境的内耗。崂山区在招商引资、项目规划时，必须对此给予高度警惕。（3）对产业链的变化情况进行预测或预警。产业链变化往往蕴藏重要的商业机会，能及早预测和判断这些变化可以抢先占据产业发展的新制高点。另外，通过预警研究，对产业链变化可能出现的风险也可以最大限度地予以规避。作为区政府，对入驻的企业提供服务也是一种生产力，通过预测和预警，引导市场，帮助企业，做好配套服务，对区域经济的平稳增长具有至关重要的作用。

（五）依托资源优势，实施区域品牌发展战略

品牌是一种资源，也是一种优势。品牌具有示范效应，地区品牌的

确立，提高了地区的知名度，有利于该地区形象的塑造和提高，给该地区经济的进一步发展带来了更多的机遇。品牌具有集聚效应，能吸引更多的人流、物流、资金流、信息流集聚到该地区，使更多的客商到该地区投资合作，进一步促进区域经济社会的发展。

崂山区具有很好的产业基础和区域品牌优势，海尔、朗讯、青啤等企业的产品在国内都具有很高的知名度；崂山更是举世闻名，这些都是崂山区独特的资源优势。在产业布局调整中，要充分认识品牌战略在促进崂山区经济社会发展中的独特作用，加强对品牌的宣传和包装，着力化品牌优势为区位优势，化区位优势为发展优势。在这方面，上海、苏州等城市有许多成功经验。

第五章

高新技术产业发展状况评价

崂山区融高科技工业园、国家旅游开发区等多项功能为一体，承担着支撑青岛市东部经济发展中心的重要职能。总结崂山区突出高新技术产业发展的特色和积极推进高新技术产业发展的经验，对照国内外先进地区的经验，找出目前存在的问题，拟定新的推进战略，对实现崂山区"十一五"期间的各项战略目标乃至保障更长一个时期的经济与社会的可持续发展具有重要的意义。基于这一认识，本章将在此领域做一些相应的研究和评述。

一、高新技术产业发展状况

（一）总体状况

1. 总量增长快速，支柱作用显著。截至 2005 年底，崂山区已有高新技术企业 202 家，固定资产总额由 1996 年的 64.89 亿元增加到 2005 年的 653 亿元（见图 5-1），平均年增长率近 30%。2005 年，崂山区实现高新技术产业产值 385 亿元，占规模以上工业总产值的 89.48%，其中，电子家电产业实现产值 342.6 亿元，同比增长 13.64%；软件产业实现销售收入 13.21 亿元，同比增长 24.6%；海洋生物制药产业实现产值 4.57 亿元；新材料产业实现产值 28.14 亿元，同比增长 11.21%。电子家电、新材料、海洋生物制药三大主导产业规模以上工业企业实现高新技术产业产值 375.3 亿元，占全区规模以上工业总产值的 82.85%，占全区高新技术产业产值 97.5%，占全区规模以上工业总产值 82.8%。此外，软件产业增速强劲，发展速度和市场影响力提升快速。①

---

① 全区软件企业数已达 110 余家，中天信息的软件外包业务等软件特色产品已经得到了市场广泛认可。

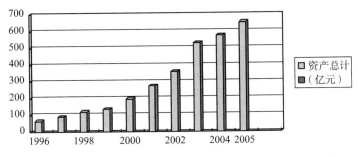

图 5 - 1　高新技术产业固定资产投资总额变化（1996～2005）

2. 自主研发能力增强。目前，区内已有 39 家企业化运作的研发机构，同时，还从各类研发机构衍生出了众多的中小企业。通过孵化器引进和培养的山东清华紫光凯远、爱立信浪潮、宝依特生物、智腾微电子、中科英泰、科大伊科思、天骄无人机遥感技术有限公司等一批具有良好成长性的科技创业企业显现出了良好的成长势头；由孵化器内企业承担的"无人机遥感监视系统"、"家庭信息网络平台"等项目被列入国家"863"计划。同时，全区的创新网络组织逐步清晰，对产业发展的支撑作用明显。创新网络中大学、科研机构、孵化器与企业间技术开发与交流合作得到紧密结合，区内 175 家高新技术企业中，已有八成以上的企业与高校和科研机构建立了各种形式的产学研合作关系，30 多家企业建立了独立的企业技术中心或研发中心，高校和科研机构的 90 多个项目在园区企业中得到转化。

3. 创新和创业的激励机制进一步增强。关于科技创新、民营经济发展、招商引资等政策性文件的出台，标志着崂山区较为完善的高新技术产业配套政策体系已经初步形成，科技发展资金和软件产业专项扶持资金，以及以种子资金、贷款贴息、配套资金三种形式对中小型科技企业的成长起到了重要的扶植作用，全区创新和创业的热情空前高涨，2005年各类专利申请量已达到 5700 多件，专利授权量 2800 多件，专利申请量和授权量已经连续多年稳居青岛市各区市前列。

（二）结构状况

1. 高新技术产业是工业的主力军。统计数据表明，崂山区的高新技术产业产值几乎全部是由工业企业创造的。2005 年，崂山区的工业高新技术产业产值为 385 亿元，占规模以上工业产值的 89.48%。另一方面，

2004 年崂山区的高新技术产业产值占全区工业产值的 82.5%，可以看出，高新技术产业已经成为崂山区工业的主力军。

2. 高新技术产业外向型程度较高。2003 年崂山区的高新技术企业实现产品销售收入 498 亿元，其中出口创汇 3.6 亿美元，占全区出口总额的 31.9%。2004 年出口额 13.6 亿美元，较 2003 年增长 31.4%，其中，高新技术产品出口达 4.7 亿美元，占全区出口额的 34.6%（见图 5 - 2）。2005 年高新技术产品出口创汇 3.8 亿美元。2003 年高新技术工业总产值为 500 亿元，其中，仅规模以上三资企业工业总产值为 233 亿元，约占 46.6%。由此可见，崂山区的高新技术产业仍然集中在港澳台和外商投资上。

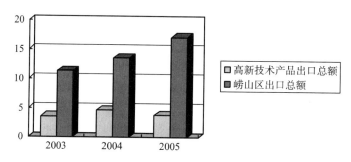

图 5 - 2　2003 ~ 2005 年崂山区高新技术产品出口情况

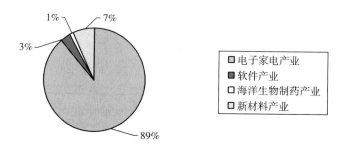

图 5 - 3　2004 年崂山区高新区四大支柱产业构成

3. 高新技术产业的行业集中度较高。青岛崂山区的高新技术产业主要集中在家电电子通讯设备制造业，各行业发展不平衡，家电电子通讯产业发展迅速，而生物制药、软件、新材料等行业发展不足。2004 年，实现高新技术产业产值 380 亿元，四大产业产值 368 亿元，占全区高新技术产值高达 97%，其中家电电子通讯产业是四大产业之首，2004 年产值为330亿元，约占89%（见图5-3）。高新技术产业结构分布高度集中、产品领域分布单一的情况，表明在其发展中面临较大的技术市场风险。

4. 科技创新能力仍保持全国领先水平。通过企业 R&D 投入、专利产出、产品销售去向、新产品销售率、人均增加值和增加值率等指标定量分析高新区企业创新能力，并和发达国家或地区对比分析的结果显示：高新区企业技术创新投入多，产品创新能力强，创新成果显著，但和国际比较，企业创新层次较低、规模偏小、经济效益不高，要实现把高新区建设成国内一流园区的目标尚需付出不懈的努力。

（三）产业分布状况

1. 电子家电通讯产业。电子家电产业 2005 年实现总产值 342.6 亿元，同比增长 13.64%。主导产品为网络与智能家电、绿色环保家电、移动通讯等。发展方向为信息家电、综合接入移动通讯、新一代网络产品、集成电路和新型元器件。

区内重点企业有：海尔集团，主要产品为通讯终端产品、空调、洗衣机、冰箱、彩电、洗碗机、热水器等；青岛朗讯科技通讯设备有限公司和青岛朗讯科技通讯设备服务有限公司，主要产品为数字程控交换机、5ESS、GSM、PHS、CDMA、小灵通等；惠亚通讯技术有限公司、英维思（青岛）控制器有限公司、青岛莱科达微电子有限公司，主要产品为连接器、绝缘栅极场效应管、可控硅、智能功率模块、液晶显示器等；前哨朗普测量技术有限公司、青岛海泰电气股份合作公司等 8 家，主要产品为三坐标测量机、B6-B32 型气扳机、各种型号气砂轮、智能组合拧紧机等。

2. 新材料产业。2005 年崂山区新材料产业实现产值 28.14 亿多元，同比增长 11.21%。代表性企业和工业化项目主要有：海泰光电、国家镁合金产业化基地、信莱粉末冶金、明治橡胶、塞顿陶瓷、德意利、山特维克特种钢等。在光电子材料、特种金属材料、新型复合材料等领域有着较强的技术和市场竞争力。其中，汉缆集团 2004 年实现销售收入 20 亿元，进入我国电缆行业前三强，规划 3 年内产值突破 50 亿元；金谷镁业股份有限公司，承担了多项国家级科技攻关和产业化计划，为海尔、海信、摩托罗拉、三星等国内外大企业提供配套镁合金制品达到 2000 万件，到 2006 年产值将达到 2 亿元，是国家"863 镁合金产业化"计划中惟一取得市场成功的项目；海泰光电技术有限公司，拥有国内最大的非线性晶体生产线，被国家知识产权局和世界知识产权组织授予"中国专利金奖"，为与国际科技产业界近距离接轨，海泰光电在"硅谷"建立了自己的研发中心，目前正进行具有国际领先水平的全固态半导体激光器研发。

区内研发机构有青岛电缆研究所、青岛帝科精细化工有限公司、青岛科技大学等11家，主要从事高分子新材料、节能新材料、生物新材料、海洋新材料等领域的研发，目前已取得一批可产业化的项目。

发展方向为新型高分子材料、特种金属材料、新型复合材料、海洋化工材料，纳米材料、纤维材料、无机非金属材料。预期在未来的3~5年内，高分子单体、纳米材料等项目将成为新的经济增长点。

3. 海洋生物医药产业。崂山区生物制药产业的主要特点是，企业自主研发，拥有自主知识产权等方面的优势。目前，已初步形成集群发展的趋势。2005年实现产值4.57亿元。其中，海洋生物制药企业收入增速居四大产业首位。

崂山区内重要的研发机构有中国海洋大学、国家海洋局第一海洋研究所、山东海洋工程研究院等21家，主要从事海洋与生物、海洋药物等方面的研发，深潜器、共扼亚油酸等项目已成为产学研成功结合的典范。生物制药产业增长点多，科技含量高，技术领先的优势已经显示出来。

崂山区内代表性企业有：海化化工有限责任公司、宇龙海藻有限公司等海洋产品生产企业4家，主要产品为海藻酸钠等；制药类企业有国风集团黄海制药有限责任公司、华仁药业股份有限公司等8家，主要产品为伲福达、硝酸异山梨酯缓释片、新速效感冒片、非－PVC软输液等；生物类企业有天达生物科技有限公司、傅氏生物有限公司等7家，主要产品为生物、生化制品的制造等。

崂山区生物制药产业的主导产品是生物药品、海洋保健药品。发展方向为研发型企业产业化、海洋生物制药、基因工程、生物芯片、海洋生物材料、生物安全评价。已经开工建设的爱德检测工程、黄海制药二期、V医疗试剂、博新生物产业化基地和青岛海佑生物工程项目已经对该产业的发展显示出强劲的推力。

4. 软件产业。软件产业是青岛高新区的新型产业，2005年实现销售纯收入13.21亿元，同比增长24.6%。主要发展方向为软件外包、嵌入式软件领域、制造业信息化领域、电子政务与电子商务、智能交通与现代物流领域、软件出口与软件外包领域。区内 80% 以上软件企业以行业应用软件开发为主，部分企业已形成了产品特色。

研发机构有青岛海尔软件研究中心、爱立信浪潮无技术研发中心、青岛大学信息工程学院等 6 家，主要从事宽带接入芯片 Webridge 的开发、无线移动设计等方面的研发。在家庭网络平台、蓝牙技术等领域开发的多个项目具有广阔市场前景。

二、高新技术产业发展水平评价

（一）数学模型

为了量化高新技术产业的发展水平 Y，采用高新技术产业投入水平 X_1、高新技术产业产出水平 X_2、高新技术产业效益水平 X_3、高新技术产业潜力水平 X_4 的函数来表示。即

$$Y = F(X_1, X_2, X_3, X_4) \tag{5-1}$$

其中，Y 是高新技术产业发展水平绝对值度量，X_1 反映高新技术产业知识技术密集和资金密集指标；X_2 是反映高新技术产业的规模和附加值指标；X_3 是反映高新技术产业投入产出效率和效益水平的综合指标；X_4 是反映高新技术产业潜能和发展后劲的指标。由于直接量化 Y 有一定困难，因此，这里使用高新技术产业发展度概念。

高新技术产业发展度是高新技术产业发展水平相对值度量，是反映一个国家或地区的高新技术产业发展水平达到期望发展水平的程度，是反映高新技术产业发展程度最直接的综合性指标。

如果用 Y' 表示高新技术产业发展度，那么，Y' 可用高新技术产业发展水平评价指标体系的指标值 X_i 的归一化值 X_i' 的加权和表示。即

$$Y' = \sum_{i=1}^{4} W_i X_i' \qquad 0 < Y' < 1 \tag{5-2}$$

式（5-2）中 W_i 是 X_i 关于 Y 的相对重要性权重，且 $\sum W = 1$，可以采用特尔菲法、层次分析法、灰关联评估、主成分分析等方法确定，X_i' 是 X_i 指标的归一化值，当评价指标体系为三层次递阶结构时，

$$X_i' = \sum_{i=1}^{n_i} W_{ij} X_{ij}' \qquad i = 1, 2, 3, 4; \ j = 1, 2, 3, \cdots, n_i \tag{5-3}$$

式（5-3）中，n_i 为第 i 个指标包含的分指标个数，W_{ij} 是分指标 X_{ij}

相对于指标 X_i 的权重。

为了统一公式（5-3）中分指标 X_{ij} 量纲，解决不可公度问题，需对指标 X_{ij} 作归一化处理。根据高新技术产业发展度的特点，对于某一时间点，采用线性归一化公式：

$$X'_{ij} = X_{ij} / (X_{ij} 阈值) \qquad (5-4)$$

公式（5-4）中 X_{ij} 阈值是分指标 X_{ij} 最大边界值，即高新技术产品、高新技术企业达到认定条件和标准后实际达到的期望值。不同发展水平的国家或地区，以及同一发展国家或地区不同发展水平的 X_{ij}（阈值）是不同的。这里采用专家咨询的方法，参考发达国家、新兴工业化国家以及国内部分省市和经济开发区的相应指标的统计数据而确定。

（二）评价指标体系

高新技术产业发展水平的综合评价，采用了 X_i 的归一化线性加权和的数学模型，用公式（5-2）和公式（5-3）来表达。其中，X_i 是高新技术产业发展水平评价体系的指标值。高新技术产业发展水平综合评价指标体系中的指标名和指标值是其质和量的规定。

从高新技术产业发展的投入、产出、效益和发展潜力四个方面构造了表 5-1 所示的 4 层次、13 个定量分指标构成的一个高新技术产业发展水平的评价指标体系。

第一个方面有 4 个指标。其中，X_{11}、X_{12} 两项指标是国际上划分高新技术产业的标准，也是反映整个行业发展和竞争潜力的核心依据，分别反映高新技术产业资金、人力资源的密集程度；X_{13}、X_{14} 是衡量企业投入结构的指标，分别反映企业技术和资金的密集程度。

第二个方面有两个指标。X_{21} 是衡量高新技术产业对国内生产总值贡献大小的指标，从一定程度上反映了高新技术产业的优劣情况；X_{22} 是衡量高新技术产业产品的出口率的指标，也从一定程度上反映了高新技术产业的出口竞争力。

第三个方面的 3 个指标分别是 X_{31}、X_{32}、X_{33}。其中，X_{31} 是高新技术产业产品的产值率，是衡量整个产业经营效率的综合指标，反映高新技术产业带来经济收益（高利润或高回报）的情况；X_{32} 是度量高新技术产业的社会贡献率的指标，反映高新技术产业对经济的影响，包括对传统产业的渗透和带动作用；X_{33} 则反映的是高新技术成果的转化程度。

表 5 - 1　　　　　　　高新技术产业发展水平的综合评价指标体系

	指标	权重	分指标	权重
高新技术产业发展水平 Y	投入水平 X_1	0.25	高新技术 R&D 经费/高新技术产业销售额（％）X_{11}	0.3
			高新技术研究开发人员/高新技术产业职工总数（％）X_{12}	0.3
			企业研究开发人员数/研究开发人员总数（％）X_{13}	0.2
			企业研究开发经费/研究开发总经费（％）X_{14}	0.2
	产出水平 X_2	0.25	高新技术产业增加值/国内生产总值（％）X_{21}	0.5
			高新技术产品出口额/商品出口总额（％）X_{22}	0.5
	效益水平 X_3	0.25	高新技术产业增加值/高新技术产业产值（％）X_{31}	0.4
			高新技术产业对经济增长的贡献率（％）X_{32}	0.3
			高新（专利）技术成果利用率（％）X_{33}	0.3
	潜力水平 X_4	0.25	高新技术 R&D 经费年增长率（％）X_{41}	0.25
			高新技术产业增加值年增长率（％）X_{42}	0.4
			高新技术产品出口额年增长率（％）X_{43}	0.25
			FDI/全社会固定资产投资额（％）X_{44}	0.1

第四个方面的四个指标分别是 X_{41}、X_{42}、X_{43}、X_{44}。其中，X_4 的分指标 X_{41}、X_{42}、X_{43} 分别代表高新技术研究开发经费、高新技术产业增加值、高新技术产品出口额的年增长率，这些指标从产业规模和创新的角度大致反映了高新技术产业的发展后劲。由于在招商引资的过程中，一大批跨国公司进入崂山区，三资企业已变成崂山区高新技术产业的主体。因此，定义 X_{44} 为外商直接投资（FDI）占全社会固定资产投资额的份额，表示吸引外商直接投资的能力与强度，该指标可从另一个角度反映三资企业对崂山区高新技术产业发展的一种预期贡献。

（三）数据采集与计算

1. 数据采集。表 5 - 2 列出了部分国家或组织以及国内高新技术产业发展领先的部分省市经济技术开发区的发展数据，依据专家咨询方法确定的各分指标 $X_i(i=1，2，3，4)$ 归一化的"阈值"以及崂山区高新技术产业发展水平的分指标 X_{ij} 的规一化值 X_{ij}'。根据数学模型（5 - 4）的计算得出的"崂山区与阈值的比值"也在表 5 - 2 的最后一列得到了反映。

表 5 − 2　　　　　　　　崂山区高新技术产业发展统计数据　　　　　　单位：%

指标	美国	日本	OECD	发达国家	韩国	新加坡	广东	北京	天津	崂山	阈值	崂山区与阈值的比值
X_{11}	18.3							2.9		4.1	15	0.27
X_{12}	8.2							11.5		16.1①	10	1.61
X_{13}	74.4	72.7			72.6					73	70	1.04
X_{14}	71	68							54.5	90②	70	1.29
X_{21}	15							6.9		50③	15	3.33
X_{22}			25				23.4	56.9	48.7	34.6	40	0.86
X_{31}	42.6	48.9		36	35.7		26.9	33.6		23.9	40	0.60
X_{32}				36					38	75.6	38	1.99
X_{33}				80						30	80	0.38
X_{41}							27.9	9.8	17.4	23.2	30	0.77
X_{42}	4.8	5.1		5.2	17	16	17.4			21.3	35	0.61
X_{43}	8	7.5		9	19	22.5	11.6			30.6	50	0.61
X_{44}							21.7	18.3		20.2	21	0.87

注：①由于 2004 年数据缺乏，这里使用 2003 年的相关数据计算。

②2004 年高新区企业直接用于研发的经费支出为 25 亿元。

③2004 年高新技术产业增加值按崂山区生产总值的 50% 计。依据为崂山区委书记李增勇在"崂山区在新一轮创业中加速实现全面振兴"发言中提出的 2004 年目标数据。

资料来源：（1）崂山区的各个指标数值是根据 2004 年崂山区经济与社会发展统计公报和《崂山区统计年鉴（2004）》中有关数据计算。（2）中国科技发展研究报告研究组：《中国科技发展研究报告（2000）——科技全球化及中国面临的挑战》，社会科学文献出版社 2000 年版。（3）陈春宝：《中国高技术产业发展与外贸竞争力》，东北财经大学出版社 1998 年版。（4）中国经济年鉴委员会：《中国经济年鉴（2000）》，中国经济年鉴出版社 2001 年版。（5）国家统计局：《中国统计年鉴（2000）》，中国统计年鉴出版社 2001 年版。（6）科技部：《关于加强高新技术企业认定工作管理的若干意见的说明》，载《高技术产业化》2001 年第 6 期。（7）国家统计局：《中国高技术产业统计年鉴》，中国统计出版社 2003 年版。

需要说明的是，由于现有统计数据从空间和时间角度来说都残缺不全，而且不同参考文献所列数据的口径不一、量值多有出入，因而无法基于定量数据做精确的权重确定，所以采用专家咨询方法主观确定权重。

2. 计算结果。崂山区高新技术产业发展度 Y' 的计算分两步进行：

第一步，按照数学模型（5−3），计算 X_i'。等权重情形下，X_1'、X_2'、X_3'、X_4' 分别为：1.05、2.10、0.96、0.72。非等权重情形下，结果为：1.03、2.10、0.95、0.68。综合这两种情况，X_1'、X_2'、X_3'、X_4' 平均值分别为：1.04、2.10、0.955 和 0.70。

第二步，根据 X_i' 的平均值和 W_i（$X_i = 0.25$，$i = 1$，2，3，4）的值，按照数学模型（5−2）计算得到的崂山区高新技术产业发展度 Y'。按数学模型（5−2）式，得到 $Y' = 1.2$。如果将数学模型（5−1）变为 Y =

$F(X_1, X_2, X_3)$，$W_i = 0.33$，$i = 1, 2, 3$，则，$Y' = 1.35$。

（四）　投入、产出、效益和潜力评价

对崂山区高新技术产业发展度 Y' 的计算结果，可分两种情况来讨论。

一是假设 $Y = F(X_1, X_2, X_3)$，不考虑动态指标 X_4'，从前面的计算结果得知，Y' 为 1.35。计算结果说明，如果不考虑高新技术产业发展潜在能力，崂山区高新技术产业发展水平高出发达国家高新技术产业发展水平的 35%。

二是假设 $Y = F(X_1, X_2, X_3, X_4)$，考虑 X_1'、X_2'、X_3'、X_4' 的作用，则 Y' 为 1.2。这说明，若充分考虑高新技术产业发展潜在能力 X_4' 的作用，那么，崂山区高新技术产业发展水平则略有下降，是发达国家高新技术产业发展水平的 120%。

根据计算结果，崂山区高新技术产业发展水平的投入指标、产出指标、效益指标及潜力指标的归一化平均值，分别为 1.04、2.10、0.955 和 0.70。四个指标中，潜力指标最差，仅为发达国家的 70%，产出指标最好，效益指标和投入指标接近或略高于发达国家。

1. 投入水平。崂山区高新技术产业发展水平的投入指标值为 1.04，表明投入水平略高于发达国家。这主要是由于 X_{12}、X_{13}、X_{14} 三个指标较高。崂山区高新技术研究开发人员占高新技术产业职工总数的比例为 16.1%，高于发达国家的平均水平 6.1 个百分点。崂山区的高新技术 R&D 经费 90% 来源于企业，而发达国家平均水平为 70%。然而，高新技术 R&D 经费投入强度严重不足，仅占高新技术产业销售额的 4.1%，远远低于发达国家平均水平。崂山区高新技术产业资金过低的密集度不利于产业发展。

2. 产出水平。崂山区高新技术产业发展水平的产出指标值为 2.1，表明产出水平明显高于发达国家。如此高的产出指标值是由于高新技术产业增加值占国内生产总值比例高达 50%，是发达国家的 3.3 倍多。反映出高新技术产业对崂山区国内生产总值贡献极大，是崂山区的支柱产业。然而，崂山区高新技术产业的出口竞争力与发达国家相比，还有差距。高新技术产品出口额占商品出口总额比例为 34.6%，低于发达国家近 6 个百分点。

3. 效益水平。崂山区高新技术产业发展水平的效益指标值为 0.995，表明产出水平略低于发达国家。这主要是得益于崂山区高新技术产业对

崂山区经济发展的贡献率很高，是发达国家同一指标的 2 倍，反映出高新技术产业对崂山区经济增长的影响力较大。然而，衡量效益水平的其他两个指标不容乐观。一是高新技术产业产品的产值率较低，高新技术产业增加值占高新技术产业产值比例为 23.9%，仅为发达国家该指标的 60%，反映出高新技术产业为崂山区带来经济收益（高利润或高回报）的能力还有待于提高。二是高新技术成果的转化能力较弱，技术成果利用率为 30%，与发达国家 80% 的水平还有较大差距。

4. 潜力水平。崂山区高新技术产业发展水平的潜力指标值为 0.7，表明潜力水平显著低于发达国家。具体表现为：一是高新技术 R&D 经费年增长率、高新技术产业增加值年增长率和高新技术产品出口额年增长率分别是发达国家相应指标的 77%、61% 和 61%，这从产业规模和创新的角度，大致反映了崂山区高新技术产业的发展后劲还需加强。二是崂山区外商直接投资（FDI）占全社会固定资产投资额的份额 20.2%，为发达国家的 87%。表明崂山区吸引外商直接投资的能力与强度已接近发达国家的水平，三资企业对崂山区高新技术产业发展的贡献较大。

三、推进高新技术产业发展的对策

（一）制约崂山区高新技术产业发展的因素

1. 高新技术 R&D 经费投入机制不健全。一是科技投入稳定增长机制不健全。既存在着建设投入的浪费现象，又存在着严重的科技投入不足问题。经济建设项目大多没有相应的科研经费匹配，导致后续研发工作停滞、消化吸收不利；二是没有形成良好的引导和激励社会各类资源积极投入的机制。政府投入难以起到示范、引导、调整的作用，社会资金缺乏投资高新技术产业的信心和安全、顺畅的通道；三是科技投入管理机制不健全。对科技经费的使用缺乏全过程的有效监管，对科技经费的使用效果也缺乏科学、公正的评价。

2. 高新技术产业的整体效益不高。高新技术产业的重要特征是"高投入、高风险、高收益"，但从整体而言，崂山区高新技术产业的"高收益"还没完全显现出来。具体表现为产值增加与效益增长不同步。近年来，崂山区高新技术产业产值有了大幅提高，但其效益并没有"水涨船高"。导致这一状况的原因很多，其中一个重要原因是，崂山区高新技术产业主要集中在电子家电通讯设备制造、新材料、生物制药和软件四大行业，其产值之和占总产值的 90.65%，其中仅家电电子家电通讯设备制造业产值就占 80%。但这些企业大多并不拥有核心技术或专利，多半处于高新技术产业国际分工中的加工、组装环节，生产的又多属于高新技术中的低端产品，产品高附加值较低。[①] 另外，由于该领域价格竞争激烈，迫使多数产品在较低价位上徘徊，企业的利润只能靠扩张规模维持，导致企业盈利能力严重受挫。考虑到中国加入 WTO 以后所面对的更为严峻的竞争形势，这一点必须引起我们足够的重视。

3. 企业技术创新能力不强。主要表现有：一是关键技术和元器件主要依赖从国外或国内广东、上海、江苏等地引进，自主生产制造的能力很弱；二是区内产业在处理引进、消化、吸收、创新的能力不足，在众多技术领域还没有掌握核心技术，导致盈利能力，对税收的贡献能力等仍然较低；三是区内为龙头企业提供配套的企业数量少，从事核心部件配套的企业更少，难以形成企业集群发展的聚集效应。四是科技力量对产业集群发展的支持较弱，具有广阔市场前景的技术项目不足、产学研协作的渠道不够顺畅。

4. 中小型高新技术企业和非工业高新技术产业单位发展缓慢，未能形成规模化和产业化。统计数据显示，崂山区高新技术产业产值主要集中在海尔、朗讯为代表的重点高新技术企业，仅海尔和朗讯的产值就占崂山区全部高新技术产业产值的 83.13%，其余高新技术产业单位的产值合计占全部产值的 16.87%。数量可观的中小型企业和非工业高新技术产业单位对崂山区高新技术产品结构的影响力还很小。推进崂山区高新技术产业的发展，必须重视中小型高新技术企业的发展，同时要为它们融入大企业为首的产业链当中，形成集群竞争力，才能为崂山区高新技术产业的发展奠定更为坚实的基础。

5. 服务于高新技术产业发展的现代服务业发展相对滞后。目前，崂山区在行业技术中心建设、科技成果推介、技术产权交易、风险投资等环节仍然比较薄弱，创新网络的整体功能还没有充分地发挥出来。专业服务机构特别是科技中介机构的发展还处于起步阶段，不仅能力薄弱，而且运行中存在众多的障碍。政府挤占中介市场、鼓励中介机构发展的

---

　　① 家电电子家电通讯设备制造业和电子计算机及办公设备制造业 2003 年的增加值率分别是 27.52% 和 14.9%，远低于非工业高新技术产业（主要是软件业）和医药制造业的 62.36% 和 50.13% 的水平。

政策不健全、中介机构的门类不齐、数量不多、专业化的服务水平较低，给参与创新活动的各个主体之间的合作和产学研之间的互动带来了许多不便之处。

（二）推进高新技术产业发展的对策

1. 完善技术创新系统。包括：（1）鼓励高技术企业直接面向市场，成为技术创新的决策、开发、投资和应用主体；（2）支持大企业、大集团建立高水平研发机构和加强工程技术研究中心建设；（3）鼓励各种研究开发机构入驻企业开展定向研究服务或与企业按照"风险共担、收益分享"的原则，联建重点实验室、中试基地和技术开发机构；（4）鼓励采用技术入股、专利入股、项目入股等方式，建立企业、高校、研究机构一体化的"研发联盟"；（5）加快对国内外知名研发机构引进的速度，鼓励有条件的企业研发中心、高校和科研机构与跨国公司和国外研发机构建立紧密型合作关系；（6）借鉴国内外一些高新技术产业高度密集区域创新体系建设经验，创建高新技术创新网络（见图5-4）。

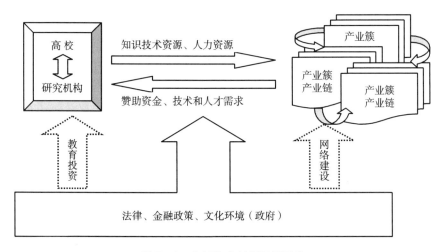

图5-4 高新技术创新网络示意

2. 构筑竞争力突出的高新技术产业链。包括：（1）通过发展和组建有规模、有代表性产品和知名品牌、有较强市场竞争能力的大企业或大企业集团落实大项目战略，做大做强优势企业集团，为高技术产业发展提供产业组织的强劲推动力；（2）发挥崂山区高新技术产业的产品品牌优势和企业优势，通过业务合作、资源共享、供应谈判等途径，沿不同类别高技术产业价值链构筑企业聚集网络，形成企业与企业之间，企业与科研院所、高等院校以及企业与其他有关机构长期合作基础上的集群关系；（3）支持有条件的企业对产业链高端环节持续的研发投入，加快高技术产业向精密制造型升级的进程；（4）鼓励发展现代制造业所必需的各类服务型产业，构建大中小企业分工有序、生产与服务协作配套的产业体系，扩大高技术产业链的"滚动效应"。

3. 建立有利于各类资本向生产领域顺畅流动的新机制。包括：（1）吸引更多的国际大财团、大公司来崂山区投资兴办高技术企业和创办投资公司，改善崂山区高技术企业自有资本金不足和创业投资缺乏的状况；（2）支持符合条件的高技术企业上市融资和发行企业债券；（3）建立适应高技术产业特点的债务融资方式，对高技术企业、科技型中小企业、民营科技企业和留学人员创办的科技企业给予信贷方面的扶持；（4）通过高技术产业融资的项目评估和选择，完善融资的导入机制；（5）通过专业性的市场媒介机构，保证各项融资流向经过培育的、有发展潜质的高技术企业；（6）通过建立高技术产业融资的法律支持系统，提高企业融资能力和效率。

4. 构建吸引和汇聚高科技人才的"高地"。包括：（1）落实国家关于推进科技进步和技术创新的各项政策，对科技成果完成人和在成果转化中有重要贡献的人员给予多种形式的奖励；（2）多渠道、多手段、多方式引进和培养人才，积累一批在国内乃至国际有一定知名度和较强竞争力的高新技术创业带头人，培养和扶持若干个能够对重大科学问题、应用技术问题进行学科交叉研究的创新团队；（3）构建有利于高新技术专业人才充分发挥作用的三个平台：一是促进科技人才合理有序流动的人力资源开发服务平台；二是为各类研发活动提供设计、检测、文献信息和技术标准等专业技术服务的研发公共服务平台；三是为引进国外项目、技术提供便利条件的国际科技合作服务平台。

5. 完善有利于高新技术产业发展的政策环境。包括：（1）建立符合市场经济要求的政府调节手段，保持经济决策的科学性和经济活动的公开、公正性；（2）加快高新技术产业服务工作社会化进程，广泛吸收社会各类民间机构为科技企业提供服务，并不断扩大服务对象、领域和辐射范围；（3）建立促进高技术产业发展的优惠财税政策，研究制定专门针对创新孵化体系的税收优惠政策，关注国家正在酝酿的高技术企业增值税由生产型向消费型转变的改革，并针对高技术产业的特点，允许对一些高技术设备实行加速折旧；（4）加强知识产权保护工作，重视企业知识产权管理人才的培养，全面推进高技术企业的知识产权战略，防止知识产权的侵权、滥用和欺诈，关注一些敏感领域可能出现的知识产权争端，增强知识产权获取、运用、管理和保护意识；（5）制定促进中小型高技术企业发展的政策，建立专门为中小型企业提供信息、技术、金融和市场咨询服务的非盈利机构，并在政治待遇、计划立项、出国（境）考察、产品进出口、财政政策、金融信贷、表彰奖励等方面，为科技型中小企业和民营科技企业提供与国有企业平等的权利和待遇。

6. 建立高新技术产业发展的资源和环境支撑体系。包括：（1）建立和完善资源综合利用与节约的激励与约束机制，建设资源节约型企业、资源节约型社区和政府，不断提高资源利用效率，有效缓解能源和土地、淡水等重要资源等对经济与社会可持续发展的制约；（2）采取严格有力措施，加大环保执法力度，加强环境污染源的查处和控制、清除工作，提高环境友善产品的产出比重；（3）大力推行清洁生产，开展环境标志产品"双绿色认证"活动，重点发展低污染、高技术含量、高附加值工业，严禁新建、扩建重污染项目，争取使全区高新技术企业全部达到国家环保标准；（4）完善再生资源回收利用体系，开发和推广资源替代和循环利用技术，建立遏制浪费行为的预防体系和监督体制；（5）强化对水源、土地、森林、海洋等自然资源的生态保护，加强自然保护区、重要生态功能区和海岸带的生态保护与管理，促进自然生态恢复。防止外来有害物种对生态系统的侵害；（6）广造反对浪费的社会舆论，增强资源节约意识，形成健康文明、节约资源的消费模式。同时，按照谁开发谁保护、谁受益谁补偿的原则，加快建立生态补偿机制。

第六章

新型都市产业发展思路

新型都市产业是城市化发展进程中出现的一种新的经济形态，是环境和资源约束背景下一种新经济增长模式的载体，其发达情况已经成为城市或地区现代化的基本标志之一。本项研究依据这一背景，借鉴关于新型都市产业构成的一般解释，分别对崂山区发展优势比较突出的文化创意产业、现代服务业、旅游产业和会展业的发展前景、现实状况及发展思路进行了若干分析。

一、现代文化创意产业①现状及发展思路

（一）发展现状

文化创意产业作为一种全新的经济形态，目前正在世界范围内以高于传统产业 2.4 倍的速度增长，在一些经济发达国家，其增长速度更快。如美国文化创意产业的增长速度达到 14%，英国达到 12%。2002 年，美国文化创意产业产值达到 5351 亿美元，占 GDP 的比重达到 5.24%，创造就业岗位 800 万个，接近全国总就业人数的 6%；英国文化创意产业产出规模目前已在各个产业产出总量当中占据第二位，并成为英国雇用就业人口的第一大产业，其 2002 年的增加值就已达到 809 亿英镑，容纳就业总人数为 190 多万人。与此同时，整个文化创意产业在这些国家的经济与社会影响力已经达到了一个空前的高度。

---

① 文化创意产业，通常是指那些从个人的创造力、技能和智慧中获取发展动力的企业，以及那些通过对知识产权的开发来创造潜在财富和就业机会的活动。我国流行的看法是，创意产业是文化产业的另一种称谓，但在西方是没有"文化产业"这个概念的。凡是向人们提供与文化的、艺术的或娱乐价值相联系的产品和服务都被认为是创意产业。也就是说，在中国，文化产业等于创意产业，在西方创意产业既包括传统意义上文化产业的全部，也有在此基础上的拓展和延伸。

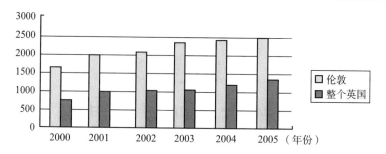

图 6 - 1 伦敦和整个英国 2000~2005 年文化创意产业人均产值

数据来源：The Mayor's Culture Strategy-London：Cultural Capital

我国文化创意产业受制造业和现代服务业发展不够充分等因素限制，目前总体发展水平还不高，但已在多个领域显示出有效需求高速增长、市场前景广阔、经济效益诱人的发展前景。上海、北京、深圳等许多城市，甚至青岛市所属的多个区市都提出要以发展文化创意产业为引擎，推动产业升级。崂山区显然已注意到这一动向，并在其建设国家动漫产业基地和打造"麦岛创意街"的发展蓝图中作出了若干重要设想。① 与此同时，崂山区在文化创意产业方面的若干优势也已逐渐凸显出来：

第一，高校和研究机构云集。崂山区汇集了中国海洋大学、青岛大学、青岛科技大学 3 所高等院校和国家海洋局 1 所、信息产业部 22 所、国家海洋生物技术研究发展中心、国家酶工程实验室、719 研究所等 42 家科研机构。区内已经建成了科技创新服务中心、科技创业中心、青岛软件园、青岛生命科学研究院、留学回国人员创业园等 5 家孵化器。其中，软件园被国家科技部认定为"国家火炬软件产业基地"，"国家大学科技园"也被国家科技部和教育部批准启动。

第二，生活和工作环境优良。崂山区作为青岛市城市形态的东部延伸区，具备山、海、城融为一体的区位优势，交通便捷，气候适宜，生态环境优良，是最适合人类居住与办公的地区之一。同时，崂山区的楼宇经济、总部经济等新经济形态的发展，为创意产业的发展提供了广阔空间，对人流、商流、技术流的集聚具有极强的吸引力。

---

① 创意产业新思维已被引入崂山区产业和城市发展规划，例如，有关方面已经提出要在崂山区兴建总占地面积 11340 平方米的中鲁时空动漫高科技产业基地；麦岛旧村改造的项目策划单位——美国科特勒营销集团在规划方案中特意突出了麦岛创意文化街的设计，并将其发展方向定位于创意文化制造和销售产业、媒体资讯产业、创意办公产业、影视音乐制作与文化培训产业、文化融资产业、餐饮娱乐产业六大集群。

　　第三，可发掘的文化资源厚重。以崂山为依托的道教遗址蕴藏着无限的商机。当人们偏于物质层次的初级需求得到满足后，更高层次的、精神的、心理的需求会凸显出来，崂山区得天独厚的环境优势和文化传统，为在文化产业中造就全球知名的"文化海尔"奠定了基本的前提。

　　第四，经济和社会发展需求迫切。崂山区不仅在家电电子、生物工程、新材料、海洋和生物制药等产业的发展对创意人才有着强烈的需求，而且正处在一个产业结构升级、社会结构转型、城市功能转换的关键时期。创意产业作为现代服务业的重要组成部分，作为楼宇经济的补充和延伸，已经成为推进崂山区经济增长方式转变的助推剂。

　　同时，我们也看到，就目前阶段的情况而言，崂山区文化创意产业还存在许多不足：一是发展规模小，对经济产出的贡献不足，文化创意产业增加值占 GDP 的比重还很低；文化创意产业的从业人员呈零星和分散布局状态，在城镇总从业人员中所占的比重微不足道；① 二是空间布局缺少引导性，集聚度不高，文化企业布局处于自发状态，未能形成区位指向；三是文化创意产业市场不成熟、需求不稳定、产业链不完整，经营风险较大；四是对文化创意产业发展的理论基础、政策制定、产业布局、人才战略的研究还很肤浅，尤其缺乏战略性的指导。

（二）　基本思路

　　1. 借鉴国内外的成功经验。世界各国的文化创意产业以各自独擅的取向、领域和方式迅速发展，展现了一幅文化创意产业全球蜂起的景象。其中，美国的版权产业已成为最富有活力并带来巨大经济收益的产业。2002 年美国版权产业产值达到 12500 亿美元，约占美国 GDP 的 12%；美国还是世界电影业最发达的国家，美国电影市场的年销售总额高达 170 亿美元，占全球 85% 的份额；英国不仅将文化创意产业确定为国家政策重点支持的产业，而且成立了强有力的政府组织——"创意产业特别工作小组"；韩国在 1997 年亚洲金融危机之后，提出了"设计韩国"的战略。中国境内的深圳市 2004 年来提出了建设"创意设计之都"的目标；上海市目前已经建成了 18 个创意产业基地。学习这些经验，对崂山区具有重

---

　　① 由中宣部牵头，国家统计局等单位参加的"文化产业研究课题组"对 2003 年我国文化及相关产业的主要指标进行了初步测算。结果显示，我国文化及相关产业实现增加值 3577 亿元，占 GDP 的 3.1%。这一比重比发达国家低近 50%，我国文化及相关产业有从业人员 1274 万人，占全部从业人员的 1.7%、城镇从业人员的 5.0%。这一情况对崂山区同样具有参考意义。

要的意义。

第一，"蓝猫"品牌营销的做法。[①]"蓝猫"的制作基地三辰影库是一家从事计算机动画制作软件系统开发、动画节目制作以及动画形象衍生产品设计、开发和营销的民营企业。该企业适应市场机制，大打文化品牌，迅速组建了一个卡通衍生产品的产业集群，打造了属于自己的全国连锁专卖体系，并以版权作品为核心开发了音像、图书、服装、玩具等4个行业的6000余种系列衍生品，成为我国最具实力的动画生产基地之一。它把文化当成产业，为精神产品赋予工业制作的内涵，把社会效益与经济效益紧密地结合在一起，以品牌拉动生产，以生产带动品牌，高度重视市场需求和品牌营销的成功经验，值得崂山区予以充分借鉴。

第二，韩国电视剧题材造势的经验。韩国电视剧产业是韩国文化产业的重要组成部分。2001年，韩国向世界各国销售了9515集电视连续剧，收入达790万美元，2002年出口12363集，收入达1639万美元，2003年的收入进一步增加到2834万美元。韩国电视剧依据用户需求，充分发挥本土文化题材巨大潜力的成功经验对崂山区的启示有三：一是借鉴韩国电视剧的经验，以崂山风景区、石老人海水浴场和崂山民俗为背景拍摄的电视连续剧，如获得成功，不仅会大范围提升崂山的知名度，而且对带动崂山全区的经济社会发展产生难以估量的影响；二是借鉴韩国电视剧的经验，以海尔、朗讯等为题材拍摄电视连续剧，会在提升这些企业及其产品知名度的同时，将更多投资者和消费者的目光吸引到崂山区来；三是借鉴韩国电视剧的经验，紧紧把握文化创意产品有效需求高速增长的机遇，具有广阔的市场前景、诱人的经济效益，对解除崂山区经济发展的空间约束有重要帮助。

第三，硅谷和班加罗尔成功的精髓。国内外高新技术产业发展快的区域，大多具有良好的创新文化氛围和体制环境。美国的硅谷和印度的班加罗尔之所以能培育一批高科技公司，与其营造了良好的区域创新环境有很大关系。硅谷成功经验的精髓在于，欢迎成功，但也接受失败。因而对创业者有着强大的吸引力；印度的班加罗尔之所以能快速发展，并不在于薪酬高、待遇好，也不在于印度人有多么高超的数学才能，而在于其星罗棋布的基础教育和专业技术教育网络。

---

① 2000年6月，《蓝猫淘气三千问》的长篇科普电视动画片先后在全国（包括香港和台湾地区）的1020家电视台播出。国际动画巨头迪士尼公司到中国考察后称：蓝猫有望成为继米老鼠、阿童木之后，销售收入超过1000亿美元的国际性卡通品牌。

学习国内外文化创意产业发展经验应从促进"四化"做起。即对非公益性文化创意领域，要放宽市场准入，引进竞争机制，增加竞争主体，加快培育多元化经营主体，以市场化推动创意产业的发展；积极引进国外文化创意资本和先进的管理与服务理念，提高文化创意产业的技术含量、知识含量和附加值，以国际化促进促进创意产业的发展；加快文化创意产业内部各行业之间的相互渗透、相互融合和相互支撑，形成统一、开放、竞争、有序的文化创意市场，以社会化保障文化创意产业的有序发展；鼓励文化创意产业实行规模化经营和专业化协作，积极发展文化创意产业中的支柱产业，通过有组织的推进加快创意产业发展的速度。

2. 突出崂山区本土化的特点。依据理查德·佛罗里达建设创新型城市的理论和对崂山区实际情况的分析，我们认为，崂山区文化创意产业的发展应突出抓住创意产业化、创意园区建设和创意环境完善三个重点，将创意产业与新媒体产业相结合，并注意打造完整的创意产业链、规避相应的风险。①

第一，采取多种方式推进创意的产业化。崂山区文化创意产业化的过程可考虑如下几项选择：（1）发展以旅游为坐标的文化创意产业。目前崂山区旅游业的发展不是缺乏资源，而是缺乏旅游创意。要发展旅游经济，必须引入创意旅游的理念，以高超的旅游形象提升创意、特色产品设计创意、旅游产业链拉伸创意来丰富崂山区旅游业发展的内涵，加快崂山区旅游经济从资源带动型向创意促进型的转变。（2）发展以计算机软件为代表的创意产业。软件产业是创意经济的重要组成部分，也是21世纪加速发展的核心产业。充分发挥崂山区软件工业园区和驻区高校和研究机构的优势，以市场为导向，大力发展企业信息化与电子政务软件、电信金融证券软件、动漫游戏、教育教学系统软件，着力将软件产业培植成崂山区文化创意经济发展的亮点。（3）发展以设计为主线的创意产业。设计是创意的集中体现。崂山区应立足特色城区建设的实际，大力发展以研发设计、品牌设计、建筑设计、景观设计、时尚设计等为重点的设计类文化创意产业，将创新、创意、创造融合于企业发展和现代化城市建设之中，推动产业结构升级和城市化的演进，不断提升企业实力和城市魅力。（4）发展咨询科技服务为先导的创意产业。资讯科技

---

① 美国理查德·佛罗里达（Richard Florida）教授提出了创新型城市的3T指标：技术、人才、包容度。后人进一步提出了4C创意指数：结构性资本、人力资本、文化资本、社会资本。它们相互补充，形成创意型城市的充分必要条件。

服务是现代经济活动赖以生存的必要工具，是经济活力和综合竞争力的重要体现，具有光明的发展前景。崂山区要以发展总部经济、楼宇经济、现代商贸业为依托，促进咨询科技服务、媒体资讯、时尚消费等产业的集聚发展，并形成中心辐射优势，创造便捷的城市服务环境。

第二，构建创意园区发展的平台。创意园区建设的意义在于，创意产业与以前强调经济规模、以大生产为大市场服务的观念不同，它是一种灵活的、专业化的生产方式，是为小规模变动的市场服务的一种经济形态。就每个创意产业来看，它是高度分散化的，就其经营模式而言，它每时每刻都在依据市场变化的动向，并灵活地调整着自己的生产流程，创造了一种从未有过的灵活性和多样性的经营模式。这种灵活性要求改变那种传统的产业布局思想，为其提供生产和消化知识与信息的能力、新技能培训与企业管理的能量，以及复杂分工后包容性的服务，创意园区正是根据创意产业这一小企业集聚行业、自由业者网络联系系统的需要而诞生的一种产物。在这样一个空间集聚的集合体中，包含的不仅仅是聚集在创意工作间里的艺术天才。还包括了中介者、推广者、代理人、律师、工匠、技术人员、专业材料供货商等。

崂山区创意产业园区的实际构建可从 3 个平台做起：一是技术基础条件平台。对一个设计中心来说，它通常包括模型模具制作中心、检测测试中心、设计软硬件研发支持中心、材料与工艺展示中心等；二是创意工作平台。它是设计者相互影响、启迪智慧的"沙龙"和自由创意及思想文化交流的会所、聚居地；三是服务条件平台。就一般的需求而言，它应当包括信息资源中心、孵化器、培训交流中心等。按照国内一些城市的体验，文化创意园区常常选择那些已被舍弃的、距离市中心较近的旧厂房作为立足的"外壳"。这一现象在美国纽约市苏荷区（SOHO，即South of Houst on Street）的成长进程中也同样得到了印证。①

第三，完善创意产业发展环境。完善崂山区文化创意产业发展的环境应先从三个方面做起：（1）完善体制环境。自主知识产权的文化创意产品在文化创意产品市场中占有重要的地位，在发展文化创意产业的过程中，要打造出具有自主知识产权的产品品牌，必须进一步优化知识产

---

① 苏荷位于美国纽约市曼哈顿岛的西南端，是一个占地不足 0.17 平方英里的社区。50 年前，这里曾是一片被废弃的旧厂区，经艺术家对废弃场所进行再创造，先吸引文化交流中心等艺术机构，再聚集餐饮、服务业，渐渐兴起娱乐业，并带动当地房地产业，最后演变成了现在昂贵的商业中心。

权保护体系，形成良好的社会环境，保证各类创新要素能够在知识产权保护制度下有效配置，并与其他相关要素充分结合，实现最佳的效率。（2）完善人才环境。崂山区的文化创意人才目前还十分短缺，吸引海内外创意人才来崂山区创业，是加快崂山区创意产业发展的一条捷径。为此，需要在创业环境方面提供更完善的服务，使现有的创意人才充分施展才华、成就事业，同时，能够达到吸引更多的文化创意人才投身文化创意产业的目的。（3）完善资源环境。目前，崂山区的文化创意资源大都集中在教育、科研、文化等部门，其组织机构的性质多为政府行政部门或者是事业单位，这些组织的市场化程度低，创意资源要素在部门之间的流动存在许多障碍。发展文化创意产业必须设立创意产业发展专项机构，打破这些阻碍要素流动瓶颈，改变无序发展的局面，为文化创意产业发展提供有利的资源环境。

此外，还可考虑采用全新的人力资源组织模式，通过虚拟的组织模式和项目联合的方式，凝聚国内外各个方面的文化创意人才来崂山区创业和经营，并为此制定相应的保护和扶植性的政策。

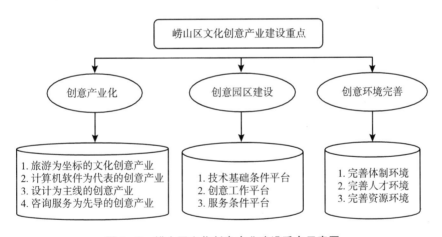

图6-2　崂山区文化创意产业建设重点示意图

第四，促进与新媒体产业的结合。崂山区的文化创意产业起步晚、经验少，尚处于起步阶段。近年来，通过政府引导、社会参与、市场化运作，情况虽有所改变，但规模小、产出水平低、资源和要素利用不高的状况并未发生根本性改变。导致这一状况的原因很多，其中，一个重要方面是因为缺乏信息技术支持下的新媒体产业的支撑。国内外一些跨媒体产业集团的成功经验证明，在信息技术条件下，文化产业的发展如果不与新媒体产业相结合，将很难实现突破性发展，并形成持续的市场竞争力和产生对其他产业强劲的影响力。扭转崂山区文化创意产业发展滞后的状况，不仅要通过"外引内联"等途径，为创意产业搭建高端平台，而且要从推进创意产品传播，迅速实现"大众化"的要求出发，从一开始就将创意产业建立在与新媒体产业紧密结合的高起点上。

第五，打造完整的创意产业链。投资文化创意产业需要魄力，但更需要智慧，具体到一些周期长、投资大、市场变换瞬息万变的项目更是如此。例如，当国家提出要用 5 ~ 10 年的时间，实现我国动漫产业1000 亿元产值的目标时，一些地方不顾自己的实际情况，采取了诸如"圈地"建设"动漫城"和随意圈定创意产业发展目标等做法，这显然严重违背了创意产业自身的发展规律。实际上，动漫产业的核心是创意经济，是一个以动画、网络游戏、传统文化等为土壤，完成形象塑造、播出和图书音像发行、形成卡通玩具、食品、服装等衍生产品的完整的产业链。只有突出创意，并将产业链的每一个环节培育好，才能使动漫产业的发展达到预期效果。① 如果将动漫产业片面地理解成一种简单流水线生产，以为盖个"创意大楼"、圈个创意的"场子"，就能把这一新兴产业发展起来，这不仅本身就孕育着极大投资风险，而且会将这一新兴产业的发展引入迷途。崂山区在积极推进文化创意产业发展过程中，应力戒此类急功近利的浮躁心态，尊重文化创意产业发展规律，规避相应的投资风险，虚心学习国内外发展的经验，积极发掘自身的优势资源，避免从一开始就使文化创意产业陷入被动的境地。

二、现代服务业②发展状况及发展思路

（一）发展背景

1. 现代服务业的发展是不断完善城市功能的需要。崂山区已经明确

---

① 中国动漫产业尚处于起步阶段，自主研发和原创能力还较低。目前，以引进、加工、代理运营为主的模式遭遇了空前的困境。由于印度、越南等国相对于中国来说人力成本更加低廉，日、韩的订单纷纷转移，直接导致了香港、深圳等动漫加工基地的衰退与重新洗牌。

② 现代服务业在城市经济结构中属于第三产业，又有别于传统服务业，被称为新兴第三产业。它包括了物流、信息网络、金融保险、会展经济等朝阳产业，是现代经济的标志和重要组成部分。从世界经济发展的趋势看，现代服务业的快速发展，已成为世界各国，尤其是国际大都市功能提升和经济增长的主要动力。

提出了建设"五大中心"（青岛高新技术产业发展中心、青岛旅游度假中心、青岛东部商贸中心、青岛高等教育发展中心和青岛节庆会展中心）的任务，未来一段时间，现代服务业作为潜力最大的产业能否快速发展，将在很大程度上决定这一任务的落实情况。通过加快发展现代服务业，不仅可以为崂山区经济的健康发展提供持久的动力，而且有利于扩大就业和促进再就业，有利于保持社会的稳定。从提高城市综合竞争力和完善城市功能的要求出发，优先发展现代服务业，已经成为当前崂山区一项重大而紧迫的任务。

2. 现代服务业的发展是转变经济增长方式的需要。崂山区历经十几年高速增长，居民集聚规模急剧上升，诸多大型企业营销、管理和研发中心渐次移入，楼宇经济初露端倪，对整个城区的服务系统提出了更高的要求。同时，传统型工业资本受各种资源条件限制，增长势头已呈逐渐萎缩的趋势，大力发展现代服务业，有利于在更高层次上推动经济结构的战略性调整，落实科学发展观，转变经济增长方式，为崂山区经济与社会的高速发展提供新的增长动力。

3. 现代服务业的发展是增强崂山区综合竞争力的需要。崂山区地处青岛市东部区域，拥有高新技术工业园、崂山风景旅游区和石老人旅游度假区等特殊的资源优势，但随着"入世"过渡期的结束，服务业的竞争压力已是"箭在弦上"，而金融业和服务贸易更为突出。面对这些压力和挑战，只有加快现代服务业的发展，才能形成全方位的发展条件，充分发挥各类资源优势，提升全区的综合竞争能力。

（二）现实状况

近年来，崂山区已在推进服务业发展方面采取了一系列重大举措，全区服务业整体面貌已逐渐呈现出若干新的变化，并对全区第三产业比重的上升和城市化发展及人民群众生活水平的提高做出了重要贡献。但是，按照崂山区总体发展战略转型的要求来看，目前仍存在四个较突出的问题：一是现代服务业的规模小。其在第三产业中所占的比重很小；二是现代服务业所处的发展层次低。近年来发展较快的主要是那些为居民生活服务的各种产业，如房地产业、餐饮业、旅游业等，而为生产服务的信息收集、管理咨询、技术服务、风险投资、现代物流还很不发达；三是产业组织方式落后。进入现代服务业的业户多规模小而散，业务"短平快"，不仅整体的服务水平偏低，而且很难形成现代产业的运营形态；四是现代服务业对其他产业的关联性不强。据近似估算，① 崂山区物流业对第一、二产业的关联度为 0.113，金融保险业为 0.097，社会服务业为 0.059。而日本早在 1990 年，上述各行业的产业关联度就已达到：金融保险业 0.124、不动产业 0.247、运输通信业 0.146。这种状况势必使第一、二产业的发展失去了重要的配套服务支撑。

（三）基本思路

未来一个时期，崂山区现代服务业发展的重点是：推进金融中心建设，发展信息服务、现代物流、休闲度假和旅游、科技咨询和教育、社区服务等新兴服务业。②

第一，金融、保险和证券业。包括，尽快建立社会诚信体系，全面提升金融电子化水平；发展以金融、保险、广告、咨询、律师、会计师等无形服务为主的服务贸易，推进服务贸易的结构调整，带动贸易升级；积极引进外资银行和金融、保险机构，为各种类型的优质金融企业提供高质量的服务等。另外，要虚心学习国外金融、保险机构带来的先进管理经验和服务理念。同时，要积极发展与市场经济相适应的证券交易、期货交易、技术交易市场，开辟多种融资、筹资途径，使崂山区成为青岛地区的资金集散地及青岛与国际金融市场交流的中介和桥梁。

第二，信息服务业。③ 要突出以人为本的服务理念，进一步普及信息网络服务的领域和质量，为崂山区乃至更大范围内的用户提供综合性、全方位、多领域的信息服务，建立健全高效率的行政公务、工商企业、社会公共、科学技术信息服务体系。同时，要依据"数字化城市"建设的要求，④ 大力开拓信息服务市场、提高信息透明度、培育服务业群体，推动以企业为主体的"产、学、研、用"有机结合的信息服务创新系统的建设，加强信息手段在工业设计、企业管理和生产流程控制等方面的应用，以信息化带动工业化，促进崂山区传统企业的技术改造和管理升级，使信息服务业充分发挥促进制造业发展的特殊功能。

---

① 近似计算采取的是将第一、第二产业作为 1，分别将之与第三产业中各个行业与之比较的方式。数据取自 2003 年。这一方法不够严谨，但大致可以说明一种现实性的状况。
② 本书后续内容将专门对休闲度假、旅游等问题进行阐述，此处不再赘述。
③ 信息服务业主要由计算机硬件制造、软件及系统集成、信息资源开发业和信息网络服务业三个行业组成。
④ 所谓"数字化城市"，是指充分利用数字化及相关计算机技术和手段，对城市基础设施与生活发展相关的各方面内容进行全方位信息化处理和利用，对城市地理、资源、生态、环境、人口、经济、社会等复杂系统的数字网络化管理、服务与决策功能的信息体系。

第三，现代物流业。崂山区可借鉴海尔物流的成功经验，充分发挥物流样板企业的示范带动作用，整合企业自身的物流资源，使大多数企业都能建立起适合自身发展的物流网络。同时，要加快发展壮大第三方物流。在优化、整合制造企业物流系统的基础上，重点引进国际上知名的物流企业和国内业绩突出的物流商，帮助他们在青岛市立住脚，扎下根，做成、做好一批大的物流项目，进而培育一批本地化的、具有高起点、高层次的第三方物流商。此外，通过不断的分化重组，鼓励工业企业的纯物流操作从主业中剥离出来，独立运作，并借助 IT 技术对传统物流组织、物流设施、物流业务进行整合和重构，为物流服务业的发展创造一个广阔的市场空间。目前，崂山区的物流人才比较缺乏，兴办物流园区的空间亦受到一定限制，加强物流人才培养，提高物流企业质量是该领域发展的关键问题。

第四，科技咨询和教育服务。充分发挥崂山区高校密集的优势，全力推动中国海洋大学、青岛大学、青岛科技大学的工程项目建设，加快发展高校服务配套产业，加强区校之间的文化、科研和人才交流，加快高校科研成果的嫁接转化，做到优势互补、校地共赢将高等教育发展中心这一大的概念范畴真正落到实处。

第五，高档商贸服务。围绕建设有特色的商务区的目标，崂山区将加强以大型商业中心和高档商务酒店为重点的商贸类项目和以海尔路商务一、二区为重点的楼宇总部类项目建设。[①] 其中，商贸类在建项目已落实总投资约 19 亿元；待建项目总投资约 23 亿元。同时，楼宇总部类在建总投资约 20 亿元；待建项目总投资约 30 亿元。这些项目建成后将很快激活崂山的商贸服务业。

第六，公共文化服务。按照崂山区文化事业发展规划设定的目标，未来几年，将重点突出公共文化服务体系和服务质量的建设，努力为广大群众带来实实在在的文化利益。为此，必须建立一套结构合理、发展平衡、网络健全、运营高效、服务优质的覆盖全社会的公共文化服务体系，将文化与经济建设一并纳入城市综合竞争实力培育的范畴，按照以人为本的文化服务宗旨，使城区的博物馆、图书馆、纪念馆、文化宫等各级公共文化设施成为丰富居民文化生活的载体，同时，应配合文化信

---

①　之所以将总部经济归入现代服务业的范畴，是因为，企业总部需要的不仅仅是舒适的办公环境服务，还需要一整套专业的总部服务体系。从交通运输到复杂的金融服务、结算服务、投融资服务，到律师、会计师等中介服务乃至信息服务等是保证企业总部高效运行的基本条件。

息资源共享工程的实施，强化城市公共文化设施服务功能，使有限的文化资源覆盖到最大多数的城乡人群。

表 6 – 1　　　　各类服务业发达程度、服务类型和辐射范围比较

	发达程度	服务类型	辐射范围
金融、保险和证券业	不发达	生活和产业服务型	青岛市
信息服务业	不发达	生活和产业服务型	青岛市
现代物流业	有一定基础	要素服务型	山东省
科技咨询和教育服务	有较好条件	生活和产业服务型	全国
高档商贸服务	不发达	生活和产业服务型	青岛市
公共文化服务	有较好基础	生活服务型	青岛市

注：各种服务业的发达程度以目前状况为基础作出判断。随着崂山区若干重大工程的建设，一些情况可能会发生较大变化。

为将上述思路切实落到实处，应采取如下一些推进措施：

1. 坚持正确的政策引导。要借鉴国内外发展现代服务业的经验与教训，针对现代服务业受资源状况制约少，上项目较快，对政策杠杆敏感性高的特点，制定有利于现代服务业发展的、可操作性强的产业规划。对已确定的重点发展领域，要在投资政策、金融政策、财税政策和外贸政策上给予一定倾斜；对从业者、创业者，应进行低价甚至免费就业指导；对优秀经营者、劳动者给予奖励和支持。同时，要引导广泛建立行业协会，通过行业自律等，防止某些项目一哄而起，盲目发展。

2. 扶持一批大型现代服务业集团。大型现代服务业集团的形成，不但有利于经营更加社会化，而且有利于参与国内国际竞争，使崂山区现代服务产业从分散型、小规模、低档次步入健康协调发展的轨道。为此，必须改变以往注重第一、二产业引进国外资金与技术，忽视服务产业利用外资的倾向，鼓励服务产业企业与外商合资合作，形成跨地区乃至跨国界的商品流通网络。

3. 重视现代服务业专门人才的培养。据有关方面的研究报告显示，2004 年青岛市固定资产、人力资源和技术进步三个要素对第三产业产值的贡献率分别为 67.5%、30.6%、1.9%。① 表面上看，似乎固定资产对产值的贡献率最大，但如果从固定资产和人力资源的投资来看，固定资产的投资占了产值的 25%，而人力资源的投资仅为 2.5% 左右，这说明固

_____

① 青岛市的数据与崂山区有一定差异，但这不会影响到问题所反映的趋势。

定资产的投资是人力资源投资的 10 倍，可是固定资产对产值的贡献仅为人力资源的 2 倍。从边际效益来看，投资于人力资源对经济增长的贡献要远远高于物质资本方面的投资。这说明人力资源增加对经济增长极为重要。[①]

崂山区应依据现代服务业高速发展对人力资源的需求，大力吸纳和推进各个层次专门性人才的培养，集聚与现代服务业相适应的高水平的人力资源。

4. 培育各类中介产业。中介服务是市场经济发展的催化酶和放大器，市场越发育，对中介服务的需求就越迫切、越深入。崂山区应根据发展现代服务业的需求，适时建立完善的中介服务体系，同时，积极推进非公益性服务行业的资源配置向市场为主转变。一般来说，凡适宜产业化的服务领域均应由目前的政府主办转向社会主办，盈利性事业单位都要改制为企业，实行企业化管理。非盈利性机构也要引入竞争机制，面向市场提供服务。

5. 建立层次鲜明的服务业新格局。崂山区应根据中心城区大工业企业集中、城市化水平相对较高的特点，围绕提高城市等级，健全城市服务功能来发展服务业；辅助城区则应通过拓宽城市服务功能的方式，带动本区域服务业的发展；工业项目相对集中、流动人口多的区域，应重视发展商贸、餐饮住宿、中介、法律咨询、休闲娱乐等服务业；农业为主的区域，应发展农业服务、物流配送、货物运输等服务业，着重为农业特别是农产品市场搞好配套服务。同时，应在不同的区域之间形成必要的配合机制，以利于更多的方面能够分享现代服务业发展的利益。

6. 多渠道增加对现代服务业的投入，建立服务业引导资金，主要用于服务业规划确定的重点项目和为国家服务业引导资金配套。同时，要加大对服务业重点建设项目招商引资力度，吸引国内外知名企业来崂山区投资发展现代服务业。要争取金融支持，建立银企联谊项目推介制度。要支持符合条件的服务业企业通过发行股票、债券、项目融资等方式，提高直接融资比重。要加快信用体系建设，建立担保机制，增强中小服务企业的融资能力。

7. 要积极引导、鼓励和支持民间投资参股服务业领域。对那些过去长期国家垄断经营的服务行业（如金融、电信等），应采取一视同仁、公

---

① 李恒光：《大力发展青岛第三产业》，载《展望论坛》2005 年第 3 期。

平竞争的态度，在鼓励外国投资者进入这些行业的同时，允许国内有条件的行业或企业投资经营这些行业。同时，应加强服务产业经济运行规律的教育普及工作，重视提高从事现代服务业务的企业提高自身的服务质量和运营效益。

三、特色旅游产业现状和发展思路

(一) 发展现状

旅游业是崂山区最具活力与潜力的新兴产业之一。旅游业的发展不仅促进了第三产业增长，带动了产业结构的调整和优化，为崂山区带来了显著经济效益和社会效益，而且提高了城市品位，改善了周边环境，带动了房地产业的发展，对经济建设和对外开放产生了巨大促进作用。

近年来，随着极地海洋世界、现代艺术中心、石老人海水浴场、滨海步行道等市级重点项目的建设，以及仰口国际旅游度假区、澳大利亚游艇俱乐部项目、新植物园等特色生态旅游项目和石老人生态旅游区特色餐饮一条街、运动健身区会所、旅游集散中心、星级酒店等配套设施的开发，崂山区的旅游环境和旅游功能已得到进一步完善，一个融吃、住、行、游、购、娱乐为一体，各类旅游设施配套齐全的现代旅游发展格局正在加速形成，旅游业作为崂山区支柱性产业的属性[①]已经逐渐地显现出来。

尽管如此，比较国内一些城市旅游产业高水平发展的经验，仍可发现，崂山区旅游产业目前还存在许多突出的问题：

1. 缺乏旅游系列产品。多年来，崂山区观光旅游产品始终占绝对主体地位，休闲度假和娱乐旅游等非观光旅游景点很少，所占市场销售比例很低。[②] 由于单一观光旅游产品难以满足游客多种需求，给旅游线路安排、景区景点的设施配备、旅游的安全防范等带来了一系列不利的影响，

---

① 据统计，2005 年，崂山区接待国内游客达 486 万人次，比上年同期增长 8%；全年实现旅游收入达 18.3 亿元，占全区国内生产总值的 9.3%，占第三产业增加值的 31.7%。崂山区旅游人数和旅游收入分别占青岛市旅游人数和旅游收入的 19.3% 和 7%。

② 目前常见的旅游景区有三类。一是观光型景区，一般特色鲜明，以资源为依托，但功能单一，主要满足旅游者的游览需要。我国现在大多数景点都属于观光型景区；二是度假型景区，主要满足游客休闲度假旅游需求，旅游者的活动主要是休闲度假；三是娱乐型景点，为满足游客康体健身、消遣娱乐需求而开发，这类景点主要就是主题公园。就发展的趋势来看，度假型景区的影响力将逐渐上升。

同时，这也是导致崂山区旅游人均停留时间短、消费水平低、经济效益不高现象的重要原因之一。

2. 旅游开发缺乏个性。崂山区旅游资源丰富，但目前对其的利用还停留在表层化的水平上，多数旅游项目的开发盲目跟踪和仿制，以及随大流的特征比较突出，导致崂山区旅游特点淡化，使许多宝贵旅游资源流失，部分项目的开发留下了较多的人工斧凿的遗憾，旅游产品的效益受到了一定限制。近年来，崂山"巨峰"旅游项目开发在一定程度上缓解了上述矛盾，但就崂山区整体情况判断，问题依然存在。

3. 产业政策支持不足。旅游业是一项综合性很强的服务产业，它的发展依赖于多个产业的相辅相成的配合。由于崂山区旅游业仍存在政策配套性弱、旅游服务企业管理滞后、旅游业与交通、宾馆、饮食、商业等部门的协调不够顺畅等问题，在一定程度上影响了崂山区旅游产业整体发展效能的提升。

4. 运营机制缺乏活力。旅游业运营机制本应与其他产业一样逐渐从政府为主转向市场为主，经营主体本应以自主经营和自我发展与积累的企业主体为主，但目前崂山区的旅游建设资金主要还是来自政府，景点的经营权也大多由政府控制。而且在崂山风景区管理上，出现了景区管委会的管辖权与区政府行政管理权双重管理、各自为政的情况。这些情况对崂山区旅游产业的全面发展形成了一定的羁绊。

5. 旅游管理人才匮乏。旅游业对从业人员的知识和修养要求比较高，但目前崂山区旅游管理部门和旅行社的从业人员，多为一般管理干部和临时招聘人员，具有旅游专业知识和技能训练的人员很少，适时推出新产品的能力明显不足，并已影响到崂山区旅游营销的拓展和旅游服务质量的提升，以及发展思路的创新。

（二）基本思路

第一，选准目标市场。崂山区的旅游资源占整个青岛市的60%以上，其中，最突出的是拥有以"海上第一名山"闻名的崂山。崂山以巨峰为中心向四方延伸，海山相映，气势磅礴，最高峰（巨峰）海拔1133米。崂山还是我国道教发祥地之一，其"九宫八观七十二庵"在全真道教宫观中，被誉为"天下丛林第二"。全面提高崂山区旅游产业整体素质，首先需充分利用好大自然赋予崂山的优越的地理条件和得天独厚的人文景观。但以目前的情况而言，由于建设资金不足，项目创新水平不高，仅仅依赖崂山的自然景观显然还难以培育出世界级的旅游品牌。崂山区旅游产业服务的目标客户主要还是以国内旅游客源市场为主。伴随休闲旅游的兴起，崂山区应在提升观光产品吸引力的同时，努力塑造度假胜地的新形象，将高品质的观光旅游与新兴的度假旅游有机地融为一体，力争用3~5年时间将崂山区整体旅游品牌提升到国内一流水平。

第二，打造个性化旅游精品。崂山区个性化的旅游项目应首先对如下几个领域给予特殊关注：一是工业旅游。崂山区的名优企业海尔目前已较好地开展了这一工作，并且已经对宣传海尔的管理经验、扩大海尔的品牌影响力产生了积极作用。这一经验，同样可以在崂山区其他的著名企业（如朗讯、可口可乐公司等）进行尝试；二是海上旅游。目前崂山区在发展滨海旅游方面已经取得了较为突出的成就，但在海岛和海上旅游、水上运动项目等方面的建设，还远不能适应旅游发展的需要。调查表明，很多内陆游客来青岛，是奔着大海和海洋性气候来的。崂山区应当发挥自身的优势，在该领域实现突破性的发展，尽快改变现在以海岸风景观光为主的旅游格局，做足做好海岛和海上旅游的文章，积极构建集海岛和海上观光游览、科学普及、探险实践、竞技比赛、旅游休假等科学性、趣味性、娱乐性为一体的海上旅游大格局。此外，崂山区还应借青岛承办2008年奥运会帆船、帆板比赛项目的机遇，在游轮专用码头和大型国际邮船市场开发方面有所作为。

第三，增添文化和生态旅游的新内容。近年来，国内一些城市通过挖掘旅游区的文化内涵、丰富旅游内容，给许多传统旅游景点添加了新的魅力。崂山区可以借鉴这些经验，通过开发崂山独有的道教文化、佛教文化、茶文化以及民俗文化等，造就让人流连忘返的新的旅游形象。此外，崂山区还应通过北宅金鱼谷生态观光园、沙子口红叶谷等项目的规划论证和建设，生态农业观光、农家采摘休闲产业等特色性的旅游新项目。同时，实施荒山绿化工程，保护整合山林生态、植被和风貌，从自然景观、生态环境和文化内涵多个层面上进一步提升崂山旅游的层次。

第四，丰富旅游产品门类，扩展各类休闲度假旅游项目。目前，休闲度假旅游项目可分仰口国际旅游度假区和石老人国家旅游度假区两部分建设。其中，高档次的仰口国际旅游度假区将集度假、商务、会议、娱乐于一体，形成青岛面向五湖四海的"客厅"，在新东部整个发展布局当中发挥重要作用；石老人国家旅游度假区将重点完成极地海洋世界、现代艺术中心、石老人海水浴场改造、青岛大剧院等重点项目建设。同时，将重点规划建设海洋公园，浮山园林公园、石老人渔村公园和综合性体育健身中心（包括室内恒温游泳馆、网球俱乐部、奥林匹克花园等），形成集观光、度假、节庆、会展、体育、博览于一体的综合性城市旅游度假区。此外，应充分利用民间资本，开发建设跨越石老人—沙子口街道驻地—大河东一线具有崂山文化特色的饮食聚集带；以旅游纪念品、崂山茶等土特产品为主体的旅游购物聚集带；以多样化、知识化、趣味化、新颖化为标志的娱乐项目聚集带，建设崂山区旅游新经济走廊。

第五，做好旅游地产项目。① 旅游地产在中国刚刚开始。北京、上海、深圳、宁波、厦门等地都已得到一定程度发展。崂山区的自然人文环境对中国北方地区的富人投资购置住宅具有很强吸引力（崂山沿海一线房地产"高热"不退便是一例），但目前崂山区的土地资源已十分缺乏，继续实施发展高档住宅的地产开发模式势必引发重重矛盾，而发展旅游房地产是解决这一矛盾的一个有效办法。旅游房地产中的产权式公寓，② 时权公寓、③ 分时度假公寓④等是介于房地产产品和酒店产品之间的一种中间旅游产品，也是当前旅游地产中发展最快的新兴领域，目前酒店与高级住宅相结合的经营形式还在不断地发展变化，并逐渐成为一种发展趋势（青岛首例产权式酒店是在原李沧区区政府办公楼基础上改建的四星级酒店项目——广业锦江大酒店）。由于这种新兴的投资模式具有更安全的投资保障和相对更高的稳定回报，已成为众多理性投资者竞相关注的对象。崂山区同样可选择具体项目进行相应尝试。

第六，打造旅游业龙头——旅行社。旅行社是旅游供求之间的一种最普遍的中介组织形式，它一方面将旅游景点、交通、宾馆等"原料"加工成旅游线路的成品，另一方面，又组织游客来购买，在旅游供给者与旅游需求者之间起到桥梁作用。崂山区不仅可通过资本纽带，对各类

---

① 旅游地产分为四类：一是旅游景点地产，主要是指在旅游区内建造的各种观光、休闲、娱乐性质、非住宿型的建筑物；二是旅游商务地产，即旅游区内或旅游区旁边提供旅游服务的商店、餐馆、娱乐城等建筑物；三是旅游度假地产，主要是指为游客或度假者提供的、直接用于旅游休闲度假居住的各种度假型的建筑物，如旅游宾馆、度假村等；四是旅游住宅地产，即酒店与高档住宅的结合，如，产权式酒店（公寓）、时权酒店（公寓）及分时度假酒店等。

② 产权酒店是房地产业、旅游业和商务交往有效结合的产物。其经营模式是，业主按市场价格购买一套酒店标准间所有权，只交付定金，在以后一段时间，客房统一交由酒店经营管理，酒店每月利用经营利润向业主提供相应回报。

③ 时权公寓是业主向某酒店购买一套客房定时限的使用权。其经营模式是：开发商拥有房产产权；销售商作为开发商的销售代表向公众销售分时度假产品；度假房产管理公司，管理和维护分时度假房产。

④ 分时度假公寓是加入了分时度假交换体系的时权酒店。酒店方可以向具有分时度假房产使用权的消费者（会员）提供不同地区之间的分时度假产品交换业务。

小、弱、散的旅行社进行重组，构建大型的旅游企业集团，而且应培植几家涉外旅行社作为吸引外资兴办合资旅行社的载体，同时，应加快国有旅游企业改革步伐，提高企业自身的经营和管理素质，增强与国际大型旅游企业抗衡和竞争的能力。逐步形成大中小各类旅游企业分工协作、内外资旅游企业协调发展的旅游企业发展格局。

第七，做好涉外旅游产品的推介。由表 6 - 2 提供的 1999 ~ 2005 年主要接待的客源国人数可见，青岛市入境旅游客源①主要集中在港澳台、日本、韩国三个市场。港澳台、日本、韩国三个市场一直占据青岛入境旅游客源市场总额的 70% 以上，尽管自 1999 年以来，来青岛旅游的外国人呈明显的上升趋势，但客源地高度集中、市场格局单一的情况并无根本性改变。今后一个时期，崂山区除应继续加大港澳台、日、韩市场开发之外，对东南亚、欧洲、美洲、太平洋地区均应进一步增强旅游产品宣传力度，以便规避市场单一所引致的风险，保证旅游业的稳定增长。

表 6 - 2　　　　1999 ~ 2005 年青岛接待主要客源国（地区）人数　　单位：人

客源国（地区）	1999	2000	2001	2002	2003	2004	2005
港澳台	61924	60399	60061	61000	45521	64140	88625
外国人总计	164804	200193	263018	356000	295637	458360	598534
韩国	53082	69787	103036	152530	150456	204779	297413
日本	53911	67215	95424	130816	94359	156374	177121
新加坡	7565	6321	4616	4623	3801	4650	6060
菲律宾	5946	7947	6818	7468	2630	3613	3459
马来西亚	962	1936	3379	6706	3658	5240	6900
泰国	903	780	906	1398	749	2089	3261
印度尼西亚	877	1241	1727	2379	1273	1846	2349
德国	3811	3820	4379	4242	3748	5165	10646
英国	3008	2789	2562	2669	2272	2955	5744
法国	1813	2491	2021	1981	1807	2619	5164
俄罗斯	2707	4820	5587	6706	4544	5509	12062
意大利	1463	1555	1414	1665	1508	1774	3693
美国	10919	10384	10571	12389	9568	14130	23284
加拿大	1844	1865	2167	2473	1700	2531	4397
澳大利亚	1722	1817	2111	2577	2337	2811	4257

资料来源：根据 1999 ~ 2005 年青岛旅游信息网统计资料和青岛旅游统计资料整理。

---

① 来青岛旅游的人员也可以近似地等同于崂山区的旅游人数。

由表 6 - 3 提供的资料可以看出，在 1999 ~ 2004 年入境游客旅游目的构成中，商务活动所占比重最高，连续多年保持在 50% ~ 70% 之间，这与青岛地区拥有众多的韩资和日资企业有很大关联性；相反，以观光为目的的旅游人数仅占 20% ~ 30% 的比例；其他旅游目的呈分散状。这些情况需在对外推介旅游产品过程中给予高度重视。

表 6 - 3　　　　1999 ~ 2004 年青岛市入境旅游者旅游目的构成百分比　　　　单位:%

年　度	1999	2000	2001	2002	2003	2004
商务活动	54.2	59.7	58.7	65.0	69.0	53.0
旅游观光	34.0	31.6	27.2	23.0	17.0	34.0
文化学术交流	3.7	2.4	8.0	7.0	5.0	5.0
探亲访友	5.1	3.8	5.0	3.0	4.0	3.0
其他目的	3.0	2.5	1.1	2.0	5.0	5.0

资料来源：根据青岛入境旅游统计资料整理。

第八，发挥节庆活动对旅游的推进作用。崂山区应将办好国际啤酒节、海洋节、国际电子家电博览会和国际航海博览会等重大节庆活动和国际性的体育赛事与旅游产业的发展结合起来，以提升旅游产业服务的规模和服务对象的层次，并缩小旅游淡旺季之间的差异。同时，应利用各种节庆活动，加强对崂山区旅游品牌的宣传推介，不断提高崂山区旅游项目的国际知名度。在条件适合的时候，也不排除对崂山区的旅游项目进行整体的包装，到国内外二级市场上市的可能性。[1]

四、会展产业[2]现状及发展思路

(一) 产业现状

会展产业是目前国内各大城市竞相发展的一个新兴行业。目前，该行业发展势头最猛的是广州市。据中国贸促会发布的《2005 中国会展经

---

① 国内已有将著名旅游胜地各类旅游产品整合到二级资本市场募集发展资金的先例。

② 会展产业是以会展业为支撑点，通过举办各种展览会、博览会和国际会议，传递信息，提供服务，创造商机的一种产业形态。会展产业不仅自身拥有较高的附加价值，而且可以汇聚信息流、技术流、商品流和人才流，对运输、物流、建筑、商业、广告、咨询、旅游、金融、保险等相关产业形成强劲的辐射力和拉动力，对城市的经济能级、文化内涵及开放度、聚合力形成有力的催化和提升作用。

济发展报告》显示，广州目前已有近35万平方米的展馆，其规模是北京的2.2倍，上海的1.9倍；广东会展业总收入占全国会展业总收入的比重已超过1/3。目前，广州、北京、上海已成为国内会展产业规模最大、品质最高的三大城市。青岛市目前拥有的展馆规模与三个领先城市中的上海市差不多，① 比处于第二方阵的成都、宁波稍高，其主要设施几乎全部集中在崂山区境内。

进一步的分析表明，崂山区发展会展产业拥有两个特殊优势：

其一，崂山区境内拥有省内设施最为精良、配套服务堪称一流的会展场馆——青岛国际会展中心和丰富的旅游资源、便利的交通、发达的通讯设施、众多的宾馆和饮食与娱乐服务业，已经具备了发展大规模会展产业所必须具备的"硬件"基础。

其二，崂山区拥有在会展业耳濡目染、历经多年实践所积累的会展管理经验，各类专业会展主体也已经具备一定的发展规模，会展管理专业人才相对集聚，会展经济的研究比较超前，且不断有新的会展申请加盟，有多家本地高校开设了专门针对会展管理和会展设计人才的相应的专业和课程，组织建设区域性会展经济中心的"软件"较为优越。

崂山区会展产业主要面临的制约因素主要有以下10个方面：

（1）体制上的缺陷。目前，举办展览会要经政府有关部门层层审查和批准，且管理权限分散，多部门、多层次重复审批的情况依然存在。

（2）基础条件不协调。大规模的、融多种功能为一体的复合型会议中心虽有在即墨温泉和崂山仰口一线建设的规划，但尚未付诸实施。

（3）配套环境需提高。国际会展中心的交通大道还有些梗阻，进入会展区后开阔地少、停车位少的问题比较严重。

（4）会展特色不明显，为数不少的会展缺乏明确定位、没有重点主题，很少组织信息咨询和行业交流，影响了参展企业市场竞争力。

（5）用于会展宣传的广告费用缺乏，对客户邀请工作不力。

（6）知识产权保护未受到足够重视。一是表现为对会展知识产权保护缺乏规范性的操作办法；二是表现为对各类侵权事件制裁不利。

（7）展后服务缺乏。参展商得不到会展主办者提供的统计与分析资

---

① 坐落于崂山区的山东国际会展中心，毗邻大海，位置优越，集商住、餐饮、服务为一体，是举办国际、国内会议和展览的理想场所。该中心二、三期工程2006年建成后，总建筑面积扩大到15万平方米。届时，会展中心将具备接待参会人数超过10万人的大型展览和会议的能力，对城市经济的拉动作用也将大幅度提升。

料，无法完全达到参展的目的。

（8）参与会展业的各类展览公司规模较小，且专业化队伍缺乏，从业人员大都没有经过专门培训，缺乏系统的会展知识和相应的操作技能。许多会展设计人员的设计理念，尚停留在商品展销、成就展览的水平上，无法胜任大型国际会展业务高标准组织管理的要求。

（9）缺乏行业自律组织与约束机制，各个会展企业各自为政，重利润、轻服务，造成展览资源的分散浪费和行业秩序的紊乱。

（10）国外参展商少。按国际惯例整个展览海外展位须占20%左右才能以"国际"冠名，但目前在崂山区举办的多数冠以国际会展名号的展览与这一标准相比显然还有较大的差距。

（二）基本思路

1. 发展背景的变化及其影响。近年来，随着经济活动日趋国际化，国际展览业开始出现五个重要的变化：一是主办机构专业化。随着展会之间竞争的激烈，越来越多的行业协会或把自己的展览会卖给了专业展览公司，或和专业展览公司合资组织股份公司，展览公司已成为展会举办的主体，行业协会和政府开始退居次要位置；二是展会对展览公司的资金、人力资源、国际网络提出了越来越高的要求。小型展览公司往往力不从心，展览公司集团化的趋势越来越明显；三是经过市场优胜劣汰，"强者"逐渐确立了自己的垄断地位。同时，会展集商品展示、交易和经济技术合作功能为一体，兼有信息咨询、投资融资和商务服务等功能的综合性特征越来越突出，展会大型化、综合化趋势明显；四是会展已不再满足于吸引本国客户和参展商，展会的国际化水平，国外参展商和客户比例逐年上升，展会的国际化倾向突出；五是参展商和客户对公证、报关、货运服务的要求不断提升，会展不再单纯追求参展商的数量，展会开始进入一个高质量、高水平发展的阶段。

2. 工作思路的调整及其落实。根据国内外会展业出现的种种变化，崂山区应贯彻如下发展思路：

第一，更新观念，矫正各种误区。一是矫正将会展场馆与"会展经济"等同起来的误区。一个地区会展业的成熟度是与该地区的经济总体规模和综合实力相联系的，不能将"会展经济"与出租场馆简单地等同起来。二是矫正以为会展是稳赚不赔的误区。会展场馆的建设与运行维护费用相当高昂，缺乏大密度、高水平的会展很难赢利。三是任何人都能开会办展的误区。实际上，许多失败的会展恰恰就是因为缺乏专业会展人才和强大的专业会展公司。

第二，韬光养晦，打好会展业健康发展的基础。一般认为，要想成为国际会展城市，必须具备四大条件：独特的资源环境、良好的气候条件；地理位置优越、交通便捷；优势产业、市场条件好、开放度高；完备的展馆和配套措施。崂山区在上述方面的优势目前还需要一段培育的时期，因而，在会展业发展的初期，应以夯实基础、抢先占领区域会展中心的地位为主，不宜与国内外强势城市进行全面的竞争。配合这一策略，应合理划分自己的发展目标和展业重点。力求通过奥运题材的运作，以已经形成一定影响的"电子博览会"、"啤酒节"、"海洋节"为支柱，以先进的会展设施为依托，逐步扩大会展影响力和规模。

第三，实施会展资格认可制度。在全市范围内发展8～10家主营或兼营的会展业务骨干企业进行专业资质的考核，鼓励一些大型宾馆形成兼营会展业务的能力，引进国外高水平会展实体和国际性的管理标准，努力形成会展业高水平竞争的格局，通过资格认可制度的实施，督促各类会展实体全面提高管理水平和相关的会展业务组织能力。

第四，打造会展品牌。目前，一些中低层次会展仍有较为广阔的市场前景，抓住该类会展的机会，有助于提高会展经济总产值。具体目标可选择每年季节性的工业博览会，商品展示会，特别是外商参与性和针对性很强的国际性展会。争取3～5年培育出青岛的强势会展品牌。

第五，走联合发展的道路。崂山区自身的会展业实力薄弱、专业人才缺乏，要抵御国内一些实力雄厚的会展集团的竞争和与国际展览业抗衡有很大难度。走联合发展的道路，可以在互惠互利、对等援助、对等回报的基础上，开展互助合作，互利招展，一家办会，多家招展，实现不同会展主体相互之间的优势互补，提高办会质量和办展效果。

第六，会展场馆的管理和配套设施的布局。崂山区境内高水准的国际会展中心二、三期项目建成后，其功能和布局水平已经将达到国内领先的水平，但是如何用好这一高水平的会展场馆仍是一个严峻挑战。另外，随着场馆条件的改善，各类配套设施的改造，以及公共交通设施的调整也应作为一揽子工程予以统筹安排。

第七，加强市场运作。目前，国内会展业普遍存在政府越俎代庖，"越位"承当会展主管和接待部门的问题，各种政府主导型展会泛滥，大大降低了会展经济发展的效率。崂山区会展业要取得长足发展，必须克服这些弊病，走会展业市场化运作的道路，切实地引导会展企业尽快建立现代企业制度，培育自身的竞争能力，熟悉包括国际办展在内的各类市场化规则，在全面提升会展经济效能的方面实现重大突破。[①] 据悉，美国消费类电子协会自 2005 年开始，已经全面参与中国国际电子家电博览会的策划组织，并利用该协会的优势，帮助中国国际电子家电博览会招商、招展。这一良好开端，对实现会展业的国际化和市场化具有标志性的意义。

　　[①]　由于崂山区境内的会展场馆并不属于崂山区政府管辖，因而，学会借用这一宝贵资源和利用其波及影响，积极促进与会展经济相关联的各类产业的发展，对崂山区来说可能更具有现实意义。但是，不能因此就否定了崂山区发展会展经济的战略性意义。

第七章

海岛旅游开发与保护

海岛①凭借其特有的神秘和静寂，为众多身处喧嚣都市、工作和生活节奏比较快的游客所神往，具有极为诱人的旅游开发前景。将海岛这一极富海洋特色的旅游资源与崂山区陆上旅游、滨海旅游融为一体，对提升崂山区旅游产品的品位，突出旅游特色具有重要的意义。本文分析了崂山区海岛旅游资源的分布状况和海岛旅游开发的特殊性，并提出了推进海岛旅游业可持续发展的若干对策。

一、崂山区海岛自然状况

（一）海岛概况

崂山区拥有海面以上基岩出露面积大于 500 平方米的大小岛屿 24 个，岛屿总面积 2.678 平方公里，均为无人居住岛。其中，海拔最高的岛为大公岛，是青岛市第二高岛，最高处海拔为 120 米；较近的岛有赤岛、大福岛、小福岛、老公岛、处处乱、兔儿岛等；较远的有朝连岛、长门岩等。

崂山区境内众多岛屿分布的特征是：（1）面积较小。其中，最大的大福岛面积为 0.584 平方公里（约 876 亩），最小的西山头岛面积只有 0.00227 平方公里（约 10 亩）；（2）距离陆地较近。其中，小麦岛为人工陆连岛，其余海岛多为近岸分布，绝大多数的海岛与大陆的距离小于 20 公里，最近的岛屿距陆地只有几百米，最远的长门岩北岛距仰口码头也只有 25.7 公里；（3）海岛都为基岩岛，在地质构造上和大陆紧密相连，是陆地地质构造、地层和岩体的向海延伸。这些岛在历史上曾是陆地的山体或丘陵的一部分，后因海侵而成为现在的海岛。此外，崂山区

---

① 按《联合国海洋法公约》规定，海岛是指四面环水并在高潮时高于水面的自然形成的陆地区域。

海岛呈现出群状分布的特点。

（二）海岛自然资源

1. 淡水资源。崂山区海岛地表水均来自大气降水，其降水量较少，且降水多集中于夏季，不仅季节变化大，年际差异也较大。由于海岛面积小，无河川、湖泊，虽然岛上有部分贮水池和蓄水塘坝，但拦蓄能力差，造成本来就不丰富的地表水绝大部分泄入大海，地表水利用率极低。

崂山区海岛地形高低起伏，基岩裸露面积较大，土层薄，孔隙潜水范围小，主要地下水是基岩裂隙潜水，主要补给来源是大气降水。受季节降雨量的控制，地下水位和水量变化较大，一般5月下旬进入丰水季节，地下水位直线上升，水量较大；10月份后降水量减少，地下水位急剧下降，水量减少；到翌年4月水井供水紧张。总体上看，崂山区海岛地下水资源贫乏，供水困难。

2. 土地资源。崂山区海岛土地面积总计约3.0km^2，多分布在潮连岛、大福岛、狮子岛和长门岩北岛等。土壤可分为棕壤、褐色和潮土三类，其中以棕壤为主，潮土零星发布，褐土极少见。长门岩北岛、南岛土壤为富含有机质的棕壤土，土层厚度为20cm～40cm，土中速效磷和速效钾含量高，在丰富水平之上。崂山区海岛土地多为林草地。其余各岛岩石裸露，地面坡地大，水土流失严重，土层瘠薄。

3. 生物资源。崂山区海岛陆域植物主要分布在老公岛、大福岛、小福岛、小公岛、大公岛、潮连岛、长门岩岛、七星岩岛等。草本植物主要有荻、野谷草、白羊草、荩草、狗尾草、芦苇、马唐、橘草、白茅及蒿属、苔草属等；藤本植物有南蛇藤、爬山虎、忍冬等；木本植物主要有黑松、刺槐、泡桐、桧柏等；常绿的植物有红楠、大叶胡颓子、扶芳藤、胶州卫矛；落叶的种类有野花椒小叶朴、盐肤木、柘、多花蔷薇、胡枝子等。在靠近海边的地方还可见到滨海前胡、全缘贯众等。特别值得提及的长门岩岛是山茶分布数量最多的海岛，山茶大树总数约600株，呈丛生状，树龄大都在100a以上，树高一般为1.5m～2.5m，基径10cm～30cm，冠幅2m～3m。崂山区是我国山茶自然分布的北限，是我国分布最北的常绿阔叶木本植物，在科学研究上有重要意义，又是较好的观赏植物。

崂山区海岛陆域动物除有野猫和极少见的爬行动物黄纹石龙子、蓝尾石龙子外，最多的是鸟类，为鸟类乐园。据青岛市鸟类保护环志站对潮连岛鸟类多年调查和环志，观察到的鸟类共计有 16 目 32 科 57 属 100 种。其中，旅鸟 78 种，夏候鸟 19 种，冬候鸟 2 种，留鸟 1 种。在 100 种海岛鸟类中，有国家二级保护鸟类 6 种。

4. 水产资源。崂山区海岛周围海域水产资源丰富，盛产经济鱼、虾、贝、藻类，尤以盛产海珍品刺参、皱纹盘鲍、对虾、扇贝等而闻名全国。有的岛群与近海渔场相邻，有的是多种鱼、虾洄游必经之路，成为良好的过路渔场。处处乱、小公岛、狮子岛和马儿岛等海岛周围 20 世纪 90 年代后分别由区政府核发养殖证、国家海域使用权证从事底播海珍品养殖。根据海岛资源调查，崂山区海岛周围共采到浮游植物 79 种，浮游动物 27 种，浮游幼虫 15 种，底栖动物 141 种，大型底栖海藻 23 种，鱼类 48 种。主要经济钱为银鲳、蓝点鲅鱼、比目鱼、星鳗等。海珍品种类主要有皱纹盘鲍、刺参。另外，海岛周围海域为良好的垂钓鱼场，现能钓到六线鱼、鲈、牙鲆、鲽鱼、星鳗、黑鲷、针带髭鲷和东方鱼屯等。

（三）海岛旅游资源

1. 地文景观。（1）蚀余景观。沿海岛屿大多数呈剥蚀低丘状态，加之一些小型断裂控制，表现形式主要是海蚀崖、海蚀石等。较为典型的有两处，分别是长门岩、小公岛。长门岩为典型的变质岩蚀余山石，整个岛屿呈剥蚀低丘状态，四周被海蚀崖围绕，东海岸受断裂控制，形成了高出海面 30 米~40 米的峭壁，黄、褐、灰等各色岩带相同。潮间带仅有很窄的沙砾分布区。小公岛环岛多峭壁，层状岩带叠起，节理平直，其东岸有宽 50 米、高 30 米的海蚀崖壁。南侧潮沟深 20 米，宽 4 米，东西贯通 50 米。（2）奇特与象形山石。这一类型共有实体 5 处，分述如下："金蟾望月"位于长门岩，一长宽各 3 米扁平岩块伏于海边平台上，头高尾低，状似蟾蜍，岩石中富含云母，看上去金光闪闪。"长门落凤"位于长门岩，一断崖西高东低，长 40 米，青、褐、灰各色岩带相间，与海边一孤岩共同组成"落凤"奇观。"神龟探海"位于长门岩，峭壁上一宽 3 米的岩体向海边倾斜，形似"神龟探海"，颈、背分明。"龟卵石"位于长门岩，崖壁中镶嵌一枚椭圆形灰青色岩石，长 6 米，宽 4 米，因处"神龟"之下，故称"龟卵"。"鳄鱼出海"位于长门岩，海边一高 1 米的倾斜礁柱，至尖处有几条节理，远望似鳄鱼刚刚探出水面。

2. 生物景观。（1）树林。在长门岩生长着野生耐冬，从坡下到坡上呈群团状分布，多为 2 ~ 3 株一丛，平均高 2.5 米，最大树龄 830a，现存490 余株。伴有树种有大叶胡颓子、红楠、小叶朴等。在大公岛岛顶生长着数十株原生朴树，多扎根于岩石缝隙中，树干虬曲，分枝较多，冠幅较大，树叶茂盛。（2）奇花异草。在老公岛、驮篓岛、小公岛和小福岛长有具有一定观赏价值的黄花菜等。

3. 人文景观。（1）社会经济文化遗址。大公岛顶有一古建筑屋框，卷棚房顶，青砖砌成，与周围其他建筑不同，地上红色残瓦上有"青岛祥利窑厂"字样及其英文译名，由此推断当属解放前建筑。（2）军事遗址。大公岛的废弃营房呈阶梯状分布，石阶路由码头直通岛顶，坑道贯穿全岛。（3）塔。沿海岛屿处于进出青岛港的主航道旁，因此灯塔较多，调查了其中的 3 处，分别是大公岛灯塔，双曲线塔身，高 15米，附属一座二层楼建筑；驮篓岛灯塔，塔高 5 米，石砌；小公岛灯塔，现已废弃。

4. 区位优势。由于崂山区海岛分布靠近大陆，依岸展开，相对密集，使海岛发展有沿海城镇作腹地依托，而沿海城镇又有海岛作为前沿基地，构成了广泛的开拓空间。大城市与大岛成掎角之势，优势互补，相得益彰，为海岛的全面开发建设提供了有利的条件。

二、海岛旅游开发的特殊性

（一）海岛旅游的特点

海岛是独立于大陆之外的地域空间综合体，其完整的生态景观系统和独具特色的自然风貌为海岛旅游开发提供了物质基础，其特有的狭小空间地域更是给游客以完整、鲜明、深刻的感知形象，能使游客产生茫茫四海，孤岛如舟的意境。缘于此，以特定的海岛地域空间为范围，凭借岛上特有的生态景观和人文面貌，以满足游客需要为目的而开展的海岛旅游炙手可热。① 众多海岛业已成为世界上著名的旅游热点地区，例如加勒比海群岛、太平洋上的夏威夷群岛等。

---

① 2006 年"五一"黄金周之际，青岛市的海上旅游堪称火爆。5 月 1 ~ 5 日，青岛市海上旅游企业共接待游客 7 万余人次。与此同时，海岛旅游亦是异军突起，5 天累计接待近 6 万人次。灵山岛"五一"前建成接待床位 1000 余张，并开通了直通灵山岛的 5 艘旅游船只，往返输送游客，仅 5 月 3 日就吸引 2000 余人进岛休闲度假。琅琊台周边大小海岛及景区 5 天来共接待游客 4 万人次，同比增长 47%。

海岛特有的自然背景，也决定了海岛旅游同陆地旅游相比有很大差异。具体来看，有以下鲜明特点。

1. 宜人的环境。崂山区海岛为海洋性气候，冬暖夏凉，气候宜人，光照充足，海洋性气候有利于度假旅游；海岛上海浪、礁石、蓝天、白帆，构成一幅幅美丽的图画，日光浴有益身体健康的医学结论更是吸引游客；海岛上的清新空气，海岛由于脱离陆地，空气没有污染，清新的空气加上含量高的负氧离子，对疗养需求的旅游者具有较大的吸引力，由于空气受的污染少，天空显得特别蓝，夜空的星星特别明亮，使得夜晚在岛上散步有一种宁静神怡的感觉。

2. 空间的完整性。狭小的海岛面积。易使人从心理上对海岛产生总体的轮廓印象，形成完整的感知空间从而在某些方面易于产生共鸣。和大陆与世隔绝，使岛上的旅游者从心理上有脱离世俗的感觉，让人获得安宁与平静，或者是带给游客一种永恒的感觉，这对那些想彻底摆脱日常事务缠身的人们具有极大的吸引力。

3. 资源种类丰富。从地理学角度来看，海岛由岛陆、岛滩、岛基和环岛浅海组成。各组成部分之间环境差异明显，对消费者旅游吸引力较强。因此，依托海岛特有的地域空间组合，海岛旅游开发可以提供的旅游产品内容丰富，有利于满足旅游市场的多样化需求。

4. 海岛旅游价格水平相对较高。海岛的基础设施建设落后，导致旅游开发缺乏可以依赖的完备基础。众多旅游设施的建设、游客生活消费资料的运输等注定了海岛旅游开发的高投入成本。而高昂的开发成本最终要由游客承担，因此，海岛旅游的价格水平就相对高于陆地旅游产品。此点在海岛旅游发展前期尤为明显。

此外，由于部分海岛受资源所限而开发的旅游产品比较单一，加之受其所处气候带影响，海岛旅游还存在一定程度的季节性问题。

（二）海岛旅游开发的特殊性

根据崂山区海岛的资源状况和开发程度，其旅游开发的特殊性主要体现在环境、经济两个方面：

1. 海岛旅游开发的自然环境约束。

第一，资源贫乏且单一。虽然许多岛屿有美丽的自然景观、宜人的气候条件，旅游资源丰富；有的岛屿周围的浅海和滩涂，可提供海水养殖，可以发展生态渔业旅游。但是崂山区海岛面积小，蕴藏的资源相对单一，即使有的岛屿有较多的资源种类，也存在资源开发的相互制约。

第二，生态系统脆弱。这主要体现在三个方面：一是海岛土地资源的脆弱性。土地资源是维持海岛生命系统的物质基础之一。但是，由于海岛土壤本身比较贫瘠，同时，由于受海流和海风侵蚀影响远比陆域土地要大得多，因而使得海岛的土地资源显得更加珍贵，一旦破坏，短时间内难以恢复；二是海岛动物资源的脆弱性。海岛本身是一个独立而完整的生态环境地域系，已经形成了各自独立的生物食物链结构。由于海岛的自然环境恶劣，决定了它的生物链十分脆弱和不稳定，一旦某一捕食或供食的生物环节出现短缺，或因某一因素使某一生物出现过多现象，那么整个生态系统将会失去平衡；三是海岛植被群落的脆弱性。由于海岛面积小，结构简单，植物群落多样性程度低，稳定性差。有植被才能有水，无植被就不能有效地保存水分，一旦植被受到损坏，整个海岛的存在就要受到威胁；四是海岛与外界相对隔离，各种资源保有量低，对废弃物的净化能力差，这些都决定了海岛开发的规模不可能太大，虽然通过现代手段可以缓解这一矛盾，但仍然需要较高的建设和运营成本；而且，不适当的过高强度开发将会对海岛环境造成难以挽回的破坏，更非简单的经济成本问题。此外，无居民海岛自然灾害发生较多，海岛周围海域赤潮、台风、地震、海啸等海洋灾害给海岛的开发带来了诸多不利的影响。

2. 海岛旅游开发的经济风险。崂山区 24 个无人海岛上基本没有任何的社会生活服务设施，交通、水、电力、通讯等基础设施建设几乎是空白，海岛旅游开发缺乏可以依托的现实基础。解决这些问题需要大量的资金投入，势必引起海岛开发成本的增加。而高昂的开发成本必然促使各投资开发经营实体更加关注海岛旅游的投入产出分析。同时，海岛地区的灾害性天气影响，不但会严重破坏岛上的地质生态环境，而且会带来海岛旅游开发的风险，若要全面提升海岛设施的抗灾能力，最大限度地减小潜在自然灾害所带来的不良后果，海岛开发建设必须广泛采用先进科学技术。高昂的开发成本和高度的开发风险，必然要求高度关注海岛赢利能力和风险扩散能力的培育。赢利能力如何培养、风险扩散体系如何构建，构成了海岛旅游开发不可回避的经济问题。

3. 海岛旅游开发的文化约束。旅游目的地产品开发和营销过程中，文化因素占据着重要地位。任何旅游地均具有自身特有的自然地理面貌，加之多见诸于旅游规划中的"文脉"——人文历史分析，二者共同构筑了特定旅游地规划开发的研究基础。而文化又是在漫长的历史进程中演化形成的，它不仅表现为静态可观的物质文化（如建筑、服饰、工具、产品、历史遗迹等），还表现为动态可以感受的社会生活习惯和风尚（如节庆、庙会活动等）。海岛地区文化形态有着其自身的发展脉络，在历史的进程中形成了独特的社会文化结构。但与人类活动历史久远的大陆地区相比，大部分海岛人类活动历史短暂，由此造成岛上遗留下来的历史文物遗迹、特色建筑、节庆活动等数量稀少。总体来看，除个别海岛外，海岛地区整体文化水平普遍相对较低，文化底蕴薄弱，由此不可避免地形成了海岛旅游开发的文化约束。所以，如何营造有别于大陆文化特色的海岛旅游文化内容，对于海岛旅游开发有着重要的价值。

三、海岛旅游开发的原则

（一）存在的问题

海岛旅游资源的特殊性决定了海岛旅游开发必须走可持续发展的道路，使有限资源得到公平、合理、有效和循环利用，实现保护与开发并重的可持续发展目标。综合一些地方发展海岛旅游业的情况，在海岛旅游业的发展过程中，主要存在以下几个问题：

1. 不合理的旅游开发建设。近年来，一些海岛旅游景区的开发多从大兴土木，建设别墅、商店、游乐场等人造景观开始。为了兴建旅馆和度假村，一些海岛的部分石质山体被开采用作建材，致使海岛自然风光受到损害；旅游设施建设遗留下来的土砂和大量人工垃圾沉积在海岛及其周围海域，使海岛和海洋环境遭到严重破坏；由于缺乏规划，一些新建的高大建筑物耸立在海岸地区，破坏了海岛和谐优美的自然轮廓。这些不合理的开发建设同时还加剧了海岸侵蚀，改变了海岸的水文动力条件和其他理化条件，给海岛旅游环境造成严重危害。

2. 超环境容量的旅游活动。一些海岛在发展旅游业时，不顾自身环境容量的限制超规模接待游客，不仅加剧了海岛的环境污染，也给海岛资源、设施和服务带来明显压力。旅游者要消费大量高质量的食品和商品，耗费大量饮用水和燃料等，而多数海岛的水资源、能源资源和食品都相当匮乏；过量的旅游者与海岛基础设施和污水处理、垃圾处理等系统的不匹配，构成对海岛基础设施和旅游设施的压力，增加了对海岛自然资源与环境的附加需求。在此情况下，势必导致海岛旅游质量逐渐下降和岛屿旅游优势消失，并对海岛旅游可持续开发构成潜在的威胁。

3. 严重的环境污染。由于设备缺乏、管理不善和环保意识差等原因，一方面引起旅游环境直接恶化：过量污水排海使海水水质明显下降，固体废弃物和油类污染使海滨肮脏不堪；另一方面各种污染物的入海致使海洋生态环境严重恶化，海洋中有害藻类急剧繁殖，海洋生物的多样性受到影响，海洋生物资源的观赏价值下降。

（二）　遵循的原则

1. 开发与保护并重。与陆地相比，海岛生态环境更为脆弱，自然条件如动植物多样性保护、环境容量、淡水资源等客观上限制了海岛旅游开发的层次和规模。旅游资源的开发必须严格遵循生态环境保护的原则和规律，通过科学的规划、合理的投资建设以及对旅游活动和经营管理的严格控制，把旅游的消极影响控制在维持海岛现有生态系统良性运转和环境质量不会降低的程度。为此，须将海岛环境观念有机地融入海岛旅游开发的政策中。海岛设施建设尽可能使用可循环材料，提高资源使用效率，使废物最少化；禁止经营者和游客采集稀有的海洋动植物物种；对旅游活动产生的大量垃圾要做好环保处理。同时，要降低旅游交通工具对海岛环境的不利影响。

2. 科学规划先行。岛屿旅游应积极导入 ISO14001 国际环境管理标准，制定综合性开发保护政策，依法制约和规范旅游管理机构、岛上企业和游客行为，有重点、有步骤地促进海岛旅游的合理开发。同时，应加强统一领导和规划，积极协调近期与长远、局部与重点、重点和一般的关系。在加强重点旅游区和旅游精品项目规划的同时，积极贯彻系统设计、逐步开发的思想，以主要岛屿为中心，向外围岛屿梯次拓展，逐步形成海岛旅游开发的网络状布局，充分发挥各岛群旅游资源的比较优势，实现规模效益。

3. 过程监测和后评价。建立海岛旅游资源和环境数据库、信息库，为海岛旅游资源与环境评价、海岛旅游资源开发提供依据。依据相应的环境和效能标准，对海岛旅游活动的环境影响、海岛旅游产品的推广效果和质量、各类行为对环境造成的压力，以及海岛旅游开发对社会经济和生态的综合影响，进行全过程的监控和评价，并对评价产生的数据库定期更新，作为制定和修正海岛旅游规划的依据、评价各类开发活动的评价标准和尺度。

4. 合作分工、海陆互动。崂山区各岛群旅游开发要坚持合理分工原则，明确并强化各岛群的旅游特色吸引力，开发充分利用各岛群旅游资源优势的特色产品，以实现崂山区海岛旅游产品开发的良好分工。同时，各岛群还应据其域内资源组合的多样性特征，积极确定各海岛的旅游开发方向并进行功能定位，避免同一空间尺度内旅游产品的重复建设，杜绝资源浪费现象。另外，海岛的自我维持和自我调节能力差，海岛旅游的成功开发，离不开近海大陆城镇社会经济系统的有效支持，要积极探索隔海两地旅游的合作开发，将海岛旅游作为滨海和崂山旅游产品的延伸与补充，要与滨海旅游、崂山旅游形成产品互补的分工合作。

四、海岛旅游开发策略

（一）市场定位

居民收入水平提高和闲暇时间的增加，旅游市场需求呈现出多样化、细分化特征，海岛旅游产品需求有逐步增加的趋势。加之，青岛经济外向度强，与韩日经贸联系较为紧密，以韩日为主，港澳台及东南亚地区次之的国际旅游市场发展稳定，有利于体现崂山区现有的产业发展、城市形态改造优势，拓宽海岛旅游的国际市场。

1. 国内市场。从地域层次来看，崂山区海岛国内旅游市场开拓可分为三个层次：（1）基础核心层——省内市场、京津地区和"长三角"地区。省内市场距离近，交通便捷，是崂山区海岛旅游发展的基础市场，京津地区和"长三角"地区城市化水平高，居民收入和闲暇时间充足，出游率高，是国内最重要的旅游客源地。（2）省外周边扩展层——省外周边城市市场、珠江三角洲市场和辽东半岛地区。随着国民宏观经济的快速增长、居民收入的提高和闲暇时间的增多，山东省周边的江苏、安徽、河南、陕西、山西、河北，内蒙古等省的大中城市市场对海岛旅游的需求会有很大增加，是崂山区海岛旅游业的重要潜在市场。（3）广域化发展层——国内其他区域，受空间距离因素影响，是崂山区海岛旅游业的机会市场，但需求有限。

2. 国际市场。崂山区海岛国际旅游市场开发，近期应以日、韩市场为主体。二者从地缘来看，距离崂山区岛群较近；从经济联系来看，日、韩与崂山区商贸往来较为紧密，有国际航线开通，来往便利，商务加度假的旅游发展模式潜力巨大；从需求来看，两国经济较为发达，居民出游率高，消费水平高；从供给来看，崂山区海岛资源种类较多，组合多样化，可以开展渔业旅游、海岛度假、科研探险、康体休闲等多项旅游活动。中长期来看，崂山区海岛国际旅游市场的开拓，应在巩固强化日本和韩国市场的同时，积极开拓俄罗斯远东地区、东南亚和欧美市场。俄罗斯远东地区冬季时间长，气候寒冷，国民有夏季去海滨度假的传统。90 年代后半期以来，每年都有相当比例的俄罗斯旅华游客涌向海滨度假地。东南亚当地的气候特征和文化与崂山区均有较大差异，崂山区海岛旅游系列产品的开发和完善，对东南亚地区的散客市场将具有很大的吸引力。随着我国与欧美国家的经贸联系将更为频繁、更加紧密，欧美来华商务客人和散客市场将大量增加，身处温带气候区的崂山区海岛有望以其独特魅力，成为欧美来华游客旅游观光度假的新兴目的地。

（二）产品开发

1. 海岛渔业旅游。海岛渔业旅游将渔业的生产、生活、生态三者合为一体，具有高效、高值和无污染（包括视觉污染）的特点。包括的内容有，海岛文化、观光休闲、旅游环保、集约化养殖、科普教育等。崂山区小福岛、大福岛、长门岩岛等岛屿周围水域自然生长的鱼类和海珍品比较丰富，具有发展海岛渔业旅游的基础。

（1）休闲渔业旅游。自 20 世纪 90 年代以来，美国休闲垂钓者人数占 16 岁以上人口的比例高达 18%，消费总额达 387 亿美元，创造 120 万个就业机会，休闲渔业的总产值已超过传统捕捞渔业，占到整个渔业产值的 60%；日本以及东南亚等国早把休闲渔业与旅游业有机结合起来，形成了形式多样、广纳客源的游钓业；我国台湾也是休闲渔业蓬勃发展较早的地区之一，近年来我国深圳、广州、上海等沿海城市，休闲渔业亦走在前列。

（2）无公害渔业和高科技渔业旅游。国际上通常通过建立天然渔场保护区、海岛特别保护区，发展无公害渔业和高科技渔业旅游，其中人工鱼礁发展最为成熟。人工鱼礁是在海底构建鱼类休憩场所，增殖渔业资源，并借此发展游钓等旅游项目。它是一个强国富民、修复海洋、恢复增殖、拦蓄鱼类资源的集生态、环保于一体的富民工程。[①] 人工鱼礁在我国刚刚起步，但发展很快。广东、福建、浙江、江苏等省市，都已率先投入巨资，购废船、混凝土构件、废轮胎等成为镂空构件，托运沉没于 60 米等深线以内渔场海区，在海底形成数千乃至数万立方米的立体堆积物，为各种海洋生物和鱼类繁衍后代提供了安全场所。这些安全的庇护所和复杂坚固的掩蔽物形成物种的多样性和食物链，在每座大型人工鱼礁周围，都会拦蓄、增养出众多鱼类资源。

2. 海岛科考游、探险游。海岛自然景观生态各异，与陆地相比，更能激发现代人科考、探险的欲望。从崂山区的情况看，因岛制宜，开展对海岛本身景观、生态影响不大的科考游、探险游是可行的。但相应的服务、保障设施应当跟上。例如，小麦岛及其周围海域，面积约 3 平方公里，区内海域有不同的底质及水动力状况，该岛的水文观测站有较好观测试验条件和较长观测时间序列记录资料。

3. 海岛度假游。度假游是当今旅游市场的高端旅游项目，相对于传统的观光旅游，它对环境的影响小、效益高，是旅游业的发展的热点。就无人海岛而言，其特殊的地理区位和独特的自然环境决定了其非常适合作为度假旅游目的地。另外，随着海岛度假游的进一步发展，有可能进一步派生出海岛景观房产游。[②] 海岛度假房产景观开发过程中应充分考虑其所处的周边环境，营造相应的氛围，力求在造型、选材、用料和装饰上新颖别致、富有个性，而且能够与周边环境景观达到很好地协调与融合，突出海洋文化的特色，营造一个轻松和谐、返璞归真的自然环境，吸引更多的度假旅游者。

4. 海岛康体休闲旅游。康体休闲活动按其对环境冲击程度的大小可以分为三类：强烈的活动、适度的活动和限制的活动。强烈的活动具有较高的使用密度和频率，需要借助一定的设施，活动强度大，并伴随一定的噪声等。在我国应限定在一定的范围内集中使用。适度的活动是相对合适的使用密度和频率，并需要借助一些小型、轻便设施，限制的活

---

① 据测算，在渔场每投放 1 立方米人工鱼礁，比不投放每年要增加 10 公斤渔获量。另外，人工鱼礁也为休闲旅游业的开展提供了广阔的发展空间。

② 购买景观房产的人在一年的一定时候选择合适时段来此度假旅游，因此，度假旅游与景观房产开发是两位一体的开发模式。

动是指和环境的接触主要表现为视觉上的联系以及一些特殊的活动，如科学考察等（见表 7-1）。

表 7-1 　　　　　　　　海滨不同空间位置与康体休闲活动设计

项目	海滨不同的活动空间									活动类型		
	临海腹地	海岸				海面	海中	岛屿		限制	适度	强烈
		断崖	岩礁	沙滩	护岸							
海水浴				△								△
游艇					△	△						△
舟钓					△	△		△			△	
岸钓			△	△	△						△	
生物采集	△	△	△	△				△				△
休疗养	△							△			△	
野营	△							△				△
风景探胜	△	△	△					△			△	
海中探胜							△				△	
参观游览	△						△	△				△
冲浪						△					△	
高尔夫	△							△			△	
儿童游戏	△			△				△			△	
自然保护区	△	△	△				△	△			△	
野外漫游	△							△			△	

注：有△表示在此海岛海滨位置适宜于开展此种康体休闲活动。

随着收入水平的提高，人们对康体休闲活动的需求快速增长，越来越多的人把旅游度假和体育活动结合在一起，在体育活动中实现放松和休闲的目的。但海岛资源独特，其休闲体育活动与陆地有很大差别，必须加强政府的监管；在产品设计上，应充分利用崂山区的山、水、岛旅游资源种类丰富的优势，开发系列化的旅游产品，使海岛、海岸和崂山的休闲产品互补联合，吸引更多具有不同要求的游客，让游客在崂山区就可以体验到性质不同、风格迥异的体育活动，以实现更大满足感。

5. 生态旅游。生态旅游是指以大自然为基础，涉及自然环境的教育、解释与管理，使之在生态上可持续的旅游。随着生态环境的恶化，人们对生态旅游的需求潜力巨大，尤其是海岛生态旅游由于具有原生性、神秘性和独特性，更具有魅力。从表 7-2 中的对比可以看出，生态旅游的特点是资源的可持续利用，强调旅游开发的长期利益和收益分享，把旅游活动控制在环境可承受的范围之内。

表 7 – 2　　　　　　　　　　生态旅游与传统旅游的对比表

	传统旅游	生态旅游
目标	利润最大化 价格导向 享乐为基础 文化与景观资源的展览	适宜的利润与持续维护环境资源的价值 价值导向 以自然为基础的享受 环境资源和文化完整性展示与保育
受益者	开发商和游客为净受益者 地方的受益与环境代价相抵所剩无几或入不敷出	开发商、游客和地方分享利益
管理方式	游客第一，有求必应 渲染性的广告 无计划的空间拓展 分片分散的项目 交通方式不加限制	自然景观第一，有选择地满足游客要求 温和适中的宣传 有计划的空间安排 功能导向的景观生态调控 有选择的交通方式
正面影响	创造就业机会 刺激区域经济增长，但注重短期利益 获取外汇收入 促进交通、娱乐和基础设施的改善 经济效益	创造持续就业的机会 促进经济发展 获取长期外汇收入 交通、娱乐和基础设施的改善与环境资源保护相协调 经济、社会和生态效益的融合
负面影响	高密度的基础设施和土地利用问题 产生的大气污染问题 水边开发导致水污染问题 乱扔垃圾引发地面污染 旅游活动打扰生物的生活规律	短期内，旅游数量较少，但趋于增加 多数情况下，不允许使用机动车 水边廊道建设阻碍了水边的进一步开发 要求游客将垃圾分类收集 游客的活动必须以不打扰当地居民和生物的生活为前提

表 7 - 3　　崂山区辖区内各个海岛基本情况一览

序号	名称	地理坐标（北纬/东经）	面积 m²	岸线长度 km	海拔	物质组成	植被状况
1	兔子岛	36°16′27.3″ 120°42′49.6″	5.05×10^4	0.93	29.7	五莲群变质岩，基岩，表层棕壤	山草等
2	马儿岛	36°13′55.8″ 120°48′54.7″	1.97×10^5	1.84	59.4	五莲群变质岩，基岩，表层棕壤	刺槐及草地等
3	狮子岛	36°13′43.7″ 120°43′57″	3.60×10^4	0.70	37.7	五莲群变质岩，基岩，表层棕壤	绵条和山草
4	西屿	36°13′41.9″ 120°43′43.7″	8.73×10^3	0.53	25.1	五莲群变质岩，基岩，少量土层	少量山草
5	女儿岛	36°12′46.8″ 120°44′24.8″	1.77×10^4	0.68	33.3	中生代侵入花岗岩，蘷岩，土层较薄	草类
6	南屿	36°12′39.9″ 120°44′28″	6.20×10^3	0.5	16.0	中生代侵入花岗岩，基岩，无土层	无
7	长门岩北岛	36°10′46.4″ 120°56′48.7″	1.11×10^5	1.47	84.7	五莲群变质岩，沙壤土层	耐冬著称，大叶胡秃子、松，刺槐，冬青等少量杂草，覆被面积20%
8	七星岩	36°10′39.1″ 120°56′56.7″	4.87×10^3	0.3	36.1	五莲群变质岩部分沙壤土层	少量杂草，覆被面积20%
9	长门岩南岛	36°10′23.9″ 120°56′42.5″	3.12×10^4	0.95	53.1	五莲群变质岩，沙壤土层	黄花菜，山茅草等，覆被面积60%
10	西砣子	36°10′23.5″ 120°56′33.3″	1.73×10^4	0.74	28.2	五莲群变质岩，沙壤土层	黄花菜，山茅草等，覆被面积50%
11	老公岛	36°05′56.2″ 120°37′00.1″	3.01×10^4	1.14	49.5	白垩系青山组火山岩表层棕壤	山草，黄花菜等面积60%
12	小福岛	36°05′46.4″ 120°34′29.7″	1.36×10^4	0.58	10.6	白垩系青山组火山岩，表层棕壤	山草，黄花菜等，覆被面积60%
13	大福岛	36°05′41.3″ 120°34′51.3″	5.84×10^5	5.83	87.5	白垩系青山组火山岩，表层黄沙土壤	松，柞，刺槐，石竹子等，覆被面积80%

续表

序号	名称	地理坐标（北纬/东经）	面积 m²	岸线长度 km	海拔	物质组成	植被状况
14	驼篓岛	36°04'43.9" 120°35'02.6"	9.40×10^3	0.52	17.0	白垩系青山组火山岩、裸露岩石	无
15	赤岛	36°03'55.2" 120°27'41.1"	1.65×10^4	1.29	8.1	花岗岩基质、裸露赤色岩石	无
16	小麦岛	36°03'13.3" 120°25'31.5"	1.60×10^5	2.32	30.7	花岗岩基质、表层覆土	树木、草地部分农田
17	冒岛	36°11'08.4" 120°18'47.2"	1.97×10^4	0.76	11	南部岩礁、北部沙质	以杂草为主
18	小公岛	36°59'45.1" 120°35'03.6"	1.21×10^4	0.54	34.0	胶南群变质岩、石质多片麻岩，含云母、土层较厚	山枣、黄花菜等、覆被面积80%
19	小公南岛	35°59'41.5" 120°35'05.2"	1.07×10^4	0.51	23.1	胶南群变质岩、石质多片麻岩，含云母、土层较薄	野山参、山茅草等、覆被面积40%
20	小屿	35°57'46.5" 120°28'46.4"	1.13×10^4	0.61	41.9	侏罗系莱阳组砂、页岩及砾岩、基本无土层	基本无植被
21	大公岛	35°57'36.5" 120°29'31.8"	1.56×10^5	1.93	120.0	侏罗系莱阳组砂、页岩及砾岩、风化沙土层较厚	草木丛生、主要有松、刺槐、山草等
22	太平角	35°53'42.6" 120°52'54.2"	1.02×10^4	0.71	26.1	基岩裸露、无土层	
23	潮连岛	35°53'33.7" 120°52'32.3"	2.46×10^5	4.15	68.8	基岩裸露、局部土层很薄	少量松树及草类
24	西山头	35°53'20.7" 120°52'08.3"	2.27×10^3	0.22	13.5	基岩裸露、无土层	
25	牛石栏	120°45'31.52" 36°25'0.52"	2.74×10^3	0.820		花岗岩	遥感影像上能辨别岛上有植被生长
26	处处乱	120°32'52.35" 36°05'42.90"	6.5×10^3	0.15	7.2		无树

注：因为有两个岛屿虽然地处于崂山区的海域中，但从管理属地来讲，它们不属于崂山山区。所以，我们通常将崂山山区的海岛称为24个，而不是26个。

第八章

城市近郊失地农民补偿与
政策体系设计

由于城市化发展或交通基础设施建设等占地而产生的大量失去土地的农民，我们称之为失地农民。由于农民失去土地而产生的征地补偿问题、养老、医疗、教育等社会保障问题、再就业问题以及农民失去土地后的心理不适等问题，我们称之为失地农民问题。伴随城市化进程的加快，农民失地尤其是城市近郊的农民失地是一个不容回避的现实问题。这一问题解决得好与坏，直接关系到和谐社会建设的任务能否完成，关系到社会稳定和经济与社会的可持续发展。因此，必须给予高度关注。

一、失地农民产生的背景

由失地农民利益受损而衍生出的失地农民问题主要缘于以下原因：

第一，现行土地制度存在缺陷。现行法律规定，我国土地分为国家和集体所有两种形式，农村土地归村民集体所有，但政府拥有处置土地所有权的绝对权力，可强制征用集体土地，而集体组织禁止购买国有土地，也不能将集体非农用地进入市场流通。这实际上赋予了政府在土地征用上的绝对垄断权，农地归村民集体所有是虚置的，集体充其量是农地的"经营、管理者"。同时，农村土地归集体所有存在着所有权代表和执行主体之间界限不清晰的问题，农地既可以为村（组）集体所有，也可为乡镇集体所有，导致在实际征地过程中经常发生执行主体相冲突的现象。

第二，现行的补偿制度不合理。《中华人民共和国土地管理法》规定，"征用土地的，按照被征用土地的原用途给予补偿。征用土地的补偿费用包括土地补偿费、安置补助费以及地上附着物和青苗的补偿费。征用耕地的土地补偿费为该耕地被征用前3年平均产值的6～10倍。征用耕地的安置补助费，按照需要安置的农业人口数计算。每一个需要安置的农业人口的安置补助费的标准，为该耕地被征用前3年的平均产值的4～6倍"。现行的农地占用补偿，基本上就是按此执行的。实践证明，这种补偿制度是极不合理的。我们可把土地的价格分为两类，即收益价格和市场价格。收益价格＝产值/利率，按收益价格对失地农民进行补偿，严重侵害了农民利益，原因有二：一是以产值作为征地补偿标准严重偏低；二是征地补偿标准未包含土地的增值部分。农地一经占用后，其用途的改变通常会导致地价飙升。正常情况下，应按市场价格制定征地补偿标准。但是，事实上，在制定征地补偿标准时却没有考虑到土地增值因素。

第三，失地农民生存问题没有相应的制度设计。按目前的补偿制度，征用多少地，就按照标准补偿多少，没有考虑到失地农民未来生存可能出现的问题，也就是说目前的这种制度是一种被动型保障制度。而当前的失地农民大都处于城郊地区，他们失去土地后，就意味着失去了一切。按照相关的补偿标准补偿后，仍然会存在着极大的生存问题，他们对未来的生活还是没有把握。

第四，政府对土地征占监管不力。我国目前实行的是"条块结合，以地方政府为主"的土地管理体制。在这种体制下，土地管理部门只能是同级政府的办事机构和同级政府意志的执行者，不可能对同级政府的违法占地行为进行有效制约。以农民土地流失最为严重的开发区占地为例，全国五六千家开发区，由各级政府、各个部门分别设立和管理，但从全国来看还没有一个统一的负责管理开发区建设的部门，对开发区土地的规划、审批、总量控制缺乏有效的协调与监管。国家土地局成立以后，在土地利用管理方面做了两点重要改革：一是在全国范围内组织编制土地利用总体规划；二是对非农业占地实行年度总量控制。这在宏观上起到了一定的约束作用，但是，这只是用一种新的政府行政管理方式，取代了另一种计划管理模式，显然不可能彻底完成市场经济条件下土地利用管理模式的转变。近几年，国务院也出台了一系列保护农民耕地，规范土地市场，严禁乱批、乱占土地，以及保护失地农民利益的法规、条例和政策措施，也查处了一批土地违法违规事件。但由于相关的土地征占的法律法规不健全，无法可依，有法难依，影响了各级政府查处土地违法违规的执法力度。

第五，政府自律行为缺失。在现有体制下，一些地方政府官员在畸形政绩观驱使下，利用现行征地制度的不足和其掌管征地的主导权，把土地当做第二财政，以地生财，赚取"快钱"，从而出现了"低征高卖"现象，即一方面用计划经济时代办法低价征用土地，不管是由于公共利益需要的征地，还是经营性的征地，政府一律以低价强制征用农民土地。在征地过程中，又不尊重农民的知情权，对失地农民补偿标准过低且不能完全到位。尽管这样，政府还想减少给失地农民的补偿安置费，甚至出现了在同一时间征地、同一地域征地、征同样面积的土地，安置政策不同的现象。另一方面，用市场经济的手段高价供地，这就形成了征地越多，所获得土地的收益就越大，用土地牟取暴利，已经成为一些单位和个人"寻租"的手段。这也是"圈地风"愈演愈烈的主要根源。据国家有关统计资料显示，征用农地的土地收益分配格局是，政府占60%～70%，村级组织占25%～30%，农民仅占5%～10%。

第六，农民处于信息劣势地位。对农民土地的征用过程中存在着以政府或利益集团为代理方、以农民为委托方的社会契约关系。这个社会契约的代理成本产生的原因：一是委托人与代理人各自的最大利益存在差异。代理人即政府或利益集团的决策往往并不体现委托人即农民的最大利益，两者之间的差异部分就是名义上拥有土地资本占有权的农民实际付出的成本；二是委托人与代理人各自对信息的占有上存在差异。信息拥有量的多少，除了需要付出必要成本以外，还取决于委托人收集信息的动力。动力的大小则取决于产权是否明晰，对委托人即失地的农民来说，如果他所委托的产权是明晰的，他就能从对产权的委托中获得明确的合理预期，其合理预期越高，动力也就越大。但现实中正是由于地权主体的缺失，土地产权的模糊化，使作为委托人的农民对自己名下的承包地，缺乏支配与处置权，从而也就缺乏收集信息的动力。作为代理方的政府是非人格化的机构和公共权力的主体，利益集团又占有经济上和信息上的优势，加之双方合谋产生的"寻租"活动，为了实现各自利益最大化的目标，往往就不会顾及失地农民的利益。另外，在与政府或利益集团结成的这个特殊的社会契约关系中，农民不仅处于信息上的劣势，也处于权力上的劣势，致使他们在以初始信息差别为条件的信息交流过程中，根本无法也无力监控政府或利益集团的行为。这样，难免会形成"逆向选择"和"道德风险"。代理人很容易向委托人隐瞒事实来谋求自身利益，使本身已处于不平等谈判地位的农民，处于更加不利的境地。因此，处于信息劣势地位的农民，面对强大的地方政府和利益集团对土地的极力攫取，失去土地也就在所难免了。

二、失地农民问题的严重性

（一）农村土地的基本社会功能

1. 就业岗位。对我国农民来说，提供稳定的就业机会一直是耕地的一项重要功能。由于我国的城市化水平比较低，长期以来一直存在农村劳动力大量过剩，而城市工商业发展程度又无法吸纳庞大农村剩余劳动力。因此，农村耕地不仅是农民的生产资料，还是他们实现就业的重要保障。近年来，随着户籍管制放松和城市制造业对廉价劳动力的需求，越来越多的农村人口到经济比较发达的城市打工，形成了庞大的外出打工大军，农村土地的就业功能似乎有弱化趋势，但在相当长的时间内，种地还是大多数农业劳动力的主要就业渠道。

2. 经济收益。土地的经济收益功能主要体现在种植业给农民带来的收入，以及一些土地租赁的收入。农村土地经济收益的基本功能是由土地就业岗位的功能决定的，土地就业岗位的功能决定了其经济收益的社会功能。同城市相比，我国多数农村家庭拥有的可赢利性资产很少，且对其最大的资产土地没有所有权，不能通过转让土地来获取收益。因此，多数农村家庭的财产性收入很少。由于财力所限，现阶段针对农村的救济金和退休金等财政补贴金额并不高，而且覆盖的农村家庭比例也比较低，农户的转移性收入还比较少。这就决定了当前农民家庭收入的主要来源是就业收入，即经营土地所获取的收益，拥有耕地的使用权是农民能够获取稳定经济收益的保障。

3. 社会保障。土地的社会保障功能体现在 4 个方面：一是土地提供给劳动者足够的食品，绝大多数农民通过经营土地来获得收入以维持基本生存和需要。二是土地收入能提供养老保障。在农村，老年人在丧失劳动能力后可以将土地交给其他家庭成员经营，也可以通过土地流转来获得一定租金收入用于养老，土地因而成为一种有效的养老保险工具。三是土地为村庄提供公共物品。大部分村庄都留有一定数量公地用来为村民提供公共物品，甚至为困难村民提供一定救济。四是土地能起到失业保险作用。那些从事非农生产的农村劳动力在遭遇就业挫折时可很容易地退而务农。土地起到失业保障的作用。

（二）农民失地后带来的问题[①]

1. 法定征地补偿不足以解决失地农民的长远生计。土地是农民赖以生存的物质基础和经济来源。长期以来，农民祖祖辈辈靠土地生活着。一旦土地被征用，土地补偿费便成为失地农民维持生活的"保命钱"，应该能为失地农民解决后顾之忧。但是，按照目前我国的《土地管理法》规定，征用耕地的土地补偿费的计算方法，农民获得的土地补偿在每亩几千元到两万元不等。参照现在的物价水平和生活标准，这些钱对于农民今后的生活无异于杯水车薪。

2. 部分农民失地又失业，总体收入水平下降。在市场经济条件下，企业拥有员工招聘的完全自主权，劳动力市场采用双向选择方式，政府的干预力量大大降低。所以，目前失地农民的安置以货币安置为主，就业安置一般不被政府列入计划。农民失地又失业，直接导致了失地农民总体收入水平下降。

3. 养老、医疗、教育等社会保障问题得不到解决，生活风险凸现。在城乡分割的二元结构下，土地是国家赋予农民社会保障的载体。由于没有得到合理的征地补偿，再加上安置办法比较单一，农民一旦失去土地，就丧失了拥有土地所带来的社会保障权利。同时，由于多数地区的失地农民不被纳入城市社会保障体系，失地农民在就业、住房、医疗、子女受教育等方面得不到与市民同等待遇，甚至受到歧视，很可能沦为新的城市边缘群体，在城市生活中面临着巨大风险。

4. 失地农民心理不适。一个国家的城市化、工业化不仅包括这个过程中土地的失去，还包括农民要从心理上普遍接受城市文化，在思想观念、行为方式上与城市化进程相适应。失地农民由于生产生活方式的改变，传统观念和现代观念的猛烈碰撞，会造成剧烈的冲击，导致他们心理上无所适从，这一心理状态是群体性的，在特定的时候，就有可能激发为集群行为，影响社会稳定。

[①]　目前，国内失地农民总数约 3500 万人，他们多数没有稳定工作。按我国现有的城市化速度，每年还将有 300 万农民失去土地成为新的失地农民。如果不采取有力措施，失地农民问题会变得更严重。

（三）研究失地农民问题的意义

1. 城市化、工业化也是解决我国"三农"问题的根本出路，征用部分土地，不仅是历史发展的必然。但目前很多地区政府强制性征地、克扣法定补偿、推诿就业安置，征地补偿安置费分配混乱，村级留用资金管理失控，也反映出许多地方政府以牺牲农民利益发展城市化、工业化和现代化的错误观念仍十分顽固。据统计，我国目前的上访人数中，失地农民占60%。上访的失地农民大多是为了就业和安置问题，有的产生了对政府的不信任或不满，对社会治安和稳定带来了许多的隐患。

2. 失地农民问题关系到构建和谐社会的进程，只有进一步改革和完善土地征用制度，切实维护集体土地所有者的合法权益，科学、合理制定征地补偿安置政策，才能保障失地农民在就业、养老、生产、生活等方面的利益和出路以及促进工业化、城镇化进程健康有序发展。否则，势必影响到我国现代化的进程。

3. 失地农民问题是"三农"问题的核心所在。加快城市化发展，鼓励农村富余劳动力向非农产业转移，逐步实现工业与农业、城市与乡村的良性互动是解决我国"三农"问题的根本出路，国家正在不断推进农村的城市化进程，在这个过程中，要充分认识到失地农民问题的严峻性，防止失地农民成为新的弱势群体，保证他们的可持续发展，才能真正解决"三农"问题，才能对农业和农村经济结构进行战略性调整，为农村经济发展开拓新空间，为农民增收开辟新途径，提高我国农业的竞争力。

三、现行征地与补偿制度的缺陷

（一）现行征地制度的缺陷

1. 征用范围的界定不够明确。在《宪法》中和《土地管理法》中都规定了征地的前提是为"公共利益"需要。但对于"公共利益"却没有一个明确界定。《国家建设征用土地条例》第2条提及"公共利益"，也仅是说"凡国家进行经济、文化、国防建设以及兴办社会公共事业，需要征用集体所有的土地时，必须按本条例办理"。而《土地管理法》中却又规定，"任何单位和个人进行建设，需要使用土地的，必须依法申请使用国有土地"，"依法申请使用的国有土地包括国家所有的土地和国家征用的原属于农民集体的土地",从而将《宪法》规定的征地范围从"公共利益的需要"扩大到包括非公共利益需要的一切用地项目。

由于我国现行法律对征地目的、征地范围的规定过于笼统,在实际操作中,不论是国家公益性建设项目,还是经营性项目,或者是房地产开发项目,从国家重点建设用地到个体企业用地,占用集体土地一律动用国家征地权,远远超出了"公共利益"的范畴,很容易使有关的利益主体打着"公共利益"需要的幌子,随便征用土地,使广大的城郊农民无缘无故地大量失地,造成了社会不稳定因素。

2. 征用程序不够完善。目前,我国尚无专门的土地征用法,我国土地管理部门中也未设立专门裁决征地过程中出现的争议的部门,以及矫正土地征用双方行为的监督机构。而且被征用土地的所有者未能将征用土地的补偿费的收支状况公开公布,接受监督。具体来讲,土地征用程序方面存在两个问题:一是现行土地征用程序基本上是内部程序。已有的征地与补偿安置公告、补偿安置方案、听取意见等也都是事后程序,难免流于形式。土地征用过程中老百姓几乎没有什么发言权。即使已有"两公告一登记"(征用公告、补偿公告和登记费登记)制度也很难加以落实。这既导致相关权利人缺乏参与、申辩机会,社会舆论无从监督。此外,现行土地征用立法中对裁决征地纠纷的规定过于原则,往往导致纠纷无法解决,失地农民告状无门。即使法院受理,由于征地制度本身的缺陷,老百姓也很难胜诉,其正当权益也很难得到维护。

3. 没有充分尊重农民的土地财产权利。农村土地集体所有,就是以村为单元的所有农民共同所有。对此,《农村土地承包法》第12条规定,"农民集体所有的土地依法属于村农民集体所有的,由村集体经济组织或村民委员会发包"。这就进一步明确了农村集体经济组织是农村集体土地的所有者,而农民是集体经济组织的成员。任何个人和组织拥有某项财产权利,他就相应地应拥有对该项财产的使用、收益和处分权。但现行征地制度下,在承认集体经济拥有农村集体土地所有权的同时,在征地时又剥夺了集体的土地拥有的所有权及其使用权、收益权和处分权,农民的合法的承包权也没有得到保障,使农村的土地集体所有权虚置,土地所有者利益得不到充分保障。

(二) 现行征地补偿制度的缺陷

我国的《宪法》对于征地补偿有明确的规定,"国家为了公共利益的需要，可以依照法律规定对土地实行征收或者征用并给予补偿。"但对于具体的补偿机制缺少相关的规定。《中华人民共和国土地管理法》第47条规定："征收土地的，按照被征收土地的原用途给予补偿。征收耕地的补偿费用包括土地补偿费、安置补助费以及地上附着物和青苗的补偿费。征收耕地的土地补偿费，为该耕地被征收前3年平均年产值的6~10倍。征收耕地的安置补助费，按照需要安置的农业人口数计算。需要安置的农业人口数，按照被征收的耕地数量除以征地前被征收单位平均每人占有耕地的数量计算。每一个需要安置的农业人口的安置补助费标准，为该耕地被征收前3年平均年产值的4~6倍。但每公顷被征收耕地的安置补助费，最高不得超过被征收前3年平均年产值的15倍。征收其他土地的土地补偿费和安置补助费标准，由省、自治区、直辖市参照征收耕地的土地补偿费和安置补助费的标准规定。被征收土地上的附着物和青苗的补偿标准，由省、自治区、直辖市规定。征收城市郊区的菜地，用地单位应当按照国家有关规定缴纳新菜地开发建设基金"。"依照本条第2款的规定支付土地补偿费和安置补助费，尚不能使需要安置的农民保持原有生活水平的，经省、自治区、直辖市人民政府批准，可以增加安置补助费。但是，土地补偿费和安置补助费的总和不得超过土地被征收前3年平均年产值的30倍。"仔细研究《宪法》和《土地管理法》的有关规定，可以发现，现行土地补偿制度存在严重缺陷。

1. 土地补偿制度的滞后。

（1）宪法对补偿未作明确规定。补偿是私人财产权保障的核心内容，西方国家宪法中普遍规定了补偿条款。在美国，宪法的补偿条款是作为公民请求补偿的直接法律依据。德国基本法规定凡法律对私人财产权进行剥夺与限制时必须规定补偿，否则，该法律即为违宪。在我国宪法中，只有征用规定，缺少补偿方面的规定。我国《土地管理法》仅就征地的经济补偿额度做了比较明确的规定，而对于利益分配规定过于概括，对于约束机制、安置办法、征后社区管理、社会保障、居民安置、就业安置等问题却没有更详细的规定。这样，土地补偿款的分配、使用、管理中的混乱现象也在所难免了。

（2）补偿立法漏洞较多。由于没有宪法的明确规定，缺少对于征地补偿方面的统一立法，导致许多应当予以补偿的情形没有相应立法规定，使群众所遭受的重大损失有时根本得不到任何补偿。同时，现有法规中的一些补偿条款在指导思想上存在偏差，往往只重视赋予权力，而忽视对权力的限制；过于注重行政机关管理的方便而忽视公民权益的保障。

（3）补偿立法层次繁杂。土地征用补偿，关系到私人财产权的保障。根据法律保留原则，应由宪法和法律加以规范。从国外的情况来看，补偿的设定都是始于宪法，终于法律。《宪法》是我国的根本大法，在我国当前的补偿领域，尽管各层级的规范文件都可以设定补偿，但由于《宪法》中没有明确规定，所以这些文件缺乏指导依据，这便往往导致公民的补偿权利被虚置。以土地权利补偿为例，既有土地管理法，也有行政法规，还有各种各样的规章、地方法规及其他更低层级的规范性文件。严格来讲，这种做法有悖于宪政与法治的基本原理。

（4）政府单方定价导致补偿标准不合理。土地征用实质上是一种强制购买，不同于税款的无偿征收。在这种买卖中，土地权人丧失的只是是否售出土地的决定权，但土地自身的价值不应被降低。既然是购买，就应当按照市场价格公平交易，而不应由政府单方定价。可以说，政府单方定价是导致补偿标准偏低、农民损失严重的主要原因。

2. 与保障农民的权益不适应的条款。①

（1）经济补偿的标准过低，不足以保障失地农民的基本生活。首先，现行征地制度只规定了土地补偿费和安置补助费标准的上限，而没有明确必须达到的下限，这就导致一些地方政府在实际执行时往往就低不就高，使"农民保持原有生活水平"得不到真正落实；其次，即使是提高后的补偿标准，也仅仅是"使农民保持原有生活水平"，没有保证失地农民的生活随着经济发展而逐步提高；第三，现行土地征用补偿标准的测算办法不够科学合理。依据《土地管理法》，我国现行的征地补偿费计算方式为"产值倍数法"，这种测算办法对农民说服力较差。我们认为，以产值作为征地补偿标准不尽合理。因为土地征用单位在征地过程中，基本都是套用国家标准进行征地补偿，按传统的粮经作物来测定前 3 年的农业产值。现在的城郊农业已不是传统意义上的农业，而是集生态农业、精品农业和休闲观光农业等为一体的现代都市型农业，土地的产出价值已远远超出普通的粮食或蔬菜价值。第四，城郊被征耕地由于用途的变更，可能十几倍、几十倍甚至上百倍地增值，但现行的征地补偿是以土

---

① 依据《中华人民共和国土地管理法》的规定，大多数情况下安置失地农民采用的是"要地不要人"的一次性的经济补偿的模式，即一次性的货币补偿。这种过低的补偿金额本身就引起了广大失地农民的不满，另外它没有从长远角度解决失地农民的生活、就业和社会保障等问题，不适合市场经济不断完善的要求，由此产生了深层次的矛盾。

地原有用途即农业收益为基础的，农民并没有享受到增值收益。第五，被征地农民不合理地负担了不应负担的征地成本。一方面，那些仅仅为城市居民服务、而被征地农民无法享受到的公共设施和公益事业的征地成本不应该由农民来负担；另一方面，即使是为全社会（包括农民在内）的公共利益而征地，其成本也应由社会全体成员共同负担。

（2）征地补偿金额分配不合理，失地农民分配到的补偿费用过低。《中华人民共和国土地管理法实施条例》第26条规定"土地补偿费归农村集体经济组织所有，"法律规定的集体土地所有者主体包括集体和农民，但是，没有明确规定两者之间如何分配经济补偿，失地农民往往只能得到经济补偿中的一小部分。在失地农民个人之间，分配也无统一的规定，不同的村进行分配的依据不一致，口粮、农龄、田亩面积等因素都可能构成分配的标准。我们在调查中发现，由于目前对于征地补偿安置补助费的分配缺乏细则，造成各地对征地安置补偿费分配混乱，往往引发纠纷。在分配的比例、发放时间、发放对象上随意性较大。

《中华人民共和国土地管理法》规定，我国有两种土地所有制，即城市土地实行国有制，农村土地实行集体所有制。按理说，集体中的每一位成员都应享有征地中的土地补偿安置费以及土地转用后的增值收益，失地农民也不例外。但实际情况并非如此。农民集体所有的土地只有在作农业用途时才归集体所有，这时的土地的收益往往很低。一旦土地"农转非"，农民集体所有的土地就名不符实了，实际上变成了国有。由于国家基本垄断了土地的一级市场，所以它以较低的征地价格（补偿金）获得土地，再以较高的出让价格（出让金）把土地使用权让渡给中间商或其他组织。这样，土地转用后的巨额增值收益就为国家（地方政府）所有。据调查测算，在农地非农化中，若以成本价（征地价加上地方各级政府收取的各类费用）为100，则拥有集体土地使用权的农民只得5%~10%，拥有集体土地所有权的村集体经济组织得25%~30%，60%~70%为政府及其各部门所得。

调查中发现，征地补偿款集体留用往往会产生严重的后果。如果村委会留下部分补偿款用于村里街道等基础设施建设或者发展集体经济，村民没有什么意见。但是，由于村留征地补偿款份额较大，很多村还没有实行规范的村务公开和财务公开，补偿款的使用过程缺乏有效的监督，少数村干部依靠手中权力大肆挥霍失地农民的"保命钱"，有的干脆强取豪夺将集体资产收归自家囊中，从而导致干群关系的恶化，引起农民的不满。

3. 法定安置途径有缺陷，失地农民再就业困难。《土地法实施条例》第 26 条规定："土地补偿费归农村集体经济组织所有；地上附着物及青苗补偿费归地上附着物及青苗的所有者所有。征用土地的安置补助费必须专款专用，不得挪作他用。需要安置的人员由农村集体经济组织安置的，安置补助费支付给农村集体经济组织，由农村集体经济组织管理和使用；由其他单位安置的，安置补助费支付给安置单位；不需要统一安置的，安置补助费发放给被安置人员个人或者征得被安置人员同意后用于支付被安置人员的保险费用。"

从上述条文发现，被征地农民的安置补偿费一般按 3 种安置方式支付，从目前情况看，这三种安置方式往往会产生新的矛盾：

（1）农村集体经济组织安置。主要是农村集体经济组织利用征地补偿费，开办一些经营实体，但这些企业，往往产权不明晰，主营业务不明确，管理资产能力有限，抵御不了市场风险，一旦企业亏损倒闭，资金将血本无归，造成农民失地又丢钱，失地农民连基本生活都得不到保障。

（2）用地单位安置。用地单位安置，这在国营企业铁饭碗的过去或许可以做到，目前，用工制度已完全合同化，劳动用工完全走向市场化，因此，希望用地单位安置失地农民就业的设想在实际工作中难以操作。从就业能力来看，失地农民的技术能力和文化水平，也很难适应用地单位的要求。

（3）不需要统一安置的情况。由于上两种安置途径难以落实，只有把征地安置补偿费支付给农民个人，但这样做仍难以解决失地农民的生产生活问题。原因有三：一是农民拿到补偿费失去土地和国企职工买断工龄走出工厂一样，实际上都属于失业。虽然农民征地安置补助费比国企职工买断工龄的补偿费高得多，但是工人参加了社会统筹保险，其后顾之忧比农民小。而国家尚未建立失地农民的社会保障制度，即使建立了社会保障制度，按现行法律法规参保，还须经过被安置人员的同意，由于农民思想局限性，他们也不会放弃眼前既得利益而去追求目前还看不见的东西。二是失地农民安置补偿费有限，抗风险能力差，投资经营失误造成的二次失业有可能是长期的。三是失地农民领到安置补偿费后，一时未能找到合适生计，家庭无经常性收入，坐吃山空。四是征地补偿费高低取决于社会经济发展水平，而用地者要求土地取得成本最小化与农民追逐补偿费最大化永远是一对矛盾。由于法定安置政策的缺陷，导致大量农民失地又失业。

四、解决失地农民问题的政策设计

（一）总体思路

解决失地农民问题的总体思路是：以推进工业化、城市化和被征地农民市民化为方向，以保障被征地农民利益、促进社会保障和劳动就业为主线，以提高土地利用率和环境竞争力为基础，建立既有别于现行的农村和城镇养老保险制度、又便于与之相衔接的制度保障体系。

（二）工作原则

第一，规范土地补偿标准，合理补偿失地农民。通过调查发现，在现行的征地补偿制度下，土地的价值被严重低估，征用土地的收益大部分被政府占用。现行对失地农民的补偿标准不仅过低，而且补偿标准制定的依据很不合理，完全与土地财产权利相脱节。为保障农民的土地财产权对应的合法权益，必须对现行法律规定的以占用耕地的农业产值为标准计算补偿金额的方式进行改革。

改革的思路有四个方面：（1）按市场交易规则进行土地交易，土地交易过程必须体现土地财产权权益，土地交易价格必须反映土地供求关系和土地资源稀缺程度；（2）即使是国家出于公益事业需要进行征地，也应适当参照土地市场供求关系所决定的价格进行补偿；（3）根据马克思级差地租理论，合理分配土地增值收益，使失地农民有权参与二次分配；（4）注意在不同利益主体之间进行利益分配时必须有客观、可行的利益分配标准，特别是要处理好集体组织与农民个人如何分享土地增值收益的问题，使失地农民获得相对长期稳定的收入来源。

根据市场行情定价取得的土地收入进行分配时，还涉及如何进一步完善集体内部管理机制的问题。集体是土地的所有者，不论采用何种土地非农化模式，都会产生集体组织与农民个人如何分享收益的问题。集体由农民个人组成，单个农民是集体的基础。因此，就基本关系来说，集体与农民个人利益是一致的。但两者也可能出现不一致现象。原因有四：一是集体组织容易受到政府的干预。村级集体组织承担了大量的行政管理职能，是一级"准"政府。而且，目前乡镇政府在村委会成员产生过程中起着主导作用；二是集体是由不同成员组成的。每个成员都是理性的，有自己相对独立的目标。这就不可避免地出现矛盾；三是由于信息不对称，加上政府的不合理干预，以及宗族政治因素等影响，有可能出现"内部人控制"问题；四是由于集体经济组织管理水平低，可能出现集体资产严重流失。

第二，用科学发展观指导失地农民补偿工作。首先须明确，失地农民问题是人的问题。因此，必须坚持以人为本的思想解决农民问题。同时，失地农民问题又是一个综合性问题，牵涉方方面面，必须坚持全面系统的观念，以协调方式解决问题。

以科学发展观解决失地农民问题应体现在以下方面：

（1）树立以人为本的观念。这个"人"是人民群众，也包括失地农民，这个"本"是人民群众的根本利益，也包括失地农民的根本利益。

（2）推进城乡快速协调发展。在城市化进程中，首要的目的是要推进农村的城市化，缩小农村与城市的差距，用城市发展带动农村发展，而不是牺牲农村的发展来发展城市。

（3）解决失地农民问题，首先要发展经济，没有经济作基础，什么问题都解决不了。但是，失地农民问题也不是靠发展经济就能解决的，它是一个复杂的社会问题（社会公平问题），也是一个政治问题，需要社会全面发展才能从根本上解决。

（4）保证失地农民就业安置可持续化。我们过去解决失地农民问题有些急功近利，只顾眼前，没有坚持可持续的发展观点。保证失地农民就业安置可持续化，包括：强化失地农民就业培训制度，增强失地农民的可持续就业能力；把失地农民纳入城市社保体系，完善失地农民的可持续保障体系；推进土地股份制经营，为失地农民提供可持续安置资源；引入市场机制，突出农民在土地征用过程中的市场主体地位，让农民成为征地谈判的一方主体。

（5）建立科学的政绩考核制度，切实解决关系失地群众切身利益的实际问题。各地政府应树立正确的发展观和政绩观，征用土地不仅要考虑降低成本、扩大招商引资、增加财政收入，还要考虑失地农民的生存与发展，并把对失地农民的补偿情况列为对地方政府政绩的考核指标。

第三，"可持续生计"是征地补偿政策的基本目标。现行征地安置政策基本上是一种纯粹的经济补偿办法，即国家按照被征收土地的原用途给农民予以直接经济赔偿，如土地补偿费是对农户土地承包经营权的财产补偿，安置补助费是补偿农业从业人员因征地而就业不充分或一时不能就业所承受的损失，等等。应该说，这种经济补偿机制是必要的，应该坚持下去并逐步得到改进。但现行经济补偿机制又是低水平、不全面的，难以完成所有的工作。大量的实证调查显示，这种补偿在结果上无法恢复被安置者以前的收入和生活水平。在大多数情况下，即便及时足额给付了经济补偿，失地农民在很长时间以后仍会处于贫困状态。这就给我们带来如下警示，即现行的征地安置政策是一种普遍缺乏效用而且很容易被滥用的方法，不足以预防失地农民的贫困，必须加以调整和完善，把实现失地农民"可持续生计"纳入征地安置政策。①

　　要保证失地农民的可持续性生计，应做好四方面工作：（1）设计合理的补偿机制。合理的补偿机制应以提高或恢复失地农民的收入和生活水平为目标。② 这可从两个方面加以理解：首先，征地补偿费即便不能做到对失地损失的"全额赔偿"，至少应保证及时足额支付置换农民原有资产的费用。其次，置换资产最多只能使失地农户保持和以前一样的发展速度，而不能弥补由此损失的时间。要想真正提升农民的生产能力，就必须额外向失地农民提供以发展为目的的投资。（2）引导和帮助失地农户积累资产。积累资产本身对贫困农民的心理促进、意识提升以及行为方式的改变等具有巨大的潜在作用。事实表明，土地、房屋、集体经济等资产收益，在预防失地农民贫困化和减少家庭不安全感方面发挥着积极的作用。概言之，引导和帮助失地农民积累资产，既是改善他们生计的一种速效、实惠、一举多得的好办法，也是帮助他们规避各种生活风险的重要的安全措施之一。（3）促进失地农民生产性就业。对于失去生产性资产的农民而言，就业收入构成了大多数生存策略的核心内容。因此，为失地农民提供一份长期稳定的工作，是实现"可持续生计"目标

---

　　① 可持续生计，是指个人或家庭为改善长远的生活状况所拥有和获得的谋生的能力、资产和有收入的活动。在此框架内，资产的定义是广泛的，它不仅包括金融财产（如存款、土地经营权、生意或住房等），还包括个人的知识、技能、社交圈、社会关系和影响其生活相关的决策能力。

　　② 党和政府一直高度重视失地农民的可持续生计工作。在计划经济时期，国家对失地农民普遍实行的"招工安置"或"就业安置"政策，较好地解决了广大农民的长远生计问题。只是随着市场经济体制的逐步建立和户籍制度、劳动用工制度的改革，原有的招工安置和农转非等办法，在实践中已失去原有作用和意义，各种矛盾和问题才开始凸现。因此，重新理解和认识可持续生计政策，并以此作为征地安置工作的基本目标，具有很强的现实意义。

的重要手段。（4）建立普惠的社会保障机制。在现有体制下，农民失地犹如经历一次经济和生活上的剧烈地震。无论征地补偿机制多么完善，不可避免地会有部分失地农民或家庭沦于贫困的境地。因此，切实保护这些最容易受到伤害的人群，即是社会公正的体现。为此，在土地征用过程中，为失地农民建立普惠的社会保障机制极为必要。

五、国内土地征用补偿制度的经验借鉴

（一）浙江

1. 建立安置失地农民长效机制。鉴于我国多年来采取的"给予被征地农民一次性货币补偿"的办法，补偿标准偏低，无法给失地农民提供长久生活保障，从 2003 年起，浙江省出台政策文件，稳步推行征地制度改革，在实行"片区综合价"、统一调高失地农民货币补偿标准的基础上，实施"留地安置"等治本办法，给予失地农民长久的生活保障。各征地单位普遍将 10%～15% 的被征用土地，留给被征地村合作经济组织，用于发展二、三产业，产生稳定的经济收入，反哺失地农民。源于"留地安置"的政策导向，各市县创造了持久保障失地农民的多种途径。如，给一户被征地农民分配两至三套多层公寓，让失地农民由"地主"变成"业主"，土地收益变成了房产收入。一些开发区、工业园区则采用建标准厂房包租安置的办法。来自基层的其他探索，包括对失地农民进行劳动技能培训、实行土地租赁制等。

2. 失地农民分享土地非农化增值收益。浙江金华市区所有符合条件的失地农民，除足额领到失地补偿金外，还可分享到土地非农化的增值收益。金华市政府从土地升值的预期收益中，切出一块资金以参保的方式补贴给失地农民，这一举措受到失地农民的欢迎。目前，金华市区已有 4.8 万失地农民，这些农民除足额领到失地补偿金外，政府还为其每人缴纳 1.8 万元补贴资金，设立"失地农民基本生活保障基金"专户。这笔人均 1.8 万元补贴资金的来源，统一由国土资源部门负责向用地方收缴，专项存储、专款专用，实行收支两条线管理。

3. 失地农民可以"土地换社保"。嘉兴市在推进城市化的过程中，采取以"土地换社保"的方式安置失地农业人员，不仅将失地农民纳入了城镇居民的社会保障体系，维护了农民的根本利益，同时还优化了当地

投资环境，保障了社会稳定。例如，嘉兴市1993年之前，在安置失地农民的工作中主要采用两种方式：一是企业用地的，招农民进厂工作，二是对农民进行一次性的补偿。这两种方式很快都显露出了弊端。当地政府认为，采用一次性货币补偿的方式，这笔费用往往无法发挥"长久保障"的功能，一些农户为了给子女办婚事，把这笔补偿的钱全都用完了，再遇上生活困难时，他们只好伸手向政府要钱。如果采取招"土地工"的形式，这又给企业出了一道难题，因为这些失地农民往往没有什么技术，也没有多少工作经验，企业很难为他们安排合适的工作岗位。针对这些棘手的问题，嘉兴市1998年出台了《市区土地征用人员分流办法》。这一办法以"土地换社保"为基本内容，在土地被征用以后，失地农民"农转非"，并进入社会养老保险体系，按月领取养老金，通过这一办法的实行，失地农民的基本生活将得到长期保障。① 当然，"土地换社保"的做法必须有较强的地方财政作支撑，嘉兴市经济繁荣，工商业发展已经达到一定水平，这一制度才得以顺利推行。此外，这一做法本身还涉及新老制度衔接等问题，各地不可盲目照搬。

（二）江苏

1. 土地银行受到欢迎。在探索和解决失地农民长远生活的问题上，江苏省溧阳市南渡镇联盟村建立完善了一套失地农民补偿、分配、保障新办法，确保失地村民每年每人能获得1000多元的纯收入。这个新办法的实施，被失地农民笑称有了"土地银行"。"土地银行"操作的主要步骤是：

第一步：确定征地补偿金总额。用地单位确定征用地块时，村干部召集该地块所属的村民小组组长和涉及的村民，通过广泛征求意见和讨论，统一思想，明确由村民小组与用地单位签订征用合同，严格按国家规定标准确定土地补偿金的总额。

第二步：确定分期收益（资金占用补偿费）标准。用地单位将国家规定的五个方面费用（土地补偿费、青苗补偿费、附着物补偿费、安置补助费、保养金）中的青苗和附着物补偿费先一次性支付给失地村民，

---

① 嘉兴市"土地换社保"的养老保险制度，对安置不同年龄段的对象有不同政策，向大龄人员倾斜。对于达到退休年龄的被征地人员，为其一次性交纳15年养老保险，次月开始发放养老金；对男45～60周岁，女35～50周岁被征地人员，为其一次性交纳15年养老保险，到退休年龄后按月发放养老金，退休前每月发给生活补助和医疗包干费每人160元；对男16～45周岁，女16～35周岁被征地人员，有自谋职业加养老保险和自主择业这两种方式供选择。

其他三项费用（综合为"土地补偿款"）留在用地单位实行有偿使用，由镇村两级进行监管，用地单位与村里签订合同，规定用地单位每年必须支付村里一定的"资金占用补偿费"，并进行公证。每年资金占用补偿费标准的测算依据国家规定的土地补偿金标准，剔除青苗和附着物补偿费后的土地补偿款总额（这是被用地单位暂用的部分），以及同期银行利率和种田收益来确定基数，适当浮动。

第三步：及时重新调整土地。首先，对当年被征地后暂时失地又没有收到粮食的村民实行"粮贴"，然后，到秋收后以村民小组为单位，重新调整全组村民承包的土地，防止村民失地后失业，保证村民有地可种。

第四步：确定分配方案。由村委制定资金占用补偿费分配的基本原则，各村民小组根据实际情况，经过村民同意，灵活制定实施细则，年终按村民人头和田亩综合分配。年终时，各村民小组通过村民开会讨论，自行制定本小组的分配方案，同时，将分配方案上墙公布，然后报村委同意，最后，报镇政府批准实施。仅 2003 年，村里共获得资金补偿费收益 128 万多元，村民每人每亩实得 1000 多元。

"土地银行"解决了农民后顾之忧，赢得了失地村民和用地单位的一致赞同，而且一直运转正常，保持着规范有序的格局。到目前为止，所有征用该村土地的用地单位都能严格履行合同规定，坚持每年及时向村里支付补偿费。这一做法有几个明显效果：一是有利于解决好失地村民及子孙后代的长久生活保障问题；二是有利于社会稳定；三是有利于企事业单位和乡镇的建设发展；四是有利于农村公益事业的发展；五是有利于干群关系的改善和干部的廉政建设；六是有利于壮大村级经济实力。

2. 苏州工业园："三位一体"的安置措施。苏州工业园区对失地农民就生活、就业、保障方面形成了"三位一体"的安置措施，使失地农民"失地不失业，失地不失岗，失地不失利"。

（1）生活安置。园区建设用地一律实行先征后使用原则，征用土地后，对失地农民实行农转非。在政府安置前，每人每月发放 160 元的生活费，10 元的医疗补助，给困难户一定的水电补贴。征用土地按每亩 1.2万元标准补偿，1200 元标准赔偿青苗费。除按货币补偿外，园区还积极鼓励农民采取股份合作、劳股混合等形式多方帮助农民建设标准厂房出租，以增加农民的经营性收入。对动迁农民按人均 35 平方米标准新建农民楼，按成本价向动迁农民出售，并对拆迁农民住房进行评估赔偿，对买不起住房的困难户，园区投入 3000 万元帮其建房。

（2）就业安置。对符合保养年龄的征地剩余劳动力按规定发放保养费和医疗补助费；对具有劳动能力的失地农民，在未找到工作前发放待业生活费，并通过技能培训促进就业。建区10年，累计有4万农村劳动力已转换为具有就业、创业技能的新型市民，1.8万多适龄农民到各类企业就业。

（3）社会保障安置。目前，园区被征地农民统一纳入园区的社会保障体系。一是养老保险。园区建立了以区财政、镇财政和村（居）集体及参保农户共同承担，社会统筹和个人账户结合的农村基本养老保险制度，园区农村基本养老保险的缴费基数由园区公积金行政主管部门参照苏州市上年城镇职工平均缴费工资的50%左右确定，男年满60周岁、女年满55周岁以上的农民可以定期领取养老金。二是医疗保险。按1:1:1的比例，由农民个人、镇政府和园区各出资50元，建立农民大病统筹合作医疗保险。三是最低生活保障制度。对生活困难的农户，发放低保IC卡，办理优惠医疗证，发放水电补贴等。园区养老、医保和低保构建了园区农民基本的社会保障体系，确保农民病有所医、老有所养。

（三）四川

四川省劳动保障、财政、国土等部门联合下发《关于做好失地无业农民失业保险和再就业工作的意见》，在全省正式建立失地无业农民的失业保险制度，促进其尽快实现再就业。失地无业农民失业保险费的缴纳，原则上采取国家、集体和个人三方负担的办法。应缴纳失业保险费的标准为：本人在当地享受全部失业保险待遇所需资金。其中个人应缴纳的部分，按户口所在地上年度职工平均工资的60%作为缴费基数，按缴费基数的1%计缴10年，从本人的征地安置补助费中抵缴；其余部分按照国家出资80%、集体出资20%的比例，分别在同级政府建立的征地调节资金和土地补偿费中筹集。

失地无业农民领取失业保险金的期限为24个月，其失业保险金的发放标准、其他失业保险待遇、管理服务等与当地城镇其他失业人员一致。符合享受失业保险待遇的失地无业农民，持《失业证》等相关材料到当地就业部门办理申领失业保险金等待遇的手续，就业部门按规定提供失业保险待遇和再就业服务。

（四）陕西

为了彻底改变过去开发区征地"一拆一赔"、双方两清的征地开发模式，在西安市雁塔区在"两区"拆迁安置上，对整村搬迁的村，不管征地多少，都要按照农村劳动力人均 60 平方米的标准预留生活依托地。预留土地性质为综合、商业或住宅用地，选址于繁华或交通便利地段，并由开发区为村民办理国有土地手续，承担有关费用。预留土地，当地村民可根据"两区"统一规划，采取开发建设，以土地入股、参股等多种方式，取得更多收益，减少失地农民的后顾之忧。

为了彻底解决失地农民生活出路问题，西安市雁塔区在农村低保、农民培训、安置就业等多项保障措施方面进行探索，确保失地农民在环境的巨变中生活得到全方位的保障。2003 年，雁塔区财政一次性拿出 10 万元，建立农民就业培训基金，同时规定，以后"两区"征地每亩地增加 200 元补偿，其他单位在区内征地每亩增加 400 元补偿，作为全区农民就业培训基金，并将劳务输出作为新的产业做大做强。2004 年，全区劳务输出 5000 人。

（五）福建

福州市委、市政府办公厅颁发了《关于实现好、维护好、发展好被征地农民合法利益的若干意见》。规定，各用地单位在申请征地前，必须先落实征地补偿资金，将不低于总额 50% 的征地补偿金入"户"，在上报征地时出具银行有效证明。取得征地批文后，用地单位应缴清其余 50% 的征地补偿金。征地补偿金没有足额到位的，当地有权拒绝交地。

1. 解除失地农民的后顾之忧。福州市委市政府要求，以村为单位的土地被全部征用之后，各级党委、政府要高度重视当地农民子女的入学、入托问题，农民的就医问题，村改居的问题等，切实纳入本地的经济社会发展规划，并有计划、有步骤地加以妥善解决，以解除他们的后顾之忧。

2. 保证失地补偿的法定标准得到落实。福州市城区及各县（市）区在征用土地时，规定，不得低于国家法定补偿标准计付补偿安置费用。除国防、军事用地，城市基础设施、公益事业用地，国家或省重点能源、交通、水利等基础设施项目用地，抢险救灾用地等，可以按法定补偿标准的低限计付补偿安置费用外，其他项目征用土地属水田、菜地、鱼塘的，土地补偿费计付标准不得低于同类土地前 3 年平均年产值的 8.5 倍；属其他耕地的，土地补偿费计付标准不得低于同类土地前 3 年平均年产值的 6.5 倍；征用耕地的安置补助费，需要安置的农业人口的安置补助标准不得低于该耕地前3年平均年产值的4.5倍；属果园和其他经济林地的，安置补助费不得低于同类土地前4年平均年产值的3.5倍。被征用的土地属农民承包经营的土地或自留地，集体土地经营管理单位在有机动的情况下，也可通过置换调整其他数量和质量相当的土地给农民继续承包经营。房屋及其他建筑物、构筑物的补偿费按重置价格并结合成新确定。

3. 失地农民可享受城市低保。落实失地农民最低生活保障制度。对于土地被征用比例达到90%、符合当地城市低保条件的农户，纳入当地城市居民最低生活保障范围，享受当地城市低保标准差额补助；原已享受农村低保的也应调整为享受城市低保标准。

对于土地被征用比例50%～90%、符合当地农村低保标准的农户，要纳入当地农村低保范围，并按当地农村低保线上浮30%的标准给予差额补助。

对于土地被征用比例25%～50%、符合当地低保标准的农户，纳入当地农村低保范围，并按当地农村低保标准上浮20%的标准给予差额补助。当被征地增加时，必须同步调整低保差额补助档次。

4. 青苗补偿金付给种地人。征地拆迁中，对享有征地补偿待遇人员的认定，应根据国家有关规定，并经集体经济组织成员的村民会议或村民代表会议审议确认。青苗和地上附着物的补偿支付给土地承包经营者或地上建筑的产权人；没有条件置换调整数量与质量相当的土地给被征地农民继续承包经营的，土地补偿费部分应按不少70%的比例支付给被征地农民；安置补助费根据不同的安置途径支付。统一安置的，支付给负责安置的村集体经济组织或单位；不需统一安置的，支付给安置人。

5. 首次就业培训费，政府为失地农民埋单。福建各县（市）区政府由劳动和社会保障部门、各级农办为主牵头，组织失地农民与本县（市）区工业集中区的企业劳动力供需对接，对引进的企业要优先吸收安置被征地农民务工就业。各级各有关部门建立了对失地农民的培训、就业服务机制，免费为失地农民提供就业指导和就业推介，无偿代办有关劳动登记管理手续，免费为失地农民提供劳动就业技能培训。对首次被企业录用的民工，县（市）区政府要有组织地免费将他们集中送到厂区，并由财政支付录用企业每人100元的就业培训费。各县（市）区加强了城乡一体化劳动力市场信息服务工作，完善了劳动用工管理。对于有就业能力和就业愿望的未被本乡镇录用的农民工，采取积极牵线搭桥，推荐到附近乡镇的企业或进城务工就业的办法。

6. 鼓励村办经济实体。在符合土地利用总体规划和城市总体规划的前提下，有经济条件的村集体经济组织可申请按征地面积一定比例，将本村集体农用地转为集体建设用地或征用为国有建设土地，用于被征地的村集体经济组织发展经济。鼓励失地农民通过实行合股、合作等形式，就近办厂或创办经济实体，生产对接工业集中区产业链的配套产品，从事货物运输及土石方工程，为当地企业发展提供配套服务等，切实解决失地农民的长远生计。

第九章

关于新发展战略的思考

青岛市崂山区正处在一个发展战略提升的关键时期。面对经济快速增长后逐渐显现的资源需求与供给能力之间的矛盾，如何促进经济与社会的可持续发展、如何应对经济全球化的挑战、如何将经济和社会发展与城市形态的变革及产业创新能力的提升结合起来，都需要给出一个全新的答案。而且从某种意义上说，这些问题将直接关系到崂山区新发展战略的实施和各项宏伟蓝图的实现。本章围绕这一问题，就新发展战略如何实施的问题作出一些思考。

一、拿什么补充区级财政的"钱袋子"

据有关统计资料反映，2005 年崂山区完成地方和国家税收 33.09 亿元，比上一年增长 19.84%；完成区级财政收入 13.49 亿元，比上一年增长 21.5%；完成地方财政一般预算收入 11.79 亿元，比上一年增长 35.5%。

进一步采用要素贡献方法测得，2003 年、2004 年崂山区房地产业、建筑业对区级财政贡献约为 2 亿~3 亿元；2005 年的贡献约为 4 亿~5 亿元，占全区财政收入的比重约为 1/4 至 1/3，甚至更多。它表明，崂山区近年来财政收入高速增长的重要原因之一，是房地产业以占全区固定资产投资半数左右的规模快速拉动带来的。[①] 土地出让金以及与房地产行业相关的税收对充实区级财政的"钱袋子"具有至关重要的意义。

然而，崂山区可开发利用的土地资源毕竟有限，可转让土地资源的稀缺将成为制约房地产业发展不可逾越的障碍，房地产业鼎盛繁荣的景象不可能延续太久的时间。在未来的 3~5 年后，崂山区房地产业的逐渐

---

① 2003~2005 年房地产开发投资占全区固定资产投资分别为 54.83%、38.94%、50.43%。

萎缩是一个不可遏制的趋势，建立在房地产投资增长和房价上涨过快之上的财政增收是不可持续的，其对全区经济增长和财政收入的不利影响将逐渐显现。① 另外，国家对房地产业的宏观调控同样将导致房地产开发投资的趋缓和交易额下滑，② 并对崂山区的财政收入产生重大影响。面对"土地财政"将逐渐淡出的必然趋势，崂山区必须尽快寻找新的更为可靠的财政收入来源。为此，建议崂山区政府作出如下努力：

1. 尽快扭转当前制造业利税增长速度趋缓的颓势。长期以来，由于国外公司技术的垄断性及中国企业技术创新能力不足等原因，逐步形成了中国企业依赖成本竞争的经营理念。就崂山区制造业的整体状况而言，目前也同样具有上述方面的特征。许多企业依靠规模经济、劳动力成本，甚至环境和生态损失才能换来十分菲薄的利润，这不仅对形成税源经济十分不利，而且由于企业没有自己的独特优势，难于形成进入壁垒，盈利效应会引来很多的模仿者，造成产品和服务过于同质化，结果往往是产品生产了不少，但谁都赚不到钱；另外，由于企业过于热衷追求低成本，忽视了顾客的兴趣偏好及需求趋势的变化，使得产品和服务过于平淡而无法吸引顾客，低成本并没有形成高销量，使低成本优势失去意义。而外国政府为保护本国市场实施的反倾销调查，更使那些以成本为主要竞争手段的厂家首先受到冲击。例如，针对家电等产品开展的反倾销调查及配额设限已经让许多公司叫苦不迭。未来三五年是中国企业发展的一个关键期，只有加速企业的智慧化进程，才能逐渐由原有的制造成本优势转向拥有自身核心竞争能力的优势，才能利用自身在制造规模上的优势反向整合国内外优秀企业品牌和技术资源，赚取产业链的高端利润。

2. 促进增长模式从资本驱动型向技术驱动和创新驱动型转变。回顾崂山区 10 多年间的增长历程可以发现，在经济快速成长过程中，资本驱动的迹象十分显著。时至今日，面对日新月异的新技术浪潮和瞬息万变的市场风云，各种传统发展能量的影响力正在消退，各类资本的投资率

---

① 这一情况并非崂山区独有。国务院发展研究中心的一份调研报告显示，在一些地方政府，土地直接税收及城市扩张带来的间接税收占地方预算内收入的 40%，而土地出让金净收入占政府预算外收入的 60% 以上。该项研究同时以青岛市为例，指出，2005 年青岛市房地产业缴纳营业税和所得税（地税口径）约 20 亿元，契税约 14 亿元，三者合计约占地方财政收入的 19%。崂山区房地产税收和土地出让收益对政府财政收入的影响显然要比 19% 的比例大得多。

② 在我国长三角地区这种担心已成为现实。2006 年上半年，浙江省商品房销售面积下降 12.4%，空置面积增加 1.3 倍。受此影响，地税部门征收的房地产业相关税收同比少收 13.3 亿元。受房地产业税收下滑影响，2006 年上半年浙江省营业税增幅同比回落 6.4 个百分点。在上海，类似的现象更突出。2006 年上半年，上海 GDP 增速 12.6%，但地方财政收入同比仅增长 4.8%，增幅比去年下降 19.7%，房地产税收下降被认为是首要原因。

正在递减，继续保持未来经济成长的效率需要实施经济增长方式由资本驱动型向知识驱动型的转变，高度重视创新体系和"创新密集型"企业的建设。可喜的是，崂山区已经提出，要在未来的 5 年内，抓好一批产业核心技术和关键技术，并加快实现产业化；抓好一批企业技术中心建设项目，力争使其创新能力达到国际先进水平；抓好一批"专、精、特、新"的科技型中小企业，并推进其有机地融入与大企业配套的产业链。为达到这一目标，崂山区须进一步完善自主创新的政策体系建设，引进和培育一批创新领军人物，健全知识产权保护体系，完善金融支持机制，营造有利于创新的环境，鼓励企业把技术创新作为自觉的行动。

3. 加速崂山区现代服务业的发展。"十五"期间，崂山区在大力推进工业化进程，高速发展制造业的方面已取得了巨大成就。但制造业远不及发达的现代服务业对地方财政收入的影响大。如果不能处理好制造业与现代服务业协调发展的关系，不仅会影响制造业的持续有效发展，更会影响到地方财政的可持续增长。在崂山区"土地财政"将逐渐淡出的新背景下，理解这一点具有重要意义。建议崂山区在未来 5 年的发展进程中，以现代金融、信息服务、休闲度假和旅游、① 社区服务等新兴服务业的建设为重点，不断提高现代服务业发展的水平，逐渐突出区域性服务中心的功能，并逐渐将崂山区内各类、各级服务设施的建设纳入城区综合服务体系，② 为崂山区未来的经济增长和财政收入创造有力的软环境和硬基础。

4. 积极推进民营经济的成长。在过去的 10 多年间，崂山区的民营经济从无到有、从小到大、从弱到强，已经成为推动全区经济增长和社会进步的重要力量。但与一些先进地区相比，崂山区民营经济的发展仍存在企业规模小、实力弱，对全区经济发展贡献份额较低等不足。为尽快改变这种状况，充分发挥民营经济在经济与社会事业发展中的重要作用，

---

① 关于"休闲小康指数"研究表明，中国人的休闲总体上还处于成长期，在休闲观念、休闲产业和休闲文化上还需继续培育。目前，中国人休闲生活还存在五大问题：其一，休闲观念落后，表现为"主动工作、被动休闲"；其二，休闲时间增多，但休闲质量较差；其三，休闲支出不平衡，城乡差别大；其四，休闲方式单调，选择消极休闲人群仍过大；其五，对个人休闲状态，多数人不满意。

② 有关专家指出，服务业应从三个方面进行突破：生产性服务业应该将目光聚焦在企业服务的外置化趋势上，即从制造业企业服务外包的趋势上找到财富增长的亮点；消费性服务业应努力转变传统的服务模式，通过电子网络信息技术的支撑和服务文化的打造，进行服务功能的完善和服务品质的提升，通过提供精神消费体验，使服务文化化、精神化、增值化。此外，服务业企业还应该看到随着制造业向高端发展的趋势，找准自己的突破口，在研发、设计、咨询、策划等创意产业的标志性领域为自己开辟灿烂的财富新天地。

崂山区应仿效一些先进地区的经验，重点做好以下 3 项工作：一是将品牌战略作为发展和壮大民营经济的切入点，抓好各类民营经济尤其是中小企业的品牌建设；二是充分利用崂山区现有大企业发展的优势，推进民营企业特别是中小企业广泛参与专业化协作和配套生产，形成中小企业与大企业之间的互补、互利关系，提高整体规模效益；三是为民营经济发展创造良好的外部环境，包括：营造优质高效的政务环境，提高办事效率；营造公平竞争的市场环境，清理和取消限制民间投资的不合理规定；创造公正完善的法制环境，保护非公有制企业的合法权益、合法财产和合法收入。

二、怎样体现现代城市管理的新理念

自 20 世纪 90 年代开始，行政和资本的双重动力推进下的大规模城市建设已使崂山区的城市形态发生了翻天覆地的变化，城市道路等基础设施的建设促进了城市地域结构的更新，房地产业迅猛发展引发了大型社区的开发。但作为一个新兴城区，崂山区不仅缺少传统城市精神的积淀，而且对现代城市管理的诸多理念较为陌生。其中，城市环境的设计，公共产品的服务、城市资源的分配和公众生活的安全性等问题，已经表露出诸多的偏离，并在一定程度上影响到和谐社会的构建。

为尽可能规避上述缺陷带来的危害，建议崂山区各级管理机构首先从自身观念转换开始，在相关政策制定和城市管理与规划等众多工作中自觉体现如下要求：

1. 人文关怀的原则。后现代主义的城市环境设计与建设在发达国家城市中所受到的冷遇表明，强调大尺度的城市景观远不如创造宜人有情趣的城市空间更受百姓的欢迎。崂山区应当从"大跃进"式的城市化运动蛊惑中①觉悟过来，确立理性的城市建设指导思想，坚持人文关怀的城市建设与城市改造原则，将步行街、步行区等作为城市建设中倾心打造的一个个亮点，将适合居民休闲的小公园及街坊绿地的建设纳入规划师与城市建设决策者关注的内容。同时，应注重满足以居住社区为单元的

---

①　近年来，中国城市化运动中的"大跃进"现象令人们担忧。有数据表明，从 20% 发展到 40% 的城市化率，英国花了 120 年时间，美国花了 80 年时间，而中国只花了 22 年时间。尽管中国人均 GDP 远远落后于欧美等国家，但是中国许多城市的大马路、大广场、"标志性建筑"却毫不逊色。面对这股大跃进浪潮，崂山区应保持清醒头脑，以避免使城市化建设陷入浮躁的虚荣。

市民社会的物质与精神需求，注重建设具有亲和力的居住社区和倡导新颖健康的社区生活，并且应当结合崂山区自身的特点，尽快拟出工作方案和行动计划。

2. 公共产品服务的受众面和效率。最近 20 年间，我国的城市发展经历了一个较长的粗放型发展时期，城市范围无限制的外延扩展以及空间的无序蔓延构成了这一时期城市扩张的一个显著特征。转变这一发展方式，不仅需要检讨以往的政策，杜绝城市土地资源的浪费现象，尝试在城市经营过程中提高城市资源的开发效益，而且需要关注社会公众从注重经济总量增长向注重城市公共产品分配和公众福利满足程度提高的变化。崂山区应充分认识这一变革的进步意义，依据社会公众评价尺度的新标准，提前对本区域范围内各类公共产品的分配和公众福利的需求作出相应的预测和规划，提高公共产品服务的受众面和效率，提出解决各类矛盾的应对办法，并力求在城市管理工作中同时获得提升社会福利和政府公信力两个积极效应。

3. 城市资源分配的公平与公开。公平是可持续发展概念的核心内容之一。在未来的城市规划与建设中，崂山区将不可避免地遇到城市核心区与周围边缘区、城市开发与城市保护、富裕阶层与社会普通阶层以及社会弱势群体之间为分配城市土地、环境以及其他资源的种种矛盾。面对这些矛盾，崂山区应依据公平与公正的社会法则，在积极推进经济发展，不断创造新的社会福利和公共资源的同时，采取公开展示、公众参与，以及市场调节与政府管制相结合等一切公开化的手段，提高资源分配的透明度，[①] 并杜绝资源分配过程中的"暗箱操作"以及由此而产生的腐败行为，提高社会公众对城市资源分配的满意度，为整个青岛市提供经济快速增长和社会健康发展的宝贵经验。

4. 公众生活的安全性。[②] 城市的规模越庞大，功能越复杂，城市公共安全的脆弱性也就越突出。就城市人口的角度而言，提高城市公共安全系数，不仅要求适度控制人口总量，改善人口结构和优化人口素质，而

---

① 公众参与意味着每一个社会成员都有机会维护自己的利益，都有机会为谋取社会共同利益而施展和贡献自己的才能。由于人们在利益和主张上的分化，并不是所有的政策都能使所有的人满意，而良好的制度安排，就是让所有相关的人在程序公正的情况下参与到政策的制定中来，在矛盾双方的冲突、对抗、协商、对话中，逐步达到意见的一致。

② 崂山是一个人口迅速膨胀的城市新区，在城市和乡村、新城和旧城演替过程中，让人民群众安居乐业，给市民安全感是建设"两个适宜"城市（适宜工作创业、适宜居住生活）的重要基准线，也是检验领导干部政绩的重要标准。对此不能有丝毫的麻痹和懈怠。

且需要通过人口空间分布的调整来实现既定的目标，同时，应吸取不同类别城市扩张中类似城区发展布局的经验和教训，在充分肯定人口增长为崂山区经济与社会发展带来的积极推动效应的同时，对人口承载量可能出现的超负荷现象，以及由此而给本地区公共卫生、城市基础设施、通讯、环境、商品供应、社会稳定、灾害防控带来的压力有一个清醒认识。采取积极的人口政策，控制城区人口膨胀的节奏，改善城区人口的结构，制定适度超前的城市基础设施和公众服务体系建设规划，以提高城区发展的安全边际，保障社会公众在就业、社会福利和社会保障，以及医疗卫生、社区生活和文化娱乐等多个方面的需求能够尽可能多地得到保障和照顾。

三、如何锻造城区生态文明的新"名片"

由崂山区的区位特征和战略地位所决定，搞好生态环境保护工作具有至关重要的特殊意义。原因是，崂山区境内坐落的崂山山脉，拥有大片山地森林和最为湿润的气候，具有为整个青岛市净化大气和维持大气平衡的巨大作用，其生态环境建设是青岛整个市区"绿肺"建设工程的一个重要组成部分；崂山区良好的生态环境对涵养水源，延长丰水期，缩短枯水期，保障整个青岛市的优质水资源供应起到了重要作用；崂山区良好的生态环境给林区内甘甜无污染的崂山矿泉水带来了巨大的经济和社会效益，为生态旅游等特色旅游产业的发展创造了有利条件，同时也为整个青岛市投资环境的优化和综合竞争能力的提升，以及优良人居环境的建设提供了重要保证。

鉴于这一状况，崂山区给自己制定了一个标准很高的生态环境建设规划。规划中提出，要依照生态城区的规划原则，创造一个以森林为主，低密度发展公共文化体育设施的"绿心"；以区域内主要快速交通干道为载体，沿路造林，临水设绿，路、水、绿相依，构建崂山区绿化网络；以敞开式公共绿地作为营造崂山区景观轴的主要物质要素，与水系、街道有机结合，创造休闲空间，建立健康的生活和居住环境，使崂山区的生态效益、经济效益和社会效益达到和谐统一，将崂山区建设成为"气净、地绿、水清"的生态型城区。

为了实现上述目标，要求切实完成如下方面的任务：

1. 大气环境保护。以工业结构调整为着手点，对二氧化硫、氮氧化物、烟尘、工业粉尘排放总量进行控制，全力改善全区大气环境，达到相应的环境空气质量标准。到 2020 年，全区总体环境质量达到国家环境保护模范城区标准。

2. 水环境保护。加强污水处理能力，提高水体自净能力，注重水上植物的种植和保留，保证水及周边环境的自然风味。全面开展崂山区水环境污染源截污治污工程，削减环境污染源进入水体的污染负荷。完成区域内河道整治，确保河道过水能力和自净能力；严格保护流清河水库及其他水库、水源地。

3. 噪声控制。合理组织主干道机动车流流量，实施道路禁鸣和建设隔离屏障，控制交通噪声的污染；加强治理固定源噪声，增加噪声监测点位，建设绿化隔离带，改善崂山区居民的生活环境。

4. 固体废弃物处理。建成符合城乡一体化发展要求的生活垃圾分类收集、运输系统，提高各类废弃物的无害化处理率，并严格控制工业固体废物的产生量，推进工业固体废物的处置和综合利用，加大危险废物的管理力度。

5. 环境修复工程。对以往乱开乱采石材，山体和植被遭到严重破坏的浮山、金岭山进行了环境修复工作，完成 25 度坡以上造林、沿海防护林建设、疏林补植等工程建设，构建南面临海，东、西、北面景观林相拥的生态环境城区。

6. 发展生态产业。实施生态旅游和生态农业发展战略，以生产示范基地、农业科技区、专业生产大户、农产品加工企业、农产品交易市场和生态观光园、生态旅游项目等作为支撑，创建区域性生态经济发展新格局。

7. 建设循环经济。① 积极探索发展循环经济的路径，鼓励进行循环经济的尝试和试点。对那些已具备形成产业链体系的项目，要求做到将污染排放物作为原料进行加工，生产出下游产品，让物资循环利用。克服技术经济水平和社会管理水平的限制，争取让循环经济覆盖全区更多的生产和消费领域。

加强崂山区生态环境建设的措施包括：

第一，强化"源头"保护的思想。由于迄今为止所出现的环境问题，

---

① 所谓循环经济，是一种建立在物质不断循环利用基础上的新型经济发展模式。它要求把经济活动组织成为"资源利用—绿色工业—资源再生"的封闭式流程，所有的原料和能源在不断进行的经济循环中得到合理利用，从而把经济活动对自然环境的影响控制在尽可能小的程度。

基本上都是由人们行为的失当造成的。而人们的行为又是由政府行为、市场行为和公众行为组成的。因此，搞好生态环境建设，首先必须强化各级决策者的环境意识，牢固树立"保护环境就是保护生产力"、"良好的生态环境就是一流的投资环境"的思想，把保护自然生产力、解放和发展环境生产力，作为崂山区长期发展规划的重要内容。在制定重大经济社会发展政策、区域开发和城市规划时，都要开展环境影响评价和综合效益分析，防止因决策不当带来环境污染和生态破坏。其次，要进一步改革现有的自然资源管理方式，加强资源与环境保护中的市场引导和调节。要按照资源环境有偿使用的原则，研究制定自然资源开发利用补偿收费政策，并依据价值规律和供求关系调整资源价格，用经济手段来调节自然资源开发中的各种利益关系，以便从源头上消除那种追求一时经济利益而牺牲生态环境，损害自然资源的急功近利行为。此外，要进一步加强生态环境保护的宣传教育，不断提高全民的生态环境保护意识，促进社会环保伦理的建立。要努力开辟各种渠道，鼓励公众自觉参与和监督环境保护，为环境保护提供广泛而坚实的社会氛围。

第二，增加生态环境建设投入。[①] 把环境保护纳入全区国民经济和社会发展计划，在财政预算中开设专门科目，确保环保投入占 GDP 比例逐年稳步提高，并尽快建立起"污染者付费，利用者补偿，开发者保护，破坏者恢复"的机制。要按照"排污收费高于治理成本"的原则，制定合理的排污收费标准，促使排污单位主动治理污染。要积极鼓励外资企业和私人资本向环境治理和生态建设投资。要进一步加大环境基础设施建设，加快城市垃圾、污水处理的产业化进程，将产品的环境代价纳入成本，减少企业对社会的环境转嫁，实现环境成本的内在化。要采取多种形式和灵活措施，吸引外国政府、国际金融机构的优惠贷款，吸引海外基金组织、国际财团、企业团体建立环保基金或奖励基金，拓宽环保筹资渠道，形成地方投入与国家扶持相结合、单位筹措资金与银行信贷相结合、个人投工投劳与社会捐助捐款相结合、引进外资与国内配套资金相结合的生态环境建设的财力保障机制。

第三，依靠科技进步保护生态环境。科技进步是经济发展的动力，也是解决环境问题的根本途径。环境科技水平的提高不仅有利于提升环

---

① 发达国家的经验表明，政府在经济增长与生态环境的协调发展方面扮演着重要角色。为实现这一功能，应改变目前政府有关部门分工过于分散的局面，建立一个职能相对集中的生态环境管理机构，并在人员配备、经费投入等方面为其创造条件。

境保护的水平，而且有助于有限的环保资金发挥更大的效益。因此，须下大气力构建既符合科技发展规律，又适应环保事业发展的新型的环保科技体系和环境科技创新体制，加强对重大环境问题的科研攻关，加快环保科研成果转化，提高环境保护中的科技进步含量，提高环境管理的现代化水平，从整体上提高崂山区生态环境建设的水平和实力。

第四，依法保护生态环境。要进一步加大环保执法力度，提高执法效率和执法水平，严厉打击违反环保法律法规、严重污染和破坏环境的行为。建议崂山区成立专门的环保行政执法队伍，并赋予其一定的执法手段，使之能够真正行使环保统一监督管理权。同时，要确保环保执法公开、公正、公平，提高透明度。要继续坚持和深化环境质量行政领导负责制，并将生态和环境保护目标的完成情况列为评价干部政绩的重要内容；要建立重大决策监督与责任追究制度，对因决策失误造成重大环境问题或发生重大环境污染事故的，要追究有关领导的责任。同时，要进一步建立和完善公众参与制度，对影响环境质量、生态平衡、群众生活的建设项目的立项和选址，要广泛征求群众意见，并举行决策听证会，以保障群众的知情权、知政权，依法维护自身的环境权益。

四、如何提升全区的创新力和综合竞争力

（一）创新力的提升

借鉴表9-1所设计的自主创新能力的评价指标体系对崂山区企业自主创新情况的主观分析结果表明，崂山区工程技术人员数、工业增加值、科技活动经费占产品销售收入比重、R&D经费投入占产品销售收入比重、申请专利数量占全市专利申请量的比例、拥有发明专利数量占全市拥有发明专利量比重、新产品销售收入占产品销售收入比重、财政资金在科技活动经费筹集额中比重等多项指标的评价情况在全市各区当中明显居于领先地位。[①] 但如果将崂山区的各项指标与国内外先进地区同类指标比较，则存在显著差距。[②]

---

① 崂山区的专利申请数量、拥有的发明专利数量在全市多年居于排头兵位置；潜在技术创新资源、技术创新产出能力等项指标也是最为突出的一个区。近年来，由于崂山区委、区政府着力打造有利于企业自主创新的环境，关于创新环境方面的评价，崂山区同样居于高位。
② 参本书第五章《高新技术产业发展状况评价》关于竞争能力方面的测度和分析。

表 9 – 1　　　　　　　企业自主创新能力评价指标体系及权重分配

一级评价指标	权重	二级评价指标	权重
潜在技术创新资源	0.20	企业工程技术人员数	0.10
		企业工业增加值	0.05
		企业产品销售收入	0.05
技术创新活动评价	0.20	科技活动经费占产品销售收入比重	0.10
		R&D 经费投入占产品销售收入比重	0.10
技术创新产出能力	0.40	申请专利数量占全市专利申请量的比例	0.10
		拥有发明专利数量占全市拥有发明专利量比重	0.15
		新产品销售收入占产品销售收入比重	0.15
技术创新环境	0.20	财政资金在科技活动经费筹集额中比重	0.10
		金融机构贷款在科技活动经费筹集额中的比重	0.10

注：表中各项指标的权重采取主观评价打分的方法确定，仅供本次分析参考使用。

　　为尽快解决崂山区现实存在的创新规模不足和创新层次不高等方面的问题，可借鉴国内一些地区发展的经验，首先从以下 6 个方面做起：一是加快建立以企业为主体、市场为导向、产学研相结合的技术创新体系；二是进一步改善技术创新的市场环境，加快发展创业风险投资，加强技术咨询、技术转让等中介服务；三是实行自主创新的财税、金融和政府采购等政策，完善自主创新的激励机制；四是扩大多种形式的国际和地区科技交流合作，有效利用好全球科技资源，做好引进技术的消化吸收和创新提高，扩大高新技术产品出口，扩大具有自主知识产权、自主品牌的产品和服务出口；五是鼓励与海外研究开发机构建立联合实验室或研究开发中心，支持在双边、多边科技合作协议框架下实施国际合作项目，支持海尔等著名企业扩大高新技术产品出口和在海外设立研究开发机构或产业化基地，鼓励跨国公司来崂山区设立研究开发机构；六是促进区内的中国海洋大学、青岛大学、青岛科技大学和各类研发机构开展与企业的合作和相互之间的协作，开创有利于科技创新和科技成果产业化的新局面。

　　此外，需依据产业结构变化的新趋势和市场的新需求，以及整个城市布局规划调整和产业分布新态势，重新定位自己的产业优势，按照动态比较优势培植自己的强势产业、特色产业，并通过这些产业的扩张效应和带动作用构建可持续发展的经济结构，推动崂山区综合竞争能力的提升。包括，建设高起点的中央商务区作为城市新的形象定位；以旧村改造完成本城区基本布局的优化和大规模的空间演替；以建设具有国际意义的高新技术产业基地、国际性的旅游观光基地、消费休闲基地以及时尚中心、文化中心、教育中心，完成整个城市功能的转变等。

（二） 外资利用质量的提升

当前，我国吸收外资面临的国内外环境正在发生深刻变化。国际资本加速向服务贸易、服务外包、高附加值的高端制造环节的转移已成为新一轮世界产业结构调整的主要内容，跨国公司研发全球化和本地化的趋势亦日益明显。这些都为进一步扩大吸引外资的规模和提高吸收外资的质量，促进经济结构优化调整提供了难得的历史机遇。崂山区应根据国际产业转移和资本流向的这一新变化，及时调整自己的外向型战略，在继续积极有效利用外资的同时，切实矫正以往招商引资工作中存在的重规模、轻质量的情况，注重引进高附加值、高辐射力、低能耗和处于产业高端的外商投资项目，鼓励外商投资企业加强原材料、零部件的本地化配套，延长增值链条；严格限制高污染、高能耗和国内产能过剩的外资项目进入；鼓励跨国公司来崂山区设立地区总部、研发中心、采购中心和培训中心。同时，注意将吸收外资的政策与崂山区经济与社会发展的目标紧密结合起来，与促进经济繁荣、缓解就业压力和完善城市功能结合起来，提高现代服务业、现代农业以及城市公共设施投资领域利用外资的比重，并最大限度地发挥外资的技术外溢效应，推动本地企业与外商投资企业在技术、研发和市场开拓方面加强合作，鼓励有条件的企业与大型跨国公司结成战略联盟，并进而推进崂山区经济发展效能的全面提升。

需要注意的是，由于国内各个城市，甚至青岛市辖区范围内各个区市所能提供的招商引资条件已大体趋同，且彼此的差距越来越小，提升崂山区招商引资的竞争实力，不能仅局限于改善城市投资环境的单一方式，而应重视培育本地产业配套能力方面的优势，充分发挥本地自然环境天然优势和招商引资政策优势，改善崂山区内依然存在的"点高面低"的状况，促进与相关产业配套的中小企业发展，并且要在全面提升产业配套能力的同时，注意通过提供不同层面的人力资源培训、技术创新服务和知识产权保护等方面的措施，形成对国内外优势资本和高端项目的吸引力，将扩大外资利用规模和提升外资利用质量的目标真正落到实处。

五、如何建立各类行为主体协同配合的互动机制

崂山区未来的经济和社会发展需要各类行为主体协同配合共同完成。这些参与主体包括：企业、大学和科研院所、政府及广大城市居民等。

其中，企业，以生产经营为主要任务，在运行机制上，实行以市场为导向；大学，不仅是人才聚集和人才培养的摇篮，而且也是新知识、新技术的诞生地，具有培养人才和输送技术的双重功能；科研院所，主要是进行科学研究和技术开发，为企业和社会提供科研成果；政府，通过其行使行政职能的具体机构实施对城市建设与管理的领导和决策，负责总体发展规划、重大方针政策等重大事宜；广大城市居民作为城区发展和公众福利的监督者、受益人对城市发展同样有着重要影响力。[①]

崂山区如果仅仅满足于将上述各个参与主体聚集到一起，充其量只能发挥聚集效应，而聚集效应是有时间与空间局限的，到达一定时点或空间规模，就会出现不经济的状况（如图 9 – 1）。

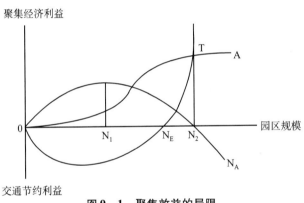

图 9 – 1　聚集效益的局限

由图 9 – 1 可见，[②] 一定范围内的区位利益来源于两个方面，一是聚集规模经济利益，二是交通（运输）费用节约的利益。随着该区位聚集规模的不断扩大，上述利益及其辐射范围也在不断变化，聚集经济作为该区位规模的函数，在一定范围内以递增的速率增加，但随着规模的进一步扩大，聚集成本（不经济）逐步加大，将出现规模不经济的现象，

---

① 民生问题在本项研究的其他部分已具体分析。

② 曲线 A 代表规模扩大后聚集经济的变动状况，曲线 T 代表交通成本的变动状况，N_A 为净聚集利益的变动状况。曲线 A 先以递增速率增加，而后以递减速率增加。曲线 T 先下降而后上升，下降时表明交通利益的扩大，上升时表明交通利益的缩小；区域规模达到 N_E 后，交通利益逐渐变为负值。于是，净聚集利益 N_A 表现为一条倒 "U" 曲线，先增加而后减少。在区域规模达到 N_1 时，N_A 最大；区域规模为 N_2 时，N_A 为 0，从而表明区域的聚集利益被耗尽。如果区域规模进一步扩大，聚集利益为负，聚集生产或生活远不如分散方式有利。

并导致该区位聚集经济利益以递减速率增加，甚至出现完全递减的现象；交通利益最初会随聚集规模扩大而递减，当聚集规模日益扩大，该区位的运输距离逐渐增加，交通的拥挤成本亦日渐上升，并导致该区域范围内商品、原料的运输成本及居民通勤费用逐渐增加，并可能导致该区位的净聚集利益先增加，尔后逐步减少，甚至耗尽。因此，仅仅依靠将各参与主体吸引到一定区域发挥聚集利益，不是区域发展的最终动因，推进一定区域经济与社会持续的关键是形成各参与主体的互动机制。①

这一互动行为具体表现为 3 种形式：一是整体互动。一定区位作为一个有机整体，其功能应大于各参与主体的功能之和。为此，就要充分发挥各参与主体合理组合的优势，使各参与主体接受统一的协调，围绕统一的发展目标，协调彼此的工作路线和工作步骤，发挥出系统整体优化的功能；二是相关互动。它指的是各参与主体的相互联系和相互作用。各参与主体的联合，可以使各主体的优势和潜力得到充分发挥，把科学研究和技术开发、人才培养结合起来，使产学研各主体共担风险、共享利益，产生凝聚生产力；三是网络互动。这一网络组织包括该区域内外的各个高校、研究机构、企业、中介组织等，作为网络结点的研究机构之间、企业及相关企业之间、中介组织之间、高校和科研机构及企业之间通过网络连线使高频率、高强度的相互交流和接触成为现实，在此基础上形成网络协同作用和创新能力将远远大于各方简单加总之和。

崂山区已经提出了构建青岛高等教育发展中心的发展规划，并且吸引中国海洋大学、青岛大学、青岛科技大学等青岛市重量级的大学相继在本区的麦岛、朱家洼——午山、牟家落户。但充分利用崂山区境内高校和科研机构云集的资源优势，积极促进高校和研究机构与地方的合作，大力推动科研成果、资金、人才等创新要素在崂山区快速集聚、组合和产业化，仅仅停留在对产学研互动机制认同的层面是远远不够的，要使产学研之间的互动机制真正形成并且能够持续发挥效应，还必须对各类行为主体的结合点进行相应研究。

分析企业融入产学研合作体系的动机通常包括 4 个方面：一是取得高素质的科技研发人员；二是接触属于较前端的研究或技术知识；三是寻找解决特殊问题的知识来源；四是使用学术界特殊设备等。而学术界与企业合作的动机则包括：（1）由于政府经费紧张，业界代表另一种研

---

① 高科技园区发展动因分析，上海市科学技术发展基金软科学项目（项目编号：006921029）。

发经费的来源；（2）业界的经费运用没有政府的限制那么多；（3）与业界的合作提供了师生接触实际问题的机会；（4）政府对申请项目常常具有自行筹集开发款的要求等。

各类行为主体合作中所遇到的困难和风险主要是：行政职能的划分和管理方式的差异，是合作各方看待事物的立场有较大的差异。其中，高校和科研机构往往是"自己什么强就要求重视什么，推广什么"，企业尤其是国有大中型企业，往往期望"政府给什么项目就做什么项目"，二者均未以市场为纽带来寻找商机开发产品。针对这种情况，有必要建立一种企业为主体，政府积极参与和引导的"官产学研"合作机制。在这种合作机制中，政府的职能是：制定合作发展的战略规划和政策，协调重大合作项目等；高校和科研机构的职能是：着眼高技术基础研发工作，提供最新技术和研究成果；企业的职能是：着重应用技术的研究开发和工艺创新，并将科研成果商品化。

产学研合作潜在的风险一般来自于下列几种情况：一是价值观的冲突。大学的存在是为了知识的进展、自由的询问以及各种观念思想的交换，同时，有时候一些学术界的研究人员也会明显地排斥利润导向或商业导向的研究。而业界的存在主要是希望从对社会提供各种产品或服务当中，获得适当的收益以回馈股东及员工们。二是资讯传播的限制。大多数的学术人员经常认为知识只有充分地传播才有价值，而产业界则常常将新的知识当成私有财产，他们认为，知识只能使用在最有利于公司或使企业能获得最大收益的地方才是有价值的。三是知识产权问题。传统的观念认为，既然是政府出资或补助的研究成果，其所有权理所应当地属于国家。然而实证的结果却发现，若是专利为政府所拥有，其商品化的比例并不高。而且对业界来说，如果无法取得专属授权，终究无法保障他们最初投入的回馈。因此，知识产权的归属问题，也是产学合作所需要面对的课题。

六、如何确立与新经济增长格局相适应的城市形态

按照城市用地形态和道路骨架形式，可把城市形态大体上归纳为集中和分散两大类。其中，集中式的城市形态又可分解为团块状、带状、星状等形态；分散式形态则主要以组团状为代表。

团块状城市是在城市中心的强大吸引力作用下形成的一种城市形态。城市的生产和生活在中心地区集中，城市地域以同心圆形状向周围延展，如果受到地形、交通等因素的影响，只向一侧延展，就会形成扇形的城市形态。团块状城市一般布局紧凑，有利于生产部门的协作和管理，且节省用地，市政设施建设省力省钱。这类城市的弊病是，随着城市地域呈同心圆状向外扩展，往往使工业区和生活区层层包围城市，不能通过快捷的交通系统及时把人口和产业疏散出去。

带状城市常常是在沿交通线发展的轴向力作用下形成的一种城市形态。城市地域往往沿交通干线（铁路、公路、河道等）向外扩展，最终形成带状城市形态，这些交通线往往就是城市的主要发展轴。我国北方城市兰州，城市建成区沿黄河河道东西延伸，就是典型的带状城市。

当城市由相互交叉的轴线构成时，就会形成有多个超长伸展轴的星状地域形态。我国湖北的武汉、辽宁的大连、河南的郑州、广东的韶关、河北的秦皇岛都是星状城市。

组团状城市往往是受用地限制或河流阻隔，或在规划、控制等人为因素作用下，形成的具有一定独立性的众多团块状城市形态。如我国的重庆市，市区发展受山地地形和河流制约分解成多个组团，就是一个自然形成的组团式布局的典型实例。

研究城市形态对崂山区的发展有三点启示：

第一，认识城区地域结构变化的规律。按照城市发展的一般规律来看，当城市还是一个小城镇时，城市地域狭小，各项功能混杂布置，没有明确的地域分工；城市向中型规模发展时，外来人口和市区变成了工商业混合的市中心。城市发展到大城市时，工业也开始从日益拥挤的中心部位向外迁移，在居住区外围形成郊区工业区，市中心的商业更加发达，增加了多种服务行业。一般来说，城市规模越大，其地域结构的分化越明显。

崂山区是一个通过外来资金大规模建设而迅猛发展的新城区，因而有效地避免了许多城市自然生长过程中所形成的功能混杂的尴尬结局，同时，它又是一个备受人们关注的风景旅游区、国家级度假区和城市的高科技工业园所在的区域，道路设计、城区规划从一开始就站到了一个较高的起点上，省去了许多城市旧城改造的心事。但崂山区同样面临着一个高点的区位规划问题，如果弄不好，不仅会贻误崂山区经济与社会的快速发展，而且会给后续的建设留下许多瑕疵。例如，滨海大道（松岭路段）开通之后沿途道路的对接和周边发展布局的调整，就是一个需要尽快予以规划的事情。再如，青岛市"新东部"概念提出，尤其是崂山隧道开通、田横、鳌山城市组团开始加速建设后，崂山区整体的发展中心实际上已经出现部分偏移。在此背景下，崂山区新的经济增长格局应当如何配置也需尽快拿出对策。

第二，分析商业和商务区划布局和发展前景。商业按其性质可分为零售商业、批发商业和专业性服务业。其中，零售商业大都位于交通最方便，行人众多或主要道路交汇点上。专业性服务业需要交通方便，商业活动频繁，但不一定接近行人众多的地区。批发业由于需较大空间来储存货物，占地多，其付租能力又不如前两者，可位于非市中心区。

按照上述要求，崂山区有望发展成为中心商务区（CBD）的海尔路一线及其周边地区可按 4 个亚功能区设计：一是商业亚区：含零售业中心（大小商业铺面）和宾馆、饭店、酒吧等。二是金融亚区：为各种金融信贷机构集中地。三是办公亚区：为各种公司和事务所的集中地。四是文化娱乐亚区：为博物馆、展览馆、书店、剧场、夜总会和各种俱乐部的集中区。此外，随着城区建设的不断发展，信息产业也有望成为其中的一个亚区。

借鉴一些学者对国外多个城市中心商务区（CBD）土地利用情况的调查资料，[1] 还可使用中心商务高度指数（Central Business Height Index）、中心商务强度指数（Central Business Intensity Index）两个指标对其建设标准进行相应的界定。其中，

中心商务高度指数（CBHI）= 中心商务区建筑面积总和/总建筑基底面积

中心商务强度指数（CBII）= 中心商务用地建筑面积总和/总建筑面积 × 100%

国外一般将 CBHI > 1、CBII > 50% 的地区定为 CBD。鉴于崂山区位于青岛市的东部地区，香港路商务中心、李沧商务中心已经形成雏形，海尔路一线的人流、物流短期内集聚的规模还相对较小，因而对 CBD 建设和评价的标准可以适当地降低。

崂山区商业网点的建设同样可分级建设。第一级商业网点商品集中，

---

① 胡兆量、谢启澜：《中心商务区的内部构成》，载《新世纪的中国城市》，唐山出版社 2005 年版。

商店规模大。以大型综合性商店和超级市场为标志；第二级商业网点主要分布在区内交通要道处。这里以大型副食店、中型百货店，以及各类专业商店为主；第三级商业网点主要分布在街道的交叉路口和居民住宅区中，主要为附近居民服务。商店以小型综合商店、副食杂货商店、代营代销店为主。

第三，明确城市用地次序的选择。城市用地选择是城市规划和建设的一项重要工作内容。城市用地选择得是否恰当，将直接影响到城市的功能组织和规划布局，影响到城市各项工程设施的建设和运输管理的经济合理性。为了做好此项工作，通常需要重点关注如下几条原则：一是用地选择要按新建与旧城改建、扩建的不同特点来进行。但无论是新城市建设或旧城市扩建都应注意到对现有城市现状的利用与改造；二是工业用地的选择要考虑到它与城市其他用地的关系，尤其是与居住用地的相互关系；三是尽可能满足城市各项设施在土地使用和工程建设以及对外界环境方面的要求，考虑规划与建设的合理性和经济性。

就崂山区的情况而言，用地顺序选择应注意以下几个问题：（1）商贸区应沿"四纵五横"的城市交通干线合理布局，其中南北走向的海尔大道具有尤为重要的意义。按照目前的发展趋势，① 它极有可能在不远的将来，像香港路一样，成为青岛市东部高档写字楼的汇聚地和最耀眼的商务区。（2）由于崂山区的工业主要集中在中心城区北部的高科技工业园及其周边区域，此处土地使用费昂贵、环境保护要求高，不宜发展用地大、货运量大、对城市有一定污染的项目。砖瓦、石灰、木材加工等原材料企业，有爆炸和有污染的化工企业，以及需要采用铁路运输的工业企业均不适宜于在该区域布局。（3）崂山主城区有大片的土地是作为住宅用地使用的，② 受价格、租金和交通费等因素限制，居民向北集聚已成必然趋势。有关用地规划和建设布局在尊重市场因素的同时，对诸如居住区域的邻里关系等非市场因素也要给予相应关注。（4）随着对城市生活素质和美化环境的重视，作为休憩用地及绿化地带的各种公园、游园等也在城市的土地利用中占有重要地位。但其区位因素不是付租能力

①　近年来，海尔路已成为一条极具活力和潜力的"商贸大道"和"经济产业带"。目前，已经有莱钢集团、联通、电信、青岛数码科技中心等 20 多个已建、在建、待建的总部类大项目和高新科技研发中心会聚于此。另外，还有 69 个经济类和商贸旅游类大项目在海尔路两侧开工兴建或即将破土动工。

②　在多数大城市依照居住用地占城市建设土地比例的上限 32% 推算出人均居住用地指标是符合实际的。但在崂山区这一比例预计要更多。

或市场机制决定的,应该通过社会对市民的关心,确定它的区位。(5)交通用地和其他公用事业用地的性质与商业和住宅用地不同,而与休憩用地和绿化地带相似,是公共财富之一。不过它们又具有生产性质,可自负盈亏或间有盈利。(6)农业用地则须贯彻保护耕地原则,未经国家专门机构批准,不得转换用途。

由上可见,城市各种用地的区位因素是有差异的,各种用地之间的分化倾向称之为功能分化。当城市某一地区某一功能较为突出时便形成了功能区。崂山区在规划城区的功能时,应当充分考虑城市用地的功能分化问题,形成功能分置的合理布局,同时,兼顾各个不同功能区的匹配和协调,保障各类用地数量与形态的适用性,同时,要考虑用地形态的紧凑布置,以节约市政工程管线和公共交通的费用;要尽量利用城市原有设施,以节约新区开发的投资和缩短建设周期。此外,用地选择在规模和空间上要为规划期内或之后的发展留有必要余地,还要兼顾相邻的工业或其他城区用地的规划及其功能的变迁,不致因彼方的扩展,而影响到自身的发展和布局的合理性。

第十章

发达国家土地管理与集约利用经验

在我国特殊的城市化背景及工业化加速发展已大量消耗土地资源的情况下，怎样合理利用有限的土地资源，促进资源利用效率的提升，是我们面临的一个重大课题。本章所介绍的美、日和欧美等一些发达国家在土地利用与集约使用方面的成功做法，可以为我们提供一些可资借鉴的经验。

一、美国土地管理与集约利用情况

（一）历史的教训①

美国建国之初拥有原始森林 8 亿多亩，50% 左右的森林覆盖率，只有10% 是旱地和荒原。然而，到 20 世纪初，美国只剩下不到 2 亿亩的原始森林，75% 的原始森林遭到彻底破坏，各种侵蚀现象十分严重。土地资源遭到破坏的主要原因就是掠夺式的土地经营。垦荒的农民往往以一生耗尽两三个农场为荣，形成了所谓的"屠宰土地"现象。先是烟草种植，然后是棉花种植，无一不采取粗放式、掠夺式的耕作方式。在原有的生态平衡被人为破坏后，大自然的报复使美国停止开垦新的农业耕地，对原有的耕地进行恢复或免耕。这在一定程度上缓解了对土地资源的破坏，促进了生态系统的恢复。为了提高产量，获得更多收益，美国政府大力提倡机械化耕种，并加大化肥和农药的使用。但由于农业机械化的推广造成了土壤的压实，破坏了土地正常的结构，反而降低了农作物的产量。② 另一方面，化肥和农药的长期使用，虽在短时间内提高了农作物的

---

① 美国发达的农业是举世公认的。但是，在发展初期它同样留下过乱砍滥伐和掠夺式土地经营以及无规划城市扩张导致严重生态危机和土地资源流失的惨痛教训。

② 有关研究表明，土壤压实造成了小麦减产 10%，甜菜减产 15%，马铃薯减产 40～50%。

产量，长期却导致了土壤的理化性质和生态性质降低，土地硬化现象突出，土壤结构遭到了破坏。同时，遗留在农作物上的化肥和农药的残毒直接影响到了人类的健康。杂草和害虫的抗药性反而随时间的推移不断增强，使农药的使用陷入恶性循环，加速了对土壤的破坏。

　　另外，城市的不断扩张，占用了大量土地资源。自 1950 年起，美国人口迁移出现扩散的趋势，主要表现是建成区的低密度蔓延，代价是土地资源的不合理利用与浪费。1/3 的农田被占用，森林环境敏感地区和文化遗址也受到伤害。据预测到 2010 年由于建成区蔓延发展所造成的对汽车使用的依赖，将使污染源的水平比 1989 年高出 30% 左右。另外，工业化进程在一定程度上造成了人口在大中城市的局部聚集。因此，在城市及其周边地区对环境的污染和破坏远远超过人口相对稀疏的地区。工业生产给城市和环境带来的各种外部不经济，进一步恶化了美国土地资源利用状况。

（二）对土地资源管理与保护的四个阶段

　　1. 土地资源开发期。美国建国①至 20 世纪初。主要是联邦政府期望通过出售土地以获得财政收入。而 1862 年《宅地法》的颁布更加快了土地的开发，随后的一系列对《宅地法》的修改，不仅进一步加速了土地的开发，同时还将过多的土地管理权下放给了各地方政府，通常是县和市级政府。这一阶段不加选择地处理公有土地，导致了 20 世纪初落基山以西地区的移民高潮，进而加速了美国土地的开发。

　　2. 觉醒期。20 世纪 30 年代至 70 年代。由于掠夺式土地使用方式的蔓延，各种弊端和矛盾日益显现。美国成立土壤保护局标志着政府和民众对土地资源保护觉醒阶段到来。自此，政府开始制定各类法律法规，从原来粗放式的土地开发利用转向理性的有目的的开发利用。《多功能利用和持续生产法》和《水土保持基金法》等法规就是这一阶段的主要代表。针对这一时期城市人口密集并不断出现扩散的趋势，美国政府建立了分区制。这是美国控制土地使用最重要的一种策略，即对土地使用加以管理，将用途不能相容的土地隔开，特别是保护住宅区不受危险、肮脏和有毒的工业活动的毒害，明确各种土地资源的功能和发展方向等。

　　3. 保护期。20 世纪 70 年代至 90 年代中期，不恰当的土地利用方式

---

① 一般认为，1776 年 7 月 4 日发表独立宣言标志着美国建国的开始。

带来的环境污染和其他危害，促使美国政府采取积极的行动来管理土地资源。在保护自然资源环境方面，出台了一系列法规，主要涉及环境质量改善、资源保护与恢复、职业健康安全、水污染、噪声、海岸带管理、洪灾、濒危物种、有毒物质控制等方面。为了保护战略性的农业资源，除 1981 年推行的《农地保护法》和 1985 年制定的《食物安全法》外，美国各地还出台了一些新措施，以控制农用地向非农用地转换。开发权转让（TDR）是近年新创的一种土地管理方式，通过 TDR 可永久保护农地及重要生态区，它能够促使开发活动集中到预定地点，并通过经济手段使土地拥有者得到补偿。如一些州在划定的公园或保护区内，实施了TDR 规划，即通过购买私人土地所有者的开发权，限制和减少对林地和农田的建筑开发。此外，有些开发计划将土地有限取得和管理计划一并使用，主要是为获取重要生态建设用地或战略性农业用地的所有权。对于所有制转为公有的土地，可将其有限使用权再出卖给私人。为保护农地，政府通常采用购买开发权，在交易中付给地主非农开发价值与农业用途之间的差额的办法，一旦购买开发权，该土地只限于农用。

4. 应变期。20 世纪 90 年代中期至今，在农村土地利用与城市建设土地之间存在着明显的冲突，农地的数量能否满足国内预期的需求？针对农村土地的公共政策，其关键目标应是保护土地资源的生产潜力或"持续性"以满足未来国内外的需求。不可逆转的农村土地其用途变更是对目前多变经济环境的一种正常响应，其后果不仅使农村土地生产力或潜在生产力丧失，还涉及环境质量、供水、自然灾害、交通拥挤等一系列公共问题。美国乃至世界范围内的人口、收入和技术的变化，以及对当今环境问题的普遍关注，造就了美国不断变化的土地利用格局。1994 年美国国会大选后，新一届国会对政府在农地和其他自然资源保护及持续利用方面的支持力度有所减弱。现阶段，来自农业和农民的压力以及日趋高涨的保护生态环境的呼声，使政府不得不重新考虑保护农地及其他自然资源、公众健康安全和福利的重要性和必要性。

（三）城市空间的集约化利用

城市空间能否集约化利用直接影响城市竞争力和城市发展的可持续性。进入 20 世纪，美国的城市规模扩张飞速，由此带来的一系列对城市空间布局的挑战，从各个方面影响着美国的城市建设。

城市空间集约化利用的一个主要方面是城市的交通规划与建设。为此，在 20 世纪的最后 30 年间，具有代表性的电力轨道交通，重新在美国的一些城市兴盛起来。一些城市的原有轨道系统被重新使用和延长，有些城市新建了重型轨道交通系统，包括旧金山、亚特兰大和华盛顿，这些新建重轨系统大都采取了地下和地面轨道相结合的方式，即在城中心建筑密集区采用地铁，而在中心区以外和郊区采用地面轨道或地上架空轨道，合理有效地利用了城市的不同层次的空间。轻轨得到了越来越广泛的应用，到 20 世纪 90 年代末，美国已有十余个城市有轻轨公交系统运营，这些轻轨交通的建设投资 80% 左右来自联邦政府。与大约一个世纪以前的地铁或有轨电车系统所不同的是，这些新的轻轨系统大都规划或建设为区域性的公交运输体系。如今，美国越来越多的人乘坐公共交通，公交乘客量居 40 年来最高水平。

城市空间的集约利用可为拉动和吸引投资提供良好的前提条件，城市交通等基础设施的便利为城市发展带来更多商机。例如，车站及其附近地区成为商业和住宅开发的重要生长点。美国一些城市结合轨道交通建设，同时利用税收和投资政策以及土地开发控制手段，来达到引导或鼓励一些地区开发和限制城市蔓延的目的。一些开发商和城市政府甚至建立起了一种创造性伙伴关系，共同为交通改善和新区开发提供资金。

近 30 年来，美国通过交通规划影响城市空间集约利用，一直在朝着提供"多种交通方式"① 的方向努力。事实上，多种交通方式并行增强了公共交通的竞争力。与此相关的具体措施还有不少，包括不同交通方式之间的方便换乘，如采用全程通票和中途免费换乘，也包括改进公共汽车线路，像设置公交快车专用线和增设"高峰小汽车道"。② 还包括鼓励骑自行车和步行，开辟步行街和"怡人"步行路③等。

（四）　保证土地集约使用的手段：复合型规划

在非常重视法制化建设的美国，做好规划，有步骤有计划地通过规划逐步建设新老城市，保证了土地利用的合理性、科学性和持续性，同时也为城市发展提供了良好基础。美国的复合型规划包括以下几个部分：

---

① 区域交通体系规划中的一个常用术语，即以方便出行为根本目的，为人们提供可供选择的多种交通方式，包括地铁、轻轨、公共汽车、市郊火车以及小汽车等。
② "High-occupancy vehicle"，译为"高峰小汽车道"。一般是道路中间的两个或以上车道，与其他车道有一定的分隔；每天随着上、下班高峰期车流流向的不同而改变车道的行车方向，如上午为进城方向车用道，下午变为出城方向车用道。
③ "pleasurable walking roads"，指景色优美、环境怡人、令行人心情舒畅的步行道路。

1. 土地利用规划。土地利用规划中包含一张详细的未来土地使用安排图，它是 20 世纪 50 年代规划的"直系后裔"。今天，土地利用规划仍是复合型规划的主体之一。土地利用规划提出一个城市商业、办公、居住、开放空间、公共土地使用及流通系统未来长期的发展模式。土地利用通常包括一个"混合用途"概念，即鼓励将居住、就业、购物等不同功能区混合的新的规划原则。与美国当今流行的其他规划一样，土地利用规划反映了近年来的社会问题，尤其是环境危机、基础设施危机和地方财政压力等。环境因素不仅被当代规划师视为开发的制约条件，也同时被视为具有价值的资源和应当受到保护的财富。

2. 土地分类规划。美国的土地分类规划较为流行的是一张更为概括的区域开发政策图，而不是详细的土地利用模型，特别是在县、大都市区和期望、鼓励城市在指定区域扩展的地区更是如此。土地分类规划的理论基础包括 Ian McHarg《按照自然规则设计》（1969 年）一书的思想、1976 年的美国法律协会（ALI）的土地开发模式法、1972 年的《沿海区域管理法》和 1973 年的《俄勒冈州土地利用法》。土地分类图或开发时序图都体现出政府对限定城市扩展的地域及方式所做出的努力，通常限定了城市扩展的进程与时间，通过划定"非开发区"以保护环境，尤其是生态脆弱区，明确鼓励建设区（称为都市区、演变区或发展区）及限制建设区（称为开发空间、乡村、保留区或敏感环境区）。对每一个功能区，均提供有关开发类型、时限、允许密度、基础设施扩展的政策，以及发展诱因与制约因素等。

3. 文字政策规划。文字政策规划通常非常详细，有时又称为策略规划。它的理论基础是 Meyerson 的《复合规划的中期桥梁》（1956 年）、Fagin 的政策规划（1959 年）、Perloff 的策略及政策规划（1980 年）等。文字政策规划聚焦于规划目标及政策的文字表述，没有图纸形式的开发模式或实施战略。文字政策规划有时又被称为政策框架规划，它比其他形式的规划更容易编制及组织，尤其是那些关联性不大的非物质性发展政策。有些人士认为，文字政策规划有助于规划师避免过于依赖规划图纸，因为规划图纸往往难以在社区发展政策发生变化时进行及时的调整，而文字政策规划则可避免将普遍的总体政策运用到特定地段。文字政策规划或许在地方政府（县级及以下）运用得较少，但在州一级则运用得非常普遍。由于文字政策规划通常包括目标、事实、项目及针对不同目的的总体政策和实施原则等，它常常被作为规划程序的第一步。文字政策规划实际上包含在大多数土地利用设计规划、土地开发管理规划之中。

4. 开发管理规划。开发管理规划来源于指导开发项目实施的特定计划，如公共投资计划、开发法规和基础设施扩展计划等。开发管理规划的特色主要体现在其协调的实施计划中，而计划又建立在综合分析和目标确定的基础上。它通常是为地方政府实施一个为期 3～10 年的特定议程。实施计划常常明确规划内容、地理范围、时限、责任分配等，一般包括以下内容：（1）对现存及发展过程中即将出现的情况的描述，尤其是对发展程序与政治制度背景的关注，以及对现存开发管理体制的评述；（2）对目标及立法意向的陈述，包括管理倾向的目标。实施计划是开发管理规划的核心，主要包括：（1）列出建议的开发模式，包括：检讨开发许可的程序；开发类型、密度、紧凑度及执行的标准；场地规划、场地工程及建设实际要求；征税与税收减免规定及其他鼓励与限制措施；对各类区域不同开发标准、程序、税费及鼓励措施的陈述。（2）城市基础设施与社区交通及服务设施的扩展计划。（3）资金改善计划。（4）地产获取计划。（5）依据社区实际情况增加的内容，如优先的征税计划、城市特定衰败地段的再开发计划、历史街区保护计划等。官方规划图标出立法目的，通常是将其中具有法律效力的部分归并成条例及目标形式图（如土地分类规划或土地利用设计）；区划覆盖区或规划区及其他开发类型、密度或要求不同的特定区域的图纸；城市公共设施区位图；资金改善程序图；其他与开发管理及程序有关的图纸。

通过上述分析，可以总结出美国复合规划有如下几个特点：

第一，复合型规划从城市发展的内在动力机制及其规律出发，强调规划的政策性、可操作性、法律地位。规划编制过程透明化、程序化、法制化；规划人员除专业人士外，还包括政府、法律、经济、环境、居民、社会团体等多方面人士，避免仅由少数专家闭门造车、因为专家自身知识与创造性缺陷而给规划带来缺陷。复合型规划运用市场调节、财政、税收等市场经济手段，努力使之与公共利益及城市的整体发展趋向相协调，而不单纯依赖行政强制方式。

第二，复合型规划重点突出，详略得当，针对不同尺度的地域，编制重点不同、形式不同的规划。较大范围的总体规划应强调土地（尤其是区域）的合理分配，明确城市发展区、限制发展区及生态保护区的范围，针对本地实际，围绕几个关键性的重大发展战略问题加以制定，突出其战略性、指导性。而局部地段，则着重于对公共中心和交通等基础设施的配置及对人口密度的控制，同时明确各地段的开发政策。这既可从整体上把握城市未来发展的方向，又给详细规划设计及建筑设计留有较大的余地，便于塑造丰富多彩的城市形象。

（五）美国城市土地集约利用的范例——芝加哥

芝加哥是美国的第二大城市，位于美国中西部密执安湖的西岸，也是美国高层建筑的故乡，在现代建筑史上占有重要地位，"芝加哥学派"在建筑史上颇具影响。芝加哥相对纽约发展较晚，1840年人口只有5000多人，而纽约已经成为人口达40万的海港城市了。但芝加哥人口增长迅速，1890年人口已经近180万。1893年，芝加哥举行了世界性的万国博览会，兴建了许多高大的公共建筑，坐落在密执安湖一侧的芝加哥市中心是因一条环绕老商业中心区的高架快速公交系统而繁荣的，拥有4万多间客房，140多家大银行、全国保险公司、政府机关、证券大楼主要集中于此。面积仅1.6平方公里的土地上就业人口达80多万，其中，80%是乘坐交通工具上下班的。20世纪70年代初，芝加哥相继建设了大批高层建筑，以集约利用越来越稀缺的土地。但是，闹市区高层林立，公众意见很多。

为了改善环境，芝加哥和旧金山等城市采用建筑容积率来控制。芝加哥将建筑容积率定为16，旧金山为14。在芝加哥中心区，规划建议高层建筑不得超过40～50层。如果在建筑基地内留出公共广场，在建筑物低层透空并向公众开放，或建筑上层向内收缩，其高度还可以增加。另外，芝加哥通过30家大公司联合投资，在市区开发了一个规模为20.4公顷的住宅区，住宅层数分别采用22、27等几种形式。这是一个在市中心探讨低层高密度的事例。

二、日本促进土地集约利用的经验

战后，日本成功解决了国土资源稀少、人口在大城市高度集中、城市经济发展受土地资源制约等困扰，在大城市土地利用与城市生态建设方面形成了自己独特的经验，为世界各国提供了宝贵的经验。

（一）对城市土地实行法制管理

1. 20世纪70年代以前的法律法规及其作用。1950年制定了《国土综合开发法》，这是日本第一部关于国土开发的基本法，首次提出了从中央到地方的四级规划模式，即全国综合开发模式、大经济区开发模式、都道府县开发模式以及特区开发模式。

1953 年，日本政府颁布《关于道路建设资金来源措施法》，成功地将征收燃油费的收入固定用于保养、维修、新建道路。

1954 年制定了《土地区划调整法》，着手进行城市道路综合治理，从制度上为城市建设提供了可靠保障。

1956 年日本政府制定了《城市公园法》，1956 年制定了《首都圈管理法》，城市老街区纳入政府统一规划管理，严格控制无序膨胀。

这些市政法规的出台，为日本的市政设施的统一建设奠定了法律基础。日本政府于 20 世纪 50 年代后半期开始着手城市道路网建设。

1962 年制定的《全国综合开发计划》，采用了"据点式"开发方式，通过圈定专门的工业开发区（工业集聚地）、地方开发城市（外来经济集聚地）等手段，疏散工厂和推进地区开发。这一时期相继制定了《促进新产业城市建设法》（1962）、《工业特区管理促进法》（1964）。这些法律均以"工业开发"为重点。

1963 年《近畿圈城市建设法》、1966 年《中部圈城市建设法》相继问世，两个法律根据各地不同特点为大城市圈政策的实施奠定了基础。

1968 年日本制定了第一个市政基本法——《新城市计划法》。通过推行区划制度和实行开发许可证制度，严格划分城市区域，控制城区无序发展，这样做不仅有效遏制了盲目发展的势头，而且为科学管理、规划、开发城市土地打下了良好基础。

1969 年，日本政府制定了《城市再开发法》，统一规定了现存城市土地的管理事业范围。另外，由于城市下水道五年计划的制定，真正意义上的城市环境设施建设也全面铺开。

2. 20 世纪 70 年代以后的法律法规及其作用。1972～1973 年，由于个人、土地开发公司用于土地的投资不断增加，日本出现了土地投资过热现象，地价以每年 30% 的速度猛涨，土地价格增长过快造成了许多社会问题。鉴于以上情况，日本政府于 1974 年制定了《土地利用计划法》，使土地利用管理、国土利用计划管理、土地利用基本计划管理纳入法制化轨道。在税收方面，则有法人土地转让重税制、特别土地保有税制，有效控制土地投资行为。在市政建设领域，1972 年《城市公园等建设紧急措施法》、1973 年《城市绿地保护法》、1974 年《生产绿地法》相继出台，使日本的公园建设及保护城市绿地的法制更加完善。

1975 年颁布《有关促进大城市提供住宅建设用地的特别措施法》，完善了住宅建设用地的提供制度，使土地规划、征用以及住宅小区的建设、管理更加科学化。

1982 年，日本政府修改了《城市建设计划法》和《城市再开发法》，正式实行地区建设计划制度、城市再开发制度和城区街区再开发制度。1983 年，针对高科技工业园区的开发，日本政府颁布《高科技工业集中地区开发促进法》，以促进产、学、居民的有机结合。1987 年 6 月，日本政府制定了《第四次全国综合开发计划》，为城市建设设定了新的目标。

（二）　优化城市布局和发展规划

通过法律法规对城市土地利用进行规范，保证了土地能够在有序情况下得到开发和利用，促进了城市的和谐发展，但它仅仅为城市发展提供了一个发展平台，没有从根本上解决城市发展与资源供给的矛盾问题。随着经济的进一步发展，工业设施和人口日益向大城市以及周围地区集中（例如，东京圈、大阪圈和名古屋圈这三大城市圈占日本国土面积的6%，而人口却几乎占全国的一半），从而引发了建筑物密集、住房紧张、交通拥挤、地价昂贵等问题。为此，日本政府采用了如下措施：

1. 改建老城区，扩建新城区，优化城市形态。

（1）变"一心"为"多心"。日本中心城市人口相对密集的主要原因是行政机构、企业事业单位高度集中。为此，日本政府在中心城市附近建设"副中心城市"，分散其相关的行政机构和企事业单位，以降低中心城市的压力，起到了良好效果。例如，20 世纪 80 年代，东京中心区人口密度已经达到每平方公里 500 人。为了更好地发挥城市功能，日本政府从 20 世纪 50 年代开始正式开发新宿、池袋、涩谷三个"副都心"，有效地减轻了东京老商业区的压力，使东京的城市结构趋于合理化。

（2）城市立体化发展，充分利用有效城市空间。为了提高城市土地利用率和城市空间的集约化应用，日本各大城市纷纷修建超高层建筑。同时，还向纵深方向发展，修建地下商业街、车站等，形成立体化城市结构。在经济高速发展的 1978 年，日本东京建成和正在施工的超过 90 米的超高层建筑就有 23 栋，当时东京大规模的地下商业街已有 17 处之多。

（3）改变旧中心城区的布局，促进城市与周边环境的协调统一。由于历史原因，日本有些城市的商店、民宅、工厂相互交叉，布局极不合理。为了分散日益膨胀的城市工业和人口，从 20 世纪 50 年代开始，在城市近郊地带大力开发新城区，不仅在东京都周围地区修建了大批住宅，还在此基础上建设了七座新城。新城分为科学城和生活城两类。其中最成功的是筑波科学城。这些新城都配备商业、教育、文化、卫生、交通、福利等各种设施，使居民有舒适、方便的生活环境和便利的交通条件。新城的建立，对于疏散人口、缓解城市压力、改善居住环境发挥了重要作用。

2. 调整工业布局，改变城市产业结构。日本政府为了控制随着高速经济增长而急剧增多的城区工厂，一方面，通过立法严格控制城市新建、扩建工厂；另一方面，按照不同等级划分"促进迁移地区"和"推荐迁移地区"，在那里建设工业园区，采取各种各样的措施吸引市内的工厂向外迁移。对于不按规定坚持在市中心建立事务所或者工厂的，日本政府则根据法律对它们课以重税，并且要求其履行防治公害的义务。凡是公害严重又可以搬迁的工厂，日本政府都实施优惠的经济政策，动员它们搬迁。对那些实在不能搬迁的，则要求其在规定的时间内改善环境，把平房式厂房改建为楼房，并且专门为它们研制防公害技术和进行现场防公害指导。日本大阪地区就把中小企业相对集中的市区东部划为特别工业区，把分散在市区的其他中小企业都集中到特别工业区内，从而有效地改变了工厂与住宅犬牙交错的局面。

3. 发展中小城市、振兴地方经济。日本政府逐渐认识到，要彻底解决城市问题、缩小城市差别，只有根据大城市周围中小城市的特点，在原有的经济基础上积极扶持原有工业并振兴新型产业才有可能获得成功。日本在这方面有过教训。在实施"福利优先"政策的过程中，引导大城市的工业企业向中小城市转移时，只注意中小城市的生活设施建设，以至于出现了过分强调生活而忽视生产的倾向，日本地方政府为吸引大城市的工厂而建立的工业园区不能及时售出，给地方政府造成了很大的经济压力。另外，由于中小城市的就业机制不够完善，特别是能够满足高学历人口就业的岗位比较少，科研设施、条件也不够理想，所以，尽管中小城市居住环境比较好，但是真正愿意在那里定居的人并不多。

（三）加大生态城市建设的步伐

1. 合理利用能源。由于经济高速增长，日本各大中城市，特别是东京和大阪等大城市人口剧增，对城市的能源供给能力形成了严峻考验。

为了提高能源生产和利用效率，需要在城郊建设大规模的发电设施。[①] 但从生态城市的观点来看，投入能源（天然气、石油、煤炭等）的50%，将变为废热排放到大自然中，不仅造成能源浪费，而且增加了对自然生态的破坏。同时，城市电力消耗急剧增加会造成城市"热岛现象"。

此外，大中城市由于人口密集，商业发达，地价随之不断上升，市中心逐渐被商业价值高的办公楼和商场等商业设施所占据，住宅被迫搬迁到偏远的郊区。这不仅加剧了城市的"热岛现象"，而且造成了城市能源利用的不合理。使城市中心和郊区的能源消耗不平衡，大大降低了能源的利用效率。同时，市民从郊区到市中心的往返，增加了交通建设的压力，造成了交通能源的浪费。

通过城市土地利用布局的调整，可以有效地避免上述问题，保护环境，建设生态城市。通过对住宅和商业设施的合理布局，保证早晚能耗维持平衡，不仅可以提高发电效率，而且可以降低发电设备的投资。目前，东京等大城市正在制定《大城市再生法》，通过改善城市中心的生活环境和降低地价，促进城市中心的住宅建设，实现居住和办公一体化。

2. 完全再循环利用住宅。欧洲住宅的使用寿命一般都在百年以上，而日本住宅的平均寿命仅有25年，住宅解体后建筑材料的再利用率只有10%左右。[②] 随着经济的高速发展，大量生产、大量消费和大量废弃的生产消费方式使人们在短时间内不断更新住宅，新型建筑材料的不断出现也导致其再循环利用率一直处于低水平。为此，提高住宅的使用寿命和建筑材料的再循环利用率就成为生态城市建设的重要内容。

为了解决这一问题，日本政府积极开展住宅再循环利用的科学研究，通过对建筑材料的重新分解、再循环利用以减少建筑业的废物、废料排放，提高能源、材料的利用率，保护环境，积极建设生态住宅。有关研究表明，如在住宅的设计阶段就充分考虑使用可再利用和再循环利用的建筑材料，住宅解体后建筑材料的再利用率可达到80%以上。

（四）日本土地利用结构的范例——东京

1. 日本东京土地利用情况。东京是日本的政治、经济、文化中心，

---

① 目前，日本的能源供应主要为电力，其中核电发电34%，火力发电55%，（天然气21%，石油16%，煤炭18%），水力发电10%。

② 日本建筑业排放的废物占所有产业废物排放总量的20%，占最终填埋总量的40%。

也是世界上人口最多的国际城市之一。东京都区部包括 23 个区，面积 600km²，人口 813 万（1992 年）。表 10 - 1 是东京都中心三区（千代田区、中央区和港区）和比较繁华的新宿、文京区的土地利用分配情况，另外，我们也计算了东京都区部以外相对不是非常繁华的市部和岛部的平均土地利用情况。

表 10 - 1　　　　　　　　　东京土地利用比例　　　　　　　　单位：%

		区部	千代田区	中央区	港区	新宿区	文京区	市部	岛部
总计		100	100	100	100	100	100	100	100
公共设施	政府部门	1.8	30.3	2.9	10.3	1.6	0.9	0.9	3.5
	教育文化设施	10.3	12.6	5.1	12.7	13	23	12.1	11.1
	医疗设施	1.3	1.3	1.4	1.7	2.3	2	1.9	2
	公共事业	2	0.2	3.9	2.3	0.7	0.2	1.9	2.3
商业用地	商业楼	6	22.6	44.8	21.8	12.2	7.7	2	2.2
	专用商业设施	1.9	2.1	4.2	1.9	2.2	0.8	2.3	1.4
	商住楼	7	5.9	8.3	5.6	7.7	7.7	3.6	3.7
	宾馆、娱乐设施	0.8	3.4	2.7	5.8	2.7	1.7	0.5	7.6
	其他	0.9	0.6	1.9	1.2	1.8	1.2	1	0.4
居住用地	独立住宅	33.9	2.7	4.5	10.8	25.7	32.2	45.4	49.2
	集体住宅	22	3.6	10.2	17.8	26.2	17.8	17.2	3.8
制造业	专用厂房	4.6	0.3	1.2	1.5	1.4	1.3	6.7	3
	住宅专用厂房	2.2	0.3	1.3	0.8	1.2	2.2	0.7	0.6
	仓储、运输设施	5.3	3.3	7.6	5.9	1.3	1.4	2.7	3.6
第一产业	农、林、渔业	0.1	0	0	0	0	0	1.3	5.7

资料来源：笔者依据相关统计资料计算。

东京的土地利用与城市功能和结构相互对应，表现出如下特点：

第一，教育文化设施占地比例突出。教育文化设施用地在东京区部平均比重为 10.3%，市部和岛部的平均值分别为 12.1% 和 11.1%，其中文京区达到了 23%。体现了教育文化在东京经济中的重要地位。东京人以工作繁忙紧张而著称，同时也很注重娱乐。统计数字表明，1996 年，东京人均用于娱乐的消费支出为 3472 元，占消费总支出的 11.9%。作为日本的政治中心和经济中心，东京同时也是日本娱乐业最为发达的城市，其娱乐业不仅仅满足东京城市居民的消费需求，更多的是辐射日本全国的展览、剧院等大型娱乐项目，其产值和从业人数在全国占据重要地位。1994 年东京展览、映画和剧院三个产业产值估计为 248 亿元人民币。

表 10 – 2　　　　　　　　　1994 年东京和日本文化产业概况

	展览			映画馆			剧院		
	企业数（家）	从业者（人）	销售额（亿元）	企业数（家）	从业者（人）	销售额（亿元）	企业数（家）	从业者（人）	销售额（亿元）
东京	162	5848	185.6	193	2015	35.9	114	2359	26.4
日本	726	16271	388.4	1568	9814	121.0	562	8337	56.7
东京占日本比重%	22	36	48	12	21	30	20	28	47

资料来源：根据日本劳佣研究机构编：《地域雇佣开发统计》计算，1998 年。

东京也是日本教育最发达的城市。东京居民每年用于教育的消费总额折算成人民币为 1382.5 亿元，另外，每年约有 10 万名东京以外的高中生到东京接受高等教育，加上留学生，1996 年有 20768 名外国留学生求学东京，这些外来学生的消费对东京贡献相当可观。90 年代中期，东京都政府文化教育经费为 1.22033 兆日元，约合 1089 亿元人民币，加上东京本地居民用于教育的开支，以及外来学生在东京的生活费用，三部分加总约 3330 亿元人民币。

第二，商业楼占地比例非常高。东京都中心三区的商业楼占地比重都超过了 20%。中央区最高为 44.8%，千代田区为 33.6%，港区 21.8%。这只是商业楼一项的占地比重，如果计算商业楼、专用商业设施、商住楼三项合计，东京 23 区部的平均值为 14.9%。

第三，制造业占地比例非常低。东京 23 区专用厂房、住宅厂房并用两项合计为 6.8%，其中，千代田区两项合计只有 0.6%，中央区 2.5%，港区 2.3%，这与日本产业升级、制造业区位转移相对应。1970 年代以来，日本第二产业增长处于停滞状态，就业人口由农业大量转移到第三产业，其中企业服务业增长速度尤其快。1975 ~ 1981 年企业服务业就业人数增长速度达到 6.27%，1981 ~ 1986 年达 5.32%，远超过其他部门的增长。反观日本东京圈企业服务业[1]就业人数的增长速度，1975 ~ 1981 年为 7.28%，1981 ~ 1986 年为 6.70%（企业关联服务业主要包括信息关联服务业、广告业、物品租赁、建筑服务业、展览业等）。东京 23 区企业服务（1994）年销售额折算成人民币：信息服务业为 3863.6 亿元人民币，广告业为 3916.9 亿元人民币，二项收入合计为 7780.5 亿元人民币。相比较而言，1994 年上海的工业总产值只有 4464 亿元。

---

① 因没有东京企业服务业就业人数的增长数据，使用了东京圈的数据。

根据表10 - 1 提供的数据，可计算出东京各区部、市部和岛部的信息熵、均衡度和优势度（见表10 - 3）：

表10 - 3　　　　　**东京各区部和岛部的信息熵、均衡度和优势度计算**

区部		信息熵（H）	均衡度（J）	优势度（D）
区部	区部	2.040432029	0.753469056	0.246530944
1	千代田区	1.816531048	0.670789281	0.329210719
2	中央区	1.990783693	0.735135446	0.264864554
3	港区	2.255426022	0.832859753	0.167140247
4	新宿区	2.030166999	0.749678493	0.250321505
5	文京区	1.899206610	0.701318834	0.298681166
6	台东区	2.138362123	0.789631641	0.210368359
7	墨田区	2.207581278	0.815192155	0.184807845
8	江东区	2.197594593	0.811504378	0.188495622
9	品川区	2.200124037	0.812438424	0.187561576
10	目黑区	1.675616103	0.618753708	0.381246292
11	大田区	1.932858701	0.753343236	0.246656764
12	世田谷区	1.557599421	0.591511923	0.408488077
13	涉谷区	1.458519516	0.713745521	0.286254479
14	中野区	1.557599421	0.575173762	0.424826238
15	杉并区	1.458519516	0.538586587	0.461413413
16	丰岛区	1.857199073	0.685806737	0.314193263
17	北区	1.923602137	0.710327355	0.289672645
18	荒川区	2.159214813	0.797331901	0.202668099
19	板桥区	1.984791830	0.732922842	0.267077158
20	练马区	1.565804888	0.578203789	0.421796211
21	立足区	1.978732589	0.730685343	0.269314657
22	葛饰区	1.983964549	0.732617345	0.267382655
23	江户川区	2.020304901	0.746036724	0.253963276
市部	市部	1.836852805	0.678293484	0.321706516
岛部	岛部	1.902075492	0.702378224	0.297621776

资料来源：根据有关资料计算。

由表10 - 3 可以看出：（1）区部信息熵 H 平均为 2.04，市部平均 1.837，岛部平均 1.902。区部相当于东京市区，其经济发达程度要高于市部和岛部，因而区部的信息熵高于市部和岛部。（2）区部均衡度的平均值为 0.753，市部 0.678，岛部 0.702。根据均衡度定义，越接近于 0 时，土地利用处于最不均衡状态；越接近于 1，土地利用达到理想的平衡状态。23 区所构成的区部是东京市的核心部分，因而从土地均衡度上同样可以看到区部的均衡度高于郊区的市部和岛部。

2. 东京土地利用结构的启示。

（1）城市的土地资源配置应与城市的经济发展阶段以及功能定位密切结合。我国大多数的城市尚处于发展的起步阶段，由于历史的原因，有的城市工业用地比重特别高，如天津和重庆市；有的城市居住用地比重很高，如上海市。在土地资源的重新配置中，要注意结合城市未来的发展目标，对城区和城郊的土地资源使用进行重新规划并严格执行。以上海为例，1990 年以来，上海统一规划，建了陆家嘴、淮海中路、虹桥等多处高档办公区。另外，这些办公区的进驻企业产业定位各有特色，陆家嘴是中国首个金融贸易区，淮海中路以会计、咨询等专业服务业为主要特色，虹桥开发区则以大的国际制造企业中国进驻机构和贸易企业为主。

（2）城市的土地资源配置与城市的产业发展相吻合。过去属于制造业产业内部的会计、广告、信息等逐步从制造业中分离出，成为独立的"三产"企业，近些年，会计师事务所、法律事务所、广告、信息服务等企业服务业在城市得到了空前的发展。同时，由于收入水平的提高，居民的生活水平和生活质量日益提高，促进了教育、医疗、保健部门的迅速扩张，新兴的服务业正在占据主导地位。与此同时，城市商业用地，尤其是商务用地，即各种各样办公楼的占地比重正在上升。因此，根据城市产业发展，应及时进行城市用地的重新配置，减少市区的工业用地和居住用地批租，以充分利用城市的级差地租，最大程度地实现城市土地功能利用。

三、其他国家城市土地利用情况

（一）德国城市土地利用情况

德国汉堡是欧洲最大的港口城市，是世界性的商业贸易金融城市和最大的工业基地之一，也是国际性的休养和娱乐城市。汉堡市在居住用地的集约利用方面主要是通过居住面积密度来控制的。

居住面积密度实际就是居住用地容积率，既反映了建筑容量，又表达了土地容量，是衡量土地利用集约度的一个重要指标。德国建筑法规定，居住密度控制是从市区外围向市中心方向，逐渐由小增大，最高居住面积密度为 1.2。并规定层数建筑面积系数为 1.1 时，允许的最高人口密度为 500 人/公顷。汉堡市为了避免人口高度集中，规划城市发展采取分区与疏散格局，人口密度不得超过 500 人/公顷。

此外，在汉堡及其周围地区的发展模型中，有一个密度分配模型。这个模型规定，在有快速铁路客运的轴线上的居住区，居住密度较高，且靠近快速火车站步行时间不到 5 分钟的范围内允许更高密度的住宅，反之逐渐降低。居住面积密度同时还间接地决定着建筑类型和住宅形式。如密度小于 0.6 时，允许采用不同居住形式混合修建；密度为 0.9 时，只能采用多层或高层，停车场也要采用高层建筑；密度为 1.3 时，要求采用十分集中的住宅布局，停车场设在地下，以留出更多绿地。

（二）英国城市土地利用情况

战后，由于住宅极缺，英国土地有限，高层住宅因其容量大曾风靡一时，20 世纪 70 年代后，民众日益要求回到低层住宅居住，1～3 层的低层住宅日益增多，高层住宅越来越不受欢迎。大伦敦规划着重解决东区住宅重建问题，规定每公顷居住区最多居住 340 人，超出的人口即过剩人口被安排到新建居民点中，远离人口拥挤改建区。

（三）法国城市土地利用情况

巴黎地区是法国最重要的工业区，拥有很多优越条件，工业基础雄厚、项目齐全、劳动力丰富、交通便捷、市场庞大，这进一步加剧了工业在巴黎集中的速度。由于工业和居住混合，同时集中带来的土地需求的增加，导致地价大幅度上扬，巴黎地区的地价是中等城市的 10～15 倍。随着地价的不断上扬，工业成本增加，工业建筑向高层发展，城市环境受到严重污染。因此，严格控制工业的集中，将工业向其他城市疏散，已成为巴黎规划的一项重要任务。市区主要保留无污染工业，并注意工厂建筑环境的改造。把城市由"工业园"转变为综合发展，优化城市产业布局，合理利用土地资源，多种经济形态共同发展。

四、对我国土地管理与集约利用的启示

（一）土地利用和发展战略

在西方国家，土地所有制存在多种形式，既有土地公有制，也有土地私有制。在我国，土地所有权归国家所有，对土地的交易实际上是对

土地使用权的转让，政府代表国家对土地的利用和发展进行指导、做出决策。然而，实际上无论是土地公有制还是私有制，在市场经济条件下，作为经济发展的重要要素禀赋的土地，任何拥有者都应该具备良好的经营战略理念和科学的经营策略，使这一有限的资源得到最大的收益。

在土地经营方面，我们和西方国家相比较还存在一定差距，特别是在土地再开发利用、循环使用和可持续发展方面存在明显的不足。究其原因，主要是缺乏对土地进行科学的战略经营。今后，无论是对土地的开发还是再利用，都应当以战略眼光来考虑如何更好地经营土地。

在土地的经营过程中，不仅要有科学的战略规划，更需要完善的法律体系支持。无论是美国还是日本，为了能够保证土地得到正确合理的使用，相关的立法不断完善。另外，经营土地不仅要有法律保障基础，而且要有务实的经营意识。对于土地的买卖或者租赁，应当满足整体战略的规划要求，在此基础上，细致核算经营的策略所能带来的整体收益，以满足社会福利的最大化。

城市土地的经营效益离不开对土地的有效管理，特别是对土地的租赁，更应当加强管理。土地是否得到正确合理的使用，是否在发挥其应有的作用，是否造成了对城市的负面影响，是否有更好的用途与更大的利用价值，政府的职能应该在土地管理上发挥更大的作用，使土地始终处于政府的关注和经营之下，更加有效地发挥要素禀赋对经济发展所带来的支撑作用。

（二）区划法对长期发展的支撑

区划法作为土地使用的一种控制措施，在国外得到了广泛的应用。根据哈威·H·默斯可维茨著《图解开发词汇》的解释，区划（Zoning）法就是"将城市划分为各种区，并制定一些法规，对土地和建筑的用途、选址、空间布局及尺度进行管理"。

区划法的主要内容包括：

1. 划分土地使用性质。美国纽约的区划，将土地分为21类，根据共同的功能和对外界的影响程度，建立了18个用途使用组别，并分别规定了在居住用途区、商业用途区、工业用途区中允许设立的使用组别，列举了各种使用组别所包含的各种土地与建筑。

2. 控制土地利用强度。主要包括用地大小、建筑覆盖率、院落的大小、居住密度、建筑物的高度等。

3. 鼓励性区划。1961 年纽约市区划修订条例，采用楼面容积率和鼓励性区划，规定如果开发商在其基地内提供公共广场等开放性空间，则容积率可以增加 20%。美国西雅图有一个开发实例，按正常条件，许可的建筑物层数为 27 层，由于开发商建设时提供了低收入住宅、公共空间、交通设施等，许可的楼层提高到 55 层。

4. 特别区划。主要是对环境保护区的划分和历史建筑保护区的划分，对需要保护的自然景观和具有历史意义的建筑及其周围环境，通过容积率、连街面积、檐口高度、视线走廊等规定，更有针对性地确定规划控制的内容。由于实施特别区划控制而被减少的容积率，可以进行开发权转让，允许开发商在其他允许的地块上增加容积率作为补偿。

历经几十年发展，国外区划技术已由"控制性"转化为"发展管理"，即在控制的同时，通过各种鼓励措施，促进开发商提供公共设施，遵循城市设计准则，引导城市开发方向，并增加了许多包含环境因素的新措施。良好的区划可以将整个城市的资源有效地整合在一起，从根本上解决由于区划不清造成的细节上的问题，为人民生活提供更大的便利和更多的空间，为城市建设长期发展提供良好的平台。

（三）土地利用与可持续发展

1. 土地集约利用。

土地利用效率低下是目前面临的主要问题。改革开放之初，为了招商引资，部分政府官员为了自己的政绩，低价甚至免费地将宝贵的土地给投资者使用，改变了土地的用途，投资者往往因为土地的低廉，广占面积，厂房一般为低层甚至一层建筑，厂区内大面积的绿地，"花园式"企业曾一度风行。最近几年，房地产火暴，引发了新一轮住宅开发热潮，这种无序的商业行为直接对城市的土地规划和利用带来了冲击。

土地使用中的浪费，严重降低了土地的使用效率，因此，倡导土地集约化利用势在必行。土地使用方面，只要占用土地，就需纳税，以避免对土地的浪费和低效使用。企业工厂应为多层建筑，减少花园式工厂。

2. 土地利用与城市竞争力。

中国社会科学院发布的 2006 年《城市竞争力蓝皮书》调查报告显示，我国大中城市房地产多不健康，这种不健康主要是指城市的房地产价格相对于城市竞争力过高，对城市竞争力大打折扣。

城市竞争力的评价涉及多方面，其中城市土地的利用与可持续发展对城市竞争力的影响是最直接的因素之一。我国应当充分借鉴国外的经验，注意从根本上塑造企业的竞争力，强化城市的整体能力。

3. 土地利用的公众参与。

同外国的土地开发利用相比较，我们存在的另一个差距就是土地利用过程中公众的积极参与。由于我国实行土地公有制，在土地分配使用以及相关政策的确定上，往往政府统得过死，管得过严，而且主观决定的问题比较严重。在规划实施以及后期改造的过程中，缺乏与土地利益相关者的有效合理沟通机制。因此，一方面往往由于利益相关者的抵触很难保证所有的政策最终得到有效的落实；另一方面，利益相关者自身也蒙受了各种各样的损失，总之，没有实现社会福利的最优。

在西方国家，政府在制定和实施计划的时候，往往有比较健全的公众参与机制，整体过程都保证相对公开公正，公众的积极参与也保证了最终实施的顺畅，也在一定程度上杜绝了"寻租"现象。因此，为了更好地利用土地，我们应当及时地建立土地利用的公共参与体系，从机制到具体实施措施，从相应的主管部门到具体的利益相关者代表，通过全方面的共同参与，寻求土地科学合理的利用途径。

第十一章

韩国土地政策和土地管理

土地政策和土地管理几乎是世界各个国家经济发展中都要面对的一个重要问题。韩国作为中国的一个近邻，在不断取得巨大经济成就，逐渐跻身世界强国的过程中，同时也在土地政策和管理方面为世界各国提供了许多可以借鉴的经验。通过对韩国土地政策和土地管理经验的分析，将有利于我们更好地认识崂山区有限土地资源供给背景下的新发展战略问题。

第一部分　韩国国有土地管理

一、韩国国有土地管理的特殊背景

韩国的财产所有形式分为个人所有的私有财产，国家所有的国有财产和地方政府所有的公有财产。国有财产按照用途又分为行政财产、保存财产、杂项财产三种。行政财产分为公用财产、公共用财产和企业用财产三种。① 国有财产是国民共同所有的财产，必须在致力于国家利益、提高国民福利为目的的前提下得到有效管理和经营。特别是国有土地不仅具有其他财产无法相比的价值，而且是国家财政收入的主要来源和达到某种行政目的的物质基础。因此，有必要建立严格的国有土地管理制度。另外，私有财产在个人利益最大化约束下，所有者会努力加以维护和促其增值，而国有财产是公民共同所有的财产，在管理方面更容易被

---

① 其中公用财产是指国家直接用于或将用于办公、事业、公务员居住用的财产（办公楼、家属楼、学校等）；公共用财产是指国家决定直接用于或将用于公共用的财产（道路、堤坝、河川、沟渠、遗址、港湾等）；企业用财产是指政府企业（铁路、通讯、粮食、筹措）决定直接用于或将用于办公、事业和提供给从事本职工作职工的宿舍用财产。保存财政是指国家根据法令规定和其他需要保存的财产（保存的林地、文化遗产等）。杂项财产是指除了行政财产及保存财产以外的一切国有财产。

疏忽。为了有效地管理国有土地，韩国于 1950 年首次制定了国有财产法。

国有土地与地方政府所有的公有土地共同在国家财政和国民生活中起着财政收益源、公共财产、公用储备资源和环境财产等四种重要作用。

第一，国有土地的财政收益来源作用。国有土地从强化财政角度应得到恰当的管理和处置。国有土地的管理和处置不能像企业那样只是为了一味追求利润最大化，其社会责任主要通过国有土地的取得、出售、租赁、交换、转让、信托，以引导个人不动产的正确利用而体现出来。因此，很有必要经常维持和管理适量的可利用的国有土地。

第二，国有土地的国民或居民共有财产作用。因为国有土地大部分是林地、道路、河川、港湾等国有财产。尽管其所有权在政府，但国有土地可以更多地看作是国民或者居民共同拥有、共同利用的财产。由于国有土地有着公共财产的性质。所以经常有无端侵占和使用国有土地、乱扔乱埋垃圾等现象发生，这为国有土地的管理带来了困难。因此，很有必要对国有土地的维持和管理工作给予关心。

第三，国有土地的储备公共资源作用。国有土地中有相当一部分是作为为了未来的开发和利用而保留的储备资源。个人和企业普遍为了当前的经济利益开发土地。而政府需要保留一部分国有土地，以备将来社会发展之需。这种公共土地的储备作用（Land banking）可以使政府通过有秩序的城市开发和有计划的土地利用，对国有土地进行持续开发，为下一代造福。那种仅以当前的财政收入为目的，随意出售国有土地，肆意利用和开发土地的现象必须予以摈弃。

第四，国有土地有着环境资源的作用。过去，空气、水、土壤等环境资源在生产、消费活动中被认为是没有价值和可以无限量利用的财物。但现在，洁净的水、空气、土壤和优美的环境已成为有偿的资源，世界已进入为良好环境服务支付费用的时代。在这种情况下，对水源保护区、国立公园和限制开发地区等环境敏感区的国有土地，要将其作为环境财产进一步保护好，以及将严格受限的国有土地进行补偿和买断的呼声也越来越高。同时，为了保护环境与生态，扩大国有土地买入就成为一个上策选择。

二、韩国国有土地管理政策的变迁

回顾韩国国有财产管理政策的变化，可将之分为三个阶段：

第一阶段（1945～1976 年），将处理国有财产作为筹措财源手段的阶段。这期间，国家的税收基础薄弱，需要的财源只能通过出售国有财产来筹措，因此大量的国有土地被处理。特别是韩国政府成立之初，大部分财政收入依赖援助资金，不足的部分只能用出售国有财产的办法来填补。"五·一六革命"以后，为了筹措推进经济开发计划所需的大量资金，更是进一步扩大了国有财产的出售规模。这种一直持续到 70 年代上半期、为了获取充足的财政资源、对国有财产进行的以出售为主的管理，造成了韩国国有土地面积的大幅度缩减。

第二阶段（1977～1993 年），以维持和保存政策为主的阶段。随着经济快速发展，到了 70 年代中期，韩国的财政需要已经可以依靠税收来满足。70 年代后期，伴随经济开发过程，土地需求增大，房地产价格急剧攀升，开始出现投机行为，出售国有土地开始受到诘难和批判。因此，对国有土地的管理也由原来的以出售为主改变为以维持和保存为主。1976 年末全面修订的《国有财产法》，1977 年开始引入并实施的国有财产管理计划，确定了尽可能限制出售国有财产，侧重保存的政策基调。在 1985 年到 1996 年期间，曾两次对国有财产实态开展调查和对权利保全措施进行完善，并对总共达 237 万笔土地财产（第 1 次 116 万笔土地财产，第 2 次 121 万笔土地财产）进行了国有登记，取得了一定实绩。但这一时期国有土地管理的政策基调仍停留在维持和保存原有财产的消极管理阶段。

第三阶段（1994～　　），扩大国有土地和促其有效运用的政策阶段。以维持和保存为主的国有土地管理政策给有效利用有限的国有土地，满足国民对多样化行政服务的要求带来了局限性。特别是从 70 年代初到 90 年代初周期性发生的全国性房地产投机，使人们对国有土地的作用产生了新的认识。之后，新自由主义经济思潮使国有土地在利用和管理上开始出现引导民间部门参与的趋向。这些变化，促使国有土地的管理政策完成了由以前消极的维持性管理向运用为主的积极管理的转换。

三、国有土地的管理制度

（一）行政财产和保存财产的管理

1. 对财产处理的限制。国有财产法对行政财产和保存财产使用于行政目的和保存目的以外的用途进行了严格限制。即行政财产和保存财产不得用于贷付、出售、交换、转让、信托和出资等目的，也不能设定私权。行政财产和保存财产在原状态下不能被处理，只有在其用途被废止，转换为杂项财产后才能被处理。

2. 财产的使用和收益。（1）行政财产和保存财产在下列情况下允许使用并取得收益：行使行政目的或保存目的需要时；提高公务员福利待遇需要时；在不影响其他用途和目的的前提下；相关管理机构认为需要时。允许使用和收益时，原则上要通过竞争的方法确定使用者和收益者。但在下列情况下，可通过随意的方法确定使用者和收益者：以居住为目的许可使用和收益时；以耕作为目的许可实际耕作者使用和收益时；因外交、国防理由，有必要秘密许可使用和收益时；因自然灾害，以抢险救灾为目的许可使用和收益时；允许免除使用金的对象使用和收益时；经过两次2人以上有效招标没有成功时；从其他财产的位置、形态、用途或者合同的目的、性质上看，认定无法形成竞争时。（2）对使用和收益的限制。得到使用、收益许可者，不许在得到许可的财产上修筑永久性设施。但是，用于向国家捐赠，从行政、保存目的出发，在认为是必要设施的前提下可以筑造。得到使用、收益许可者，对于该财产不许转让其他人使用和收益。但对于已采纳为捐赠财产，得到使用、收益许可者是此财产的捐赠者或者是此使用、收益许可者的总体继承人时，在得到管理机构的许可后，可以让别人使用、收益。当管理机构认为使用、收益会阻碍其用途或者难以恢复原状时，管理机构不许许可。而且捐赠财产承接者的使用、收益期，不许超出转接财产剩余的使用、收益期限。（3）财产的原样返还。得到使用、收益许可者，许可期限结束或被取消、撤销许可时，要把此财产原样返还。不过，管理机构事先允许改变原样的，可按改变的状态返还。（4）得到使用许可的行政财产或保存财产在使用、收益时，每年都征收使用费。下列情况可免除使用费：对已采纳捐赠成为行政财产和保存财产为目的的捐赠者或者其总继承人被允许使用、收益时；地方政府打算把行政财产和保存财产直接用于公用、公共用、非赢利公益事业时；公共团体打算对行政财产和保存财产直接用于非赢利公益事业时。（5）允许使用、收益的期限。行政财产或者保存财产的使用、收益许可期限定为3年。不过已采纳捐赠成为行政、保存财产为目的的财产，可以使用到使用费等于此财产累计额为止。许可期更新只限于在可以随意允许使用、收益期限内更新。每更新一次期限不许超过3年。

3. 用途的废止。行政财产或保存财产属于下列情况的，管理机构应立刻废止其用途：道路、河川、堤坝、沟渠等公共财产实际上没有被共同使用；公用财产或企业用财产对于行政目的来说已没有用处。但管理机构需要把行政财产区分成为保存财产使用的，可以不废止其用途。

（二）杂项财产的管理

1. 对杂项财产的处理。杂项财产可进行租赁、买卖、交换、转让或信托，且根据国有财产实物出资的相关法律也可进行实物出资。签订处理杂项财产合同时，原则上要进行公开招标。处理杂项财产时要根据市场预定价格。预定价格超出 300 万韩币（特别市、广域市和管理机构指定区域为 1 千万元韩币）以上时，采用两个鉴定评估法人算出的平均值。

2. 贷付。行政、保存财产的租赁叫做使用、收益许可，杂项财产的租赁叫做贷付。杂项财产的贷付期为：造林目的的土地和其附属物为 10 年，其他土地和其附属物为 5 年，其他建筑物定在 1 年以内。贷付只有在随意签约的形式下可以延期，每次延期不许超过上一次的期限。对于杂项财产的贷付限制、贷付金、无偿贷付和解除贷付合同等，适用行政、保存财产所遵守的使用、收益许可规定。

3. 出售。杂项财产的出售应遵守私法合同规定，但因为是国有财产也受到公法的制约。出售杂项财产时，可以设定此财产的用途和以此用途使用的期限后出售，出售金原则上是自签约之日起 60 天之内把全额一次性付清。但在特殊情况下，可以使其进行 15 年以下的分期付款，并支付相当于 1 年定期利率的利息。

4. 交换。要取得国有财产，原则是把必要的预算加上后买进。但是，国有财产法认可的交换可以省略复杂的税务进出，使财政运营更加有效。当国家需要财产直接用于公用或公共用时，经过协商可以把杂项财产同公有或私有财产交换。交换财产的种类、价格、面积等可以限制。交换财产除特殊情况外，必须是互相类似的财产；财产价格交换中一方财产的价格必须是另一方财产价格的 3/4 以上，交换双方的价格不等时，其差额要用货币补偿。

5. 转让。转让是指国家在一定条件下，可以无偿把杂项财产的所有权转让给国家以外的其他人，等同于民法上的赠送。

6. 信托。杂项财产中只有土地和其附属物可信托给房地产信托公司。

第二部分　韩国的土地征用制度

土地等私人的财产应该在私有财产制的保护下受到尊重。因此，用于公益事业的土地等财产应在使用者和权利者之间通过协商后签订买卖合同来取得。但是，由于部分权利者不转让土地而造成的施工延迟事件也时有发生。为了确保特定公益事业需要，使公益事业能够得到顺利实施，韩国制定了旨在不顾土地所有者意愿，为使用者强制取得土地所有权的《公用征用制度》。该制度是针对私有财产不可侵犯原则的一个特例。其法律依据是《关于公益事业用土地等的取得与补偿的法律》（以下简称《土地补偿法》）。

一、法律制度的变迁

（一）法律体系的二元化

过去，公益事业用土地取得和补偿的法律体系是二元的，即：《土地征用法》和《关于公共用地取得及损失补偿的特例法》（以下简称《公特法》）两部法律并存。60 年代，随着经济开发 5 年计划的制定和国土开发事业的蓬勃发展，出台相关的法规来促进公共事业顺利进行、保护国民的财产权已很有必要了。为了顺应时代的需要，韩国于 1962 年制定了《土地征用法》。

这个法律的制定，使土地征收事业合法化，对征用的财产权进行适当补偿制度化了。60 年代末，随着京—仁高速公路、京—釜高速公路、重化学工业园区建设和城市急速膨胀，城市公共事业需求增加，为便于取得公共事业用地并对此进行恰当补偿，制定了《公特法》。在此之前，取得公共事业所需土地大部分是按照《民事法》规定进行协议收买，由于没有基本的法律准则可循，各个行业和各个施行部门确定的补偿对象和补偿标准不一，无法进行恰当的补偿，引起民怨高涨。《公特法》制定后，土地的评估标准、方法、程序得到了统一。在征用之前通过协议取得土地更加容易。由于及时进行补偿，公共事业得到促进，同时也为保护国民财产权作出了巨大贡献。韩国在将近 30 年的时间里，公益事业用地的取得与补偿所依据的二元化的法律体系是与当时的时代条件相适应的，是为了给国家基础设施建设提供更大的便利而产生的。但是，由于法律体系的二元化，也造成土地取得和补偿程序出现重复和矛盾的现象，一度成了公益事业合理、顺利进行的绊脚石。

（二）《统合法》的制定

1. 制定统合法的背景。进入 90 年代以后，原来依据《土地征用法》和《公特法》进行土地等的取得和补偿已无法顺应时代的变迁和社会经济条件的变化。尽管这两部法律为公益事业用地等的取得作出了贡献，但在工业化、城市化进程中，随着公益事业的扩大和国民权利意识的增强，已无法满足公用事业的顺利进行和对国民财产权实施有效保障的要求。为此，韩国从 90 年代末开始讨论合并这两部法律。2002 年 2 月 4 日合并这两部法律制定的《关于公益事业用土地的取得和补偿法律》（也叫做《统合法》）终于颁布。

2. 统合法的主要改善点。《统合法》与以前的法律相比，在土地征用制度方面作出了许多改善。其主要改善点如下：

第一，消除了协议程序的重复。虽然协议程序还是二元的（协议仍分为事业认定前协议程序和事业认定后协议程序），但规定只有在土地文书和物品文书有变动时或者土地使用者、土地所有者及相关人员提出要求时，才进行事业认定后的协议。

第二，对程序的不一致进行了更正。过去，需要进行协议时，《公特法》的规则是要求按照拟定土地、物品文书——补偿计划的公告及阅览——计算补偿额——补偿协议的程序来进行。相反，《土地征用法》没有对补偿计划的公告及阅览、补偿额的计算程序做出规定。但是现在法律上直接按《公特法》施行规则规定了程序，消除了程序上的不一致。即：规定事业认定前后的协议都要按照拟定土地、物品文书——补偿计划的公告、通知及阅览——计算补偿额——补偿协议的程序来与土地所有者及相关人进行协商的程序办理。

第三，选定鉴定评估员的办法得到改善。和过去一样，在鉴定评估时，为了算出补偿额，应由两名以上的鉴定评估员进行土地评估。但如果土地所有者有要求，可以选定土地所有者推荐以外的一名鉴定评估员。

第四，补偿业务的专业化。为了减少事业施行者因专业知识不足引起纠纷和防止补偿延迟，允许把补偿委托给专业机构。有资格接受委托的专业机构定为地方自治团体、有补偿业绩或对补偿业务有专业知识的政府投资机构或政府出资机构。

第五，补偿审议委员会改编为补偿协议会：补偿协议会属于协议机构，转换成了根据需要可设置的任意机构。

第六，还买（卖了再买）制度的一元化：还买对象限定为土地，还买金额的增减请求也只能统一向法院提出。

二、事业用土地取得的一般程序

事业用土地的取得分为根据协议取得和征用取得。一般程序是：按事业准备——拟定土地、物品文书——补偿计划的公告及阅览——补偿评估及决定补偿额。这一顺序是制度化的。一般程序结束后，进行补偿就可以拿到土地的所有权。但是，如果没能达成协议时，经过事业认定，可根据土地征用委员会的裁决取得土地等的所有权。不服裁决的，可以对该裁决提出仲裁申请或者提出行政诉讼。

事业用土地取得程序详细说明如下：

1. 事业的准备。准备进行公益事业者要先制定相应计划，并根据事业计划来制定土地等的取得计划。只有制定事业计划并得到确定后，才能决定土地的取得范围。事业的准备是指为了进行公益事业所做的准备程序。即：以取得土地为目的所做的调查、测量、清除障碍物等基本调查。基本调查是通过进出他人土地和清除障碍物或试挖掘土地来进行的。基本调查是确认补偿对象的基本程序，是土地使用者为了取得土地或者转移建筑物，从而进行补偿而进行的。为此，土地使用者需要调查事业范围内土地等的所有者和相关人员以及其他遭受损失者，同时对属于补偿对象的目标进行个别的、具体的调查。被补偿者和被补偿目标物以在公簿上查到的为准，查不到的要按照实际现场情况一一进行调查确认。需进入他人占有的土地进行测量或调查时，应首先确定事业的种类、需出入土地的区域和出入的期限，得到市长、郡首及区厅长的同意方可进入。因测量、调查所需必须清除障碍物或者试挖掘土地时，要经过土地所有者或占有者的同意，如得不到同意，必须得到市长、郡首、区厅长的同意。因该行为所造成的损失必须进行补偿。

2. 拟定土地文书及物品文书。基本调查结束后，事业施行者须拟定一份土地文书和物品文书。土地文书和物品文书是指土地使用者为了公益事业，对应该取得的土地和土地上的建筑物按照一定程序进行调查后制定的文书。制定义书的目的是为了防止当事人之间在通过协议或征用取得土地的内容上存在纷争，同时能够使土地征用委员会方便、快速、顺利地进行审理和裁决。土地使用者为了施行公益事业需要取得或使用土地时，必须在拟定的土地文书和物品文书上签字、盖章，而且也要有土地所有人或相关人的签字、盖章。公益事业确定后，事业施行者必须制作按照地籍法制作的、在地籍图或林野图上标有需使用对象土地的用地图。土地文书和物品文书须按照用地图拟定。

3. 补偿计划的公告及阅览。事业施行者制定土地文书和物品文书后，必须把记载有公益事业概述、土地文书和物品文书内容、补偿时机和方法以及程序等内容的补偿计划刊登在全国发行的日报上进行公告。同时也要通知土地所有者和相关人。事业施行者对补偿计划发布公告、通知时，要让普通人阅览其内容 14 天以上。土地所有者或相关人对已公告或通知的土地文书和物品文书内容存有异议时，可以在阅览期内向事业施行者以书面形式提出异议。

4. 开设补偿协议会。土地等的补偿不仅同个人财产权直接相关，而且存在对立的利害关系，因此，为了听取居民的意见和消除民怨，设置了补偿协议会。补偿协议会设在管理该事业的市、郡、区。市长、郡首、区厅长认为有必要设置补偿协议会时，除特殊情况外，应在补偿计划阅览期满后 30 天内设置并通知事业施行者。由此可见，设置补偿协议会并不是必需的而是随意的。补偿协议会的性质属于咨询机关而非裁决机关。

5. 补偿额的评估与决定。（1）补偿额的委托评估。补偿计划的公告、阅览及土地所有者等的异议申请结束并确定了补偿计划后，为了计算出补偿金额需委托 2 人以上鉴定评估者进行土地评估。如果土地所有者有要求，除 2 名鉴定评估者外，可以再委托 1 名土地所有者推荐的鉴定评估者。所以，通常补偿评估由 3 名鉴定评估员来进行。事业施行者如需对相关物品进行委托评估时，应按照要求填写补偿评估申请书，并交由鉴定评估者进行委托评估。接受委托的鉴定评估员进行评估时，需对评估对象物品及该周围情况做现场调查后进行评估。当事业施行者认为补偿评估书的评估结果违反了相关法令或评估不恰当时，应写明事由要求鉴定评估员重新进行评估。[①]（2）补偿额的决定。以每个鉴定评估员评估数

---

① 事业施行者在下列情形下必须委托另外 2 人以上的鉴定评估员对相关物品重新进行评估：一是因特殊理由无法再要求该鉴定评估员进行评估时；二是评估额中最高评估额超过最低评估额的 130％ 时；三是评估结束 1 年，还没能签订补偿合同时。

值的平均值作为补偿额的标准。重新进行评估时，补偿额要按各鉴定评估员重新评估数值的平均值来计算。

三、事业用土地的协商取得

（一）协商的意义

协商是在不依靠征用方式，而在土地所有人协助的前提下取得公益事业用土地的简单程序之一。所以，协商是为了事业施行者早期得到土地，顺利进行事业而设置的制度。在事业认定之前进行的协商相当于私法上的合同，带有事业施行者与土地所有者之间合同的特点。协商并不是必需的，只属于任意的一个程序。但土地补偿法规定不允许事业认定后重复进行协商，所以，也很难把协商看成是任意程序。而且在实际业务中，事业认定之前的协商也是一个必需环节。

（二）协商及签订合同

1. 协商及通知。事业施行者要同土地所有者及相关人员就土地的补偿问题进行诚实协商，无特殊理由，协商期必须在 30 天以上。事业施行者需要协商时，必须在补偿协商邀请书上写明协商时间、协议场所、协商方法、补偿时机、补偿方法、补偿程序及补偿金额后通知土地所有者或相关人。不知道土地所有者及相关人员或者无法查到住址或地址时，可以用公告方式代替通知。

2. 签订合同。协商相当于私法上的合同，土地所有者有权不听从协商。但是，一旦协商成立，事业施行者须同土地所有者或相关人员签订合同。合同内容应包括合同中止或变更事项，返还补偿额，恢复原状等。

3. 拟定协商说明书。事业施行者在协商期间没能同土地所有者达成协议时，必须要求土地所有者或相关人员在协商说明书上签字、盖章。但是，如果土地所有者或相关人员没有正当理由拒绝签字盖章，或者不知道土地所有者及相关人员、无法查到住址和地址无法签字，盖章时，事业施行者要把该事由记载在协商说明书上。要求拟定协商说明书是为了在提出裁决申请时一并交付协商说明书，作为裁决判断的资料。

四、事业用土地的征用取得

（一）征用的意义

公益事业用土地应本着事业施行者与所有权者之间先进行协商，再签订民事买卖合同的程序来进行。但是，通过买卖合同来取得公益事业用土地几乎是不可能的。为了确保事业顺利得到实施，提高公共利益，就需要用不顾所有权者的意愿强行取得土地所有权的法律手段。

（二）征用的程序

征用是为了公益事业强行取得私人财产权的制度，所以必须要严格按照法律规定的程序。征用的普通程序为：事业认定——拟定土地及物品文书——协商——裁决。所有不按照这个程序进行的征用，属于程序有问题的征用，程序问题严重时，该次征用无效。

这种征用程序内容和方法如下：

1. 事业认定。只有得到国家机关的事业认定后，才能进行公益事业用土地的征用和使用。事业认定是指必须征用、使用土地的事业，即该事业必须被规定为是公益事业。所以，征用或使用土地的事业要符合《土地补偿法》当中关于公益事业的规定。事业认定是按照《宪法》第23条第3项的规定把符合公共需要地区指定为事业地区的一种行政决定，以此来确定征用是否可以进行，所以在征用环节中具有最重要的意义。事业认定是征用或使用土地的前提程序，为了对此做出决定，必须对该事业是否具有公共性或公益性做出判断。但是，公共性属于抽象概念无法以法律尺度衡量，所以交由行政厅来判断，此制度的制定就是为了做出具体判断。虽然对于公益事业来讲公用征用是必不可少的，但这是强行取得私人财产权的行为，所以动用国家权力时要慎重行事。建设交通部长官具有事业认定权。所以事业施行者征用或使用土地时，必须得到建设交通部长官的事业认定。事业施行者需要得到事业认定时需要提交事业认定申请书和包括事业计划书、事业预定地点及标有事业计划的图纸等附带文件。得到建设交通部长官认定后，必须通知事业施行者、土地所有者及相关人员、相关市、道的市长知事。而且把征用或使用的土地详细情况在官方报纸上发布。土地明细告示一旦被发布，就说明已经圈定了需征用土地的范围。征用土地的位置和预定面积被圈定后，事业施行者就可以行使进行公益事业的相关权利。事业认定从发布告示那天起发生效力，发布事业认定告示以后具有保全土地的义务。即严禁任何人对告示的土地进行地形变更、损坏物品或收回，以免影响施工进程。在已告示的土地上修建建筑物、进行修缮、设置工作物、附加物品或者进行增设时，必须得到市长、郡首、区厅长的许可。违反此规定的土地所有者或相关人员要把该建筑物、工作物或物品恢复原状，为此产生的损失不能得到补偿。

2. 事业认定后协商等的准备程序。得到事业认定后，事业施行者还要经过拟定土地文书及物品文书，补偿计划的公告、通知、阅览，计算补偿额，同土地所有者或相关人员进行协商等程序。所以原则上事业施行者从事业认定告示发布起到申请裁决前这段时间要拟定土地文书和物品文书，并再次进行一次协商。但是，在事业认定之前为了取得协商拟定了土地文书及物品文书，并已进行过协商的，不需要再走相同的程序。土地补偿法为了避免程序重复，对程序做了相关规定。即在事业认定以前已经履行了拟定土地文书及物品文书，补偿计划的阅览、协商及计算补偿额等程序，但协商没能达成，获得事业认定后，土地文书和物品文书内容没有变动时可不再履行该程序。但事业施行者或土地所有者及相关人员要求进行协商时必须协商。

3. 协商成立的确认。事业施行者和土地所有者及相关人员在事业认定以后，通过规定程序协商成立时，事业施行者在裁决申请期限内取得该土地所有者及相关人员的同意下，可以向所管辖的土地征用委员会提出确认申请。而且，协商成立确认也可以用公证方式来进行。即：事业施行者把协商成立确认申请书的记载内容根据公证法来公证后，向所管辖地的土地征用委员会申请协商成立确认，一旦委员会受理就说明已被确认。协商成立的确认和土地补偿法上的裁决有同等效力。即：协议成立确认视为裁决，事业施行者、土地所有者及相关人员无法对已被确认的协议或内容进行争议。

4. 裁决。裁决是土地征用委员会对征用或使用裁决申请的最终判决，属于土地征用的最终程序。只有在事业施行者没能达成协议，无法协商的情况下，向土地征用委员会提出申请时才能进行裁决。其目的是为了使事业施行者以支付补偿金的方式取得土地的权利，从而达到被征用者权利丧失的目的。裁决申请是指被赋予征用权的事业施行者利用这个权力，向土地征用委员会提出申请征用或使用裁决的程序行为。事业施行者从没能达成协议或无法协商时开始，在事业认定告示发布 1 年之内可以向管辖土地的征用委员会申请裁决。只有事业施行者可以行使裁决申请权，被征用者没有此权利。但事业施行者故意或因过失没有进行裁决申请时，土地所有者或相关人员会因为无法积极地接受权利救济而吃亏。所以规定土地所有人或相关人员有权要求事业施行者进行裁决申请。即：事业认定告示发布后，如果协商没有成立时，土地所有人或相关人员可以以书面形式要求事业施行者提出裁决申请。事业施行者收到请求 60 天之内，必须向管辖土地的征用委员会提出裁决申请。事业施行者提出裁决申请时要向管辖土地的征用委员会提交裁决申请书、土地文书或物品文书，协议说明书、事业计划书、事业预定地点、标有事业计划的图纸。土地征用委员会在相关资料阅览期满后，必须马上进行调查及审理，审理之日起 14 天之内必须进行裁决。土地征用委员会的裁决以书面形式进行，可分为两种。一种是是否征用或使用的裁决，另一种是强制性为事业施行者取得土地或土地使用权的征用或使用裁决。此时土地征用委员会的裁决事项是：征用或使用土地的区域和使用方法；补偿损失；征用或使用的时机和期限；其他事项。土地征用的程序随着裁决而告终，在满足一定的条件下征用才能发生效力。裁决直接的效果是事业施行者以支付补偿金的条件取得征用期间土地等的原始权利。但是，事业施行者直到征用或使用开始日为止，没有支付裁决的补偿金时，该土地征用委员会的裁决就会失去效力。

5. 和解。和解是指土地征用委员会在裁决审议过程中，事业施行者与土地所有者或相关人员互相让步，不需要裁决而圆满解决纷争的一种办法。提出裁决申请后到裁决之前或在审议过程中只要没有进行裁决随时都可以进行和解。和解属于当事人之间的共识，同协商类似，但由于和解是在提出裁决申请后进行的任意程序，所以缺少此环节也不影响征用的效力。土地征用委员会在裁决之前可以随时让由 3 人组成的小委员会劝说事业施行者、土地所有者及相关人员进行和解。经过小委员会劝说和解成功时，土地征用委员会拟定和解文书，让参与和解的委员、事业施行者、土地所有者及相关人员在此进行签字盖章。只要在和解文书上签字盖章，就视为当事人之间已达成同和解文书内容相同的共识。

五、对施行公益事业带来损失的补偿

（一）补偿的类型

1. 对土地的补偿。公益事业只有通过取得或使用土地才能施行，所以最基本的是对土地的补偿。《土地补偿法》规定因征用或使用土地给土地所有者或相关人员造成的损失由事业施行者进行补偿。

2. 对支障物的补偿。地面上存在的物品通常叫做支障物。支障物是指附着在施行公益事业地区地面上的建筑物、工作物、设施、林木、竹木、农作物和其他施行该公益事业没有直接用处的物品。对于支障物补偿，原则上是补偿转移所需用的费用。转移费是指保证对象物品原用处的前提下，把它转移、移设、移植到公益事业施行区域以外地区所需的费用。但属于下列情形之一的按该物品的价格来补偿：（1）建筑物搬迁困难或因搬迁无法按原来的目的使用时；（2）建筑物的搬迁费超过其价值时；（3）事业施行者以直接用于公益事业为目的取得时。

3. 对残余土地的补偿。本属于土地所有者的土地，因事业施行者取得或使用了一部分土地，使残余土地的价格减少而产生损失时，或者在残余的土地上修建道路、沟渠、围墙时，对其损失和施工费用要进行补偿。残余土地根据差额计算方式计算补偿金，施工费根据安装设施或工程所需费用来确定补偿金。土地所有者的一块地，因一部分土地根据协议被收买或征用，使残余土地很明显无法按原来目的继续使用时，该土地所有者可请求事业施行者把整块土地全部收买。在事业认定以后可请求土地征用委员会全部征用。但只限在没能达成收买协议时进行征用请求。

4. 因事业失效、废止、变更引起的补偿。事业施行者在事业认定告示公布起1年之内没有提出裁决申请的，事业认定告示公布当天开始到整1年的第二天，事业认定就会失去其效力，事业施行者必须补偿因事业认定失去效力带给土地所有者或相关人员的损失。事业施行者从事业认定告示公布之日起，因全部、部分中止事业或变更事业，不再需要征用或使用全部或部分土地时，应该马上向事业认定地区所管辖市、道的负责人申报，并且通知土地所有者或相关人员。事业施行者必须要补偿因中止或变更全部或部分事业带给土地所有者或相关人员的损失。

5. 事业地区以外的间接补偿。间接补偿是指虽然土地、建筑物等没有直接提供给公益事业使用，但因位于事业地区外的土地已无法发挥原来功能，对其所有者进行的损失补偿。间接补偿不同于直接用于公益事业的财产，虽然没有被编入事业用土地中，但有损失发生时应给予补偿，使之能恢复以前的生活，可以看成是生活权补偿的一种。土地补偿法中的间接补偿除了费用补偿以外，还规定了宅基地、建筑物、少数残存者、工作物、渔业损失、营业损失和农业损失等的补偿。

其内容如下：（1）费用补偿。事业施行者除了因施行公益事业取得或使用的土地之外，在其他土地上需要修筑道路、沟渠、围墙或其他工程时补偿其全部或部分费用。补偿金额由事业施行者与遭受损失的一方协商决定。（2）对宅基地等的补偿。施行公益事业区域外的宅基地、建筑物、坟墓、农地因施行公益事业被包围在山河当中，交通被切断、无法耕作时，根据此所有者的请求把它看成是被编入施行公益事业区域内而进行补偿。（3）对建筑物的补偿。大部分农耕地被编入施行公益事业区域内，只剩下建筑物被划在施行公益事业区域外，此建筑物无法进行买卖只能搬迁，根据此所有者的请求把它看成是被编入施行公益事业区域内而进行补偿。（4）对少数残存者的补偿。因施行公益事业一个村落的大部分居住用建筑物被编入施行公益事业区域，使剩下居住用建筑物的居住者生活环境非常不便，只能搬迁，根据此所有者的请求把它看成是被编入到施行公益事业区域内进行补偿。（5）对工作物的补偿。位于施行公益事业区域外的工作物等，因施行公益事业无法发挥其原来功能时，根据此所有者的请求把它看成是被编入到施行公益事业区域内进行补偿。（6）对受损渔业的补偿。因施行公益事业致使位于当地公益事业区域附近的渔业受害时，事业施行者确认实际受损额后对其进行补偿，实际受损额按常年收益额为标准。（7）对营业的间接补偿。在公共事业施行地区外从事属于营业损失补偿对象的营业者，因施行公益事业丧失2/3以上营业腹地无法继续进行营业时，根据此营业者的请求把该营业看成是被编入到施行公益事业区域内的进行补偿。（8）对农业损失的补偿。对于耕地2/3以上的面积被编入到公益事业施行区域内，无法在该地继续耕种的农民，把其在公益事业施行区域外耕种的农地，根据农业损失补偿规定来进行损失补偿。

（二）补偿原则和补偿标准

1. 补偿原则。补偿原则适用事业施行者补偿原则、事前补偿原则、现金补偿原则、按人头补偿原则、同时补偿原则、禁止与事业施行利益相抵原则。具体要求包括：（1）事业施行者补偿的原则。为了取得或使用公益事业所需的土地，给土地所有者或相关人员造成的损失由事业施行者补偿。（2）事前补偿的原则。事业施行者在该公益事业着手动工前，支付给土地所有者或相关人员全部补偿金额。（3）现金补偿的原则。损失补偿除了其他法律特殊规定以外必须以现金方式支付。（4）按人头补偿原则。损失补偿按土地所有者或相关人员每个人进行补偿。但无法按人计算补偿额的例外。（5）同时补偿的原则。在同一事业地区内补偿时期不同的同一人所拥有的几块土地时，只要土地所有者或相关人员有要求，就应一并支付补偿金。（6）禁止与事业施行利益相抵原则。事业施行者取得或使用同一土地所有者的部分土地时，因施行公益事业造成残余土地的价格增加或产生其他利益时，禁止把其利益同因取得或使用产生的损失相抵。在施行公益事业残余土地价格上升时，禁止缩减开发利益补偿，是一项为保护被征用者利益的制度。

2. 土地的补偿标准和补偿额的计算。土地补偿法以正当补偿为基础规定了补偿标准和计算方法，而且为了排除开发利益要求按公示地价来计算补偿额。具体要求包括：（1）补偿标准。对于根据协议或裁决取得的土地，依照公示地价为标准来进行补偿。事业认定前根据协商取得的土地，以该土地当时离协商日期最近时期的公示地价为标准。事业认定后取得的土地，公示地价以事业认定告示发布日前的公示地价计算，也就是从协议成立或裁决取得土地时的公示地价中选择与该事业认定告示发布日最接近日期的公示地价来计算。（2）计算补偿额的一般原则。土地补偿额要考虑现实使用状况和一般利用的客观状况来计算，一时的利用状况和土地所有者或相关人员主观认为的价值及作为特殊用途为条件的状况不予考虑。

3. 补偿目的物的评估。补偿目的物的评估分为交由鉴定评估员进行评估、由特定专家评估和由事业施行者直接进行调查评估三种。鉴定评估员评估的目的物是土地及建筑物，专家评估的目的物是渔业损失补偿。但是，支障物等根据事实调查为基础才能计算补偿额的，有时事业施行者也可直接进行评估。公益事业补偿目的物当中最重要的是土地。评估土地时要把与评估对象有类似利用价值的一块以上的标准土地的公示地价作为标准价格。土地上建有建筑物时，视作没有此建筑物来评估此土地价格。而且公法上受限制的土地要按受限制的状态来评估。属于未经许可建筑的用地或不法性质变更的土地按照未经许可建筑物建造当时或土地性质变更当时的利用状况来评估。

此外，私开道路或事实上属于私开路的用地进行减价评估，评估额为邻近土地的 1/5 之内，事实上属于私开路用地的评估额一般保持在邻近土地评估额的 1/3 之内。支障物的评估有建筑物、工作物、永久作物补偿规定，农业评估有农作物和农业经营损失补偿规定，畜牧、权利评估有矿业权、渔业权补偿规定，其他评估有支付营业损失费、搬迁费、坟墓移葬费、动产移动费、离农费、离渔费的补偿规定，还有停职或失职等补偿规定。

（三）　搬迁对策和搬迁安家费

搬迁对策是因为事业施行者提供公共事业用土地，为了使失去生活根基的人能维持同从前一样的生活而进行的一种补偿方法。为此《土地补偿法》规定，事业施行者在施行公益事业中提供居住用建筑物，为失去生活根基的人（叫做"搬迁对策对象者"）确定、实施搬迁对策或支付搬迁安家费。这是为了帮助那些协助公共事业的人能够恢复到从前生活，属于生活权补偿的一部分，是从政策关心的角度制定的规定。[①]

搬迁对策内容应包括搬迁安家地的道路、供水设施、排水设施和其他公共设施等当地地域条件需要的生活基本设施，所需费用全都由事业施行者负担，搬迁对策还包括事业施行者建设搬迁居住区并以低于原价的价格卖给搬迁者。但是，在没有确立、实施搬迁对策时，对不希望搬迁到搬迁居住区而是希望搬到其他地区住的家庭，应支付搬迁安家费。搬迁安家费定为居住用建筑物评估额的 30%，但其金额不满 500 万元韩币时按 500 万元韩币计算，超过 1000 万元韩币时按 1000 万元韩币计算支付。

六、其他事项

（一）土地征用不服的处理

对土地征用委员会裁决有异议者，可向中央土地征用委员会提出异

---

① 有 10 户以上希望搬往搬迁安家地时确立和实施搬迁对策。

议申请。异议申请须在收到正本裁决书 30 天之内提出。中央土地征用委员会认为异议申请的裁决属于违法或不当时，可全部或部分取消该裁决或变更补偿额。在可提出行政诉讼期限内没有提出诉讼时，就会确定异议申请的裁决。事业施行者、土地所有者或相关人员对裁决不服的可在收到裁决书 60 日之内提出行政诉讼。行政诉讼可不经过异议申请直接提出。但经过异议申请的，在收到异议申请裁决书 30 日之内可提出行政诉讼。

（二）土地征用委员会的权限

为了裁决关于土地的征用或使用，建设交通部设有中央土地征用委员会，市、道设有地方土地征用委员会。

土地征用委员会裁决事项是：（1）征用或使用土地的区域或使用方法；（2）损失的补偿；（3）征用或使用的开始日和期限；（4）其他土地补偿法及其他法律规定的事项。

中央土地征用委员会掌管事项包括：（1）国家或市、道是事业施行者的事业；（2）需征用或使用的土地跨两个以上市、道土地的事业裁决。

（三）为了公益事业取得土地和补偿的业务需要专业化

事业施行者对征用及补偿缺乏知识或经验时，对施行公益事业会带来不利影响。所以，允许事业施行者委托具有专业性和效率性的补偿专业机构办理补偿业务及搬迁对策。

第三部分　城市设施计划用地管理制度的变迁

一、长期未施行城市规划设施的影响及其原因

（一）产生的影响

依据城市规划，在公共设施建设之前，需控制公用设施用地的利用，不允许建设对将要建设的该公共设施有妨害的建筑物或设施。但是被确定了的公共设施用地，因财经问题或城市条件的变化，未施行设施建设，导致项目长时间空置，也会给土地所有者造成很大负担，侵犯私有财产权，导致民怨加深、城市基础设施条件恶化、地方政府财经负担加重等。

1. 私有财产权的侵犯。未施行城市规划设施的发生，因在该用地上不可以进行开发行为，所以不能有试图增加收益的新行为，并且因决定时期和补偿时期之间发生时间差异，不能按时收到补偿，存在侵犯私有财产权的问题。土地所有人对此不仅心存不满，而且随着对私有财产权损害的加剧，民怨会加深，对公共部门政策的不信任感会增高。

2. 有序城市建设的延误。城市规划设施长期未施行，会妨害城市的有序建设及管理，导致城市所需要的基础设施供应不足，难以保证各种公共设施的需求，可能导致新的混乱性开发。

3. 地方政府财经负担加重。城市规划设施长期未施行，与早期施行相比，从结果上看，引起工程费和妨害物的增加。工程费和补偿费的增加使地方政府增加财经负担，同时，也妨害了城市规划设施的供应条件。

（二）　形成的原因

发生城市规划设施长期未施行的原因是多样及复杂的。如果以城市规划设施决定之前和之后区分，在决定之前的原因，主要是城市规划设施的编制主体在预测和计划能力上有问题；在决定之后的原因，在于城市条件的激变、地方政府财经能力不足、地方利己主义的扩大等。

第一，无秩序和非计划因素。一旦决定城市规划设施，就需控制私有财产权的使用，因此，对设施的必要性、可行性等，应从多方面考虑并慎重决策。但是，在过去，行政部门以官僚主义的态度来决策，并且在居民的权利意识普遍不强的情况下，未能充分考虑控制财产权的补偿和早期施行的可能性。另外，没有具体的施行计划，只是以规划及开发为中心决定了过度设施计划。尤其是为了准备以后预料以外的城市设施需求，出现了不考虑地方政府财经计划而过度决定设施的倾向。在编制城市规划时，不适当地规划设施用地，实际上是没有按正确的需求推算来决定城市规划设施的表现。它是导致多数长期未施行城市规划设施出现的主要原因。

第二，城市条件的激变。大部分城市规划设施的规划时点和施行时点存在相当的时差。在此期间，随着各类城市条件的变化，经常发生城市规划设施必要性减少的情况。

第三，财经负担能力有限。虽然城市规划设施决定了在妥当位置上的适当土地用量，但是没有财经上的支持就难以施行。一般来说，城市规划设施应依据相应的财源进行建设，在多数情况下，依靠市场经济机制难以进行建设。因此，公共建设资金主要依赖于地方政府的公共财经。倘若地方税和税以外的收入没有大的增长，财经自足都难以为继。遇到这种情况，如果不减少已有的经常费用，难以确保可投资的财源，所以，已经确定的城市规划设施建设有可能遇到困难。

第四，地区利己主义的增长。最近，随着维权意识的强化，居民对周边地区产生不好影响的设施具有强烈的反感。其中，对于所谓废物处理场、火葬场、下水终端处理场的嫌恶设施，其反感更为严重。为补偿此方面的开支，设施建设费用将更加昂贵。地方政府代表考虑到选举因素，对嫌恶设施的施行，也会采取消极应付的态度。所以，此类未施行设施会继续增加。

二、长期未施行城市规划设施的制度变化

（一）90年代末施行的管理制度

韩国政府在1993年7月和1995年8月，依据多种条件的变化，果断地取消或调整了若干不合理或没有施行可行性的设施，最大限度地减少了未施行设施。并且中央政府对有关地方政府下达命令：在决定新的城市规划设施时，必须慎重考虑，才能决定。关于城市规划设施的用地，政府与有关部门要担保设定方案和综合土地税减免方案的协调。但因这些措施，并未解决财源和制度化的问题，没有做出大的贡献。

在1999年宪法裁判所判决长期未施行设施"与宪法不一致"之前，当时的城市规划法关于城市规划设施的规定有如下的内容：公布城市规划设施决定之后，规定了行为限制事项、编制城市规划设施的年度施行计划、损失补偿等，如果要进行土地性质变更、柴木和土石采取及建筑物等一定规模以上的东西积累，要经过市长、郡首的许可才能施行。自城市规划设施的决定公布以来，在2年以内，城市规划编制者应对3年以内施行的设施和3年以内不施行的设施进行严格的区分，并编制年度施行计划。如果地方政府条件不允许，特定设施的施行可无期限延迟。并且为进行城市规划设施的建设，土地规划工程施行者可以征用和使用土地和建筑物。对此的损失，依据土地征用法，可以进行补偿。

（二）宪法的不一致判决

在1999年10月21日，宪法裁判所对长期未施行城市规划设施判决

宪法与当时的《城市规划法》第 4 条不一致，① 并下达了在 2001 年 12 月 31 日前必须对"城市规划法"进行修改的命令。

宪法裁判所判决内容的主要部分如下："土地所有者长期忍受因城市规划设施的决定，面临土地不能用为以前的用途，并完全排除私有利用权的情况，而没有任何补偿。这种以该法来实现的重大公共利益是不正当化的。如此过分的负担已经超越土地所有者的社会控制范围，因此，对如此的负担，没有制定补偿规定是违背宪法的。为符合国民财产权的比例原则和合法地限制财产权，如果发生过分的负担，应该制定补偿规定。合法的解决方法是增加以货币来补偿的规定、城市规划设施决定的放开、土地收购请求权、征用申请权等，以便通过这些补偿重新恢复私人财产权与公共利益之间的平衡性"。

（三）2000 年城市规划法的修订

宪法裁判所的违法判决成为重新检讨未施行设施的转折点。韩国 2000 年 1 月修改的《城市规划法》为谋求长期未施行设施问题的改善，修改了下列条文：

1. 规定了未施行设施的概念。未施行城市规划设施是指虽然决定及公布城市规划设施，但是为建设该设施的城市规划工程还没施行，即为未施行城市规划设施。尤其是，从城市规划设施的决定公布日起，10 年以内，未施行城市规划设施的工程，规定为长期未施行。并且明确规定城市规划设施工程分期施行的，可以认定部分未施行。不过，根据《城市规划法》第 61 条规定，已经许可的设施工程计划，或依据其他法律规定，对此相关的程序已经规定了的话，则不属于未施行城市规划设施。

2. 规定了未施行设施的全面再审议日程。对经过 10 年以上的未施行设施，进行全面再审议，各地方政府决定废止与否，然后把其结果反映在城市规划中，并有义务规定各阶段施行计划的编制和公布。随着上述规定，对于各城市规划设施是否必要、是否早日施行，地方政府有证明的义务，并要明确告知居民各阶段的施行时期。

3. 收购请求权的赋予和城市规划设施债券的发行。在 10 年以上未施行城市规划设施用地中，对地种为耕地的土地所有者，给予了其向市长、郡守要求收购自己土地的权利（收购请求权）。收到收购请求的地方政

---

① 《城市规划法》第四条的主要内容是对各种行为的限制。

府，从收到收购请求日的 2 年以内，应该决定收购与否，然后向土地所有者通告。若决定收购，再在 2 年以内进行收购。在收购时，原则上以现金付款，但是，如果土地所有者愿意，也可以发行城市规划设施债券来支付。

4. 缓和未收购用地的建筑限制。土地所有者可以向地方政府要求收购，但地方政府反对收购的话，为使居民生活不便程度最小化，对不收购的土地，缓和建筑限制，允许建设 3 层以下的单独住宅和邻里生活设施、工作物等。

5. 采取对未施行城市规划设施的自动废止制度。韩国《城市规划法》规定，从城市规划设施的决定公布之日起，20 年没施行该设施的城市规划设施，城市规划设施无效。对以前决定的城市规划设施，没有未施行期间的，从《城市规划法》施行的 2000 年 7 月 1 日起，经过 20 年，到 2020 年 7 月 1 日自动废止。

三、制度改善以后存在的问题和对策

（一）存在的问题

2000 年《城市规划法》虽在制度上进行了多方面改善，但还存在几个问题：

第一，仅将区分城市规划设施施行与未施行的标准确定为许可规划设施实施与否。但是，不进行土地补偿的设施是否也应看成施行设施，是一个论证对象。并且无论土地种类和设施，经过一定时间，所有城市规划设施的决定自动消失其效力，这事实也有可能导致副作用。尤其是公园等的土地面积广阔，只靠地方政府的财经难以收购，而且有时还会发生不可收购的情况。

第二，对城市规划设施中债券发行的实效性也出现问题。规定土地所有人愿意时可发行债券，但随着金融条件的变化，有时几乎没有土地所有人愿意发行债券。

第三，规定到 2001 年 12 月 31 日为止，对 10 年以上长期未施行设施，全面再考虑后，决定是否废止该设施。但在废止城市规划设施时，地方政府对优惠政策、民怨发生等的问题反应过敏，并且对制定公园设施等的人均面积，没有清理整顿余地，所以，实际的废止比率在全国仅占 2.5% 。

第四，规定从 2002 年 1 月 1 日开始，可以对 10 年以上未施行设施的私有土地要求收购，到 2002 年 9 月 30 日为止，提出要求收购的共有 2690 例，即 3540 亿元韩币的收购请求。但地方政府决定收购与否的仅有 2 例（决定收购为 1 例，决定不可收购为 1 例）。对大部分的请求，还不能决定是否收购，并且收购的资金缺乏可靠的财源筹措方案。①

第五，若从 2020 年 7 月实效自动废止制度，废止公园、公路等公共设施，会导致无序的开发和盲目的建设，导致城市基础框架缺失，并最终引致城市竞争力丧失。

（二）对策方案

1. 对规划及项目而言，可采取的对策有：

（1）在已有的未施行设施当中，对实行可行性较低，或者因城市条件变化而城市规划设施用地的效用减少，不再适用或改变标准的项目，应果断解除。

（2）对过度设定或不符合生活圈要求的设施，应通过部分设施的变更，解决长期未施行设施问题，并且应依据现实条件，探索周边土地利用的现实方案。此类项目的施行规模，应先考虑可用的财源规模后，再设定可施行的规模。

（3）对已有或新制定的城市规划设施，要具体情况具体分析，如果以后规划的条件发生了变化，可以适用失去或停止规划的效力制度。

2. 财政的对策方案是：

（1）为防止产生未施行设施，设施规划应与地方财政法所规定的地方财经计划连接。在决定城市规划设施工程施行的优先顺序时，要首先考虑长期未施行设施。

（2）通过地方政府本身财经的再分配解决未施行设施有很多限制，可通过预算分配优先顺序的调整、税收扩大、地方债券的发行部门，获得多渠道的财源。

（3）中央政府应有限制地支持部分财经困难的地方政府，在综合考虑地方政府的财经能力和未施行设施的情况下，给予有差别的支持。同

---

① 对地方政府而言，因施行城市规划设施的财源不足，难以实施收购请求。如果决定收购，若在 2 年以内不能实现收购的话，就要允许建筑物的建设，这将导致城市规划设施用地的乱开发。如果后代推进该设施项目，又要补偿建筑物费用等，会提高工程费用。

时，为最大限度地减少地方政府道德上的松弛，明确规定，将实行地方政府财经分担制度。

（三）结论

公共利益优先于私人利益，为有效地利用土地和增加公共利益，应利用城市规划的手段来设置和管理城市设施。但利用城市规划的手段必然导致私有财产权的侵犯。虽然控制私人利益是不可避免的，但对其损失，应给以妥当的补偿。只以未施行设施的废止或调整，来解决城市规划设施的公共功能和私有财产权的保护是有一定局限性的。

青岛市北新产业区产业选择①

　　"十五"期间,我国处于高速增长之列的产业部门主要是电子、医药、汽车、机械制造、文教体育用品和众多公用事业部门。这些部门高速增长的主要原因是,人们收入水平的提高和消费结构的升级、城市化水平的提高、国民经济信息化步伐的加快等。另外,刚刚兴起的各类高新技术的行业同样发展前景诱人。按照这一判断,本报告将电子信息(含电子家电)、汽车(含零配件)、新材料(含新材料制品)、制药(含海洋药物、生物制药)作为重点分析对象,并通过市场需求和产业链解析,对这些产业中各关键部门和重点产品领域进行了论证。本报告提出的若干建议,可以供新产业区选择优势产业和重点产业发展领域时作为参考。②

一、电子信息产业发展状况及产业链解析

(一)发展状况

　　我国电子信息产业自 20 世纪 80 年代起步,历经 20 年发展,已成长为国内制造业的第一产业。分析电子信息产业的工业布局和结构状况可发现几个重要现象:

　　第一,产业高速增长中的地域集中趋势十分明显。从 2003 年各地销售收入在全国电子信息产业销售收入中各自所占的份额可看出,最明

---

①　本文为笔者主持的《青岛市北新产业区战略规划研究》项目的一个分项研究成果。项目组成员为:李立、韩立民、叶焕民、张天旺等。项目鉴定时间:2003 年 12 月。本文执笔:李立,原文 40000 字。

②　青岛市崂山区 2005 年在莱西建设的工业园具有"飞地"的属性,其产业选择同样可参照本文所提出的一些观点。故附录于此,以供借鉴。

显的地域集中在珠江三角洲、长江三角洲、环渤海地区。其中，珠江三角洲、长江三角洲、环渤海地区、京津两市和福建省集中了我国微型电子计算机产量的 98%；以山东为代表的环渤海地区占据了大型电子计算机产量的 86%；京津两市、广东省、江苏省、上海市集中了移动通信设备产量的 99% 以上；广东、上海、北京、山东、江苏集中了程控交换机产量的 95% 以上；珠江三角洲、长江三角洲、环渤海地区、京津两市和福建省集中了我国半导体集成电路产量的 85% 和电子元件的 88%。

第二，计算机类产品成为引领行业增长的主要动力。2003 年上半年电子计算机制造业累计产量同比增长 96%，微型电子计算机累计产量同比增长 99%。计算机制造业已经代替通信设备制造业成为拉动电子行业增长的第一动力，其对全行业生产增长的贡献率高达 38.7%。这一情况产生的原因与近年来外商投资企业大量进入电子计算机制造业，使国内 PC 制造企业生产能力迅速扩张和国际竞争能力进一步增强，以及计算机类主要产品市场需求旺盛有重要关系。

第三，在中国电子信息市场全面提速发展的同时，同一地区的不同产品或不同地区的同一产品的市场表现却表现出巨大的差异。受技术和产品生命周期、市场竞争对手、企业规模效益等多种因素的影响，不同区域甚至同一区域的不同的投资商，以及位于产业链不同环节的厂家所获得的投资回报是大不相同的。它表明，竞争性市场格局在中国电子信息市场上已形成，技术和经营优势对企业生存发展至关重要。

为说明中国电子信息市场未来的前景和产业选择的机会，我们将该产业领域中那些市场影响力比较大的若干产品类别，划分为最终消费类电子信息产品、投资类电子信息产品和基础类电子信息产品三大类（其 2002 年的结构分布如图 1 所示），并采用不同方法，分别对部分消费类电子产品和部分其他类投资产品的增长趋势进行了评价。其中，具有最终消费品属性的一类电子产品，因其具有需求量与居民收入水平同方向变化的特征，选择了收入弹性分析方法，[①] 而其他类的电子信息产品则分别采用了一般的市场预测方法和产业关联分析等方法。

---

① 收入弹性是反映市场需求与居民收入变化之间对应关系的一个指标，其计算方法为：收入弹性系数 = 需求量的增长率 / 人均收入的增长率。

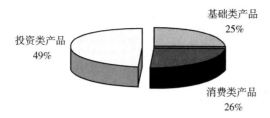

图1　2002年三大类电子信息产品市场份额示意

　　为分析电子信息产品的市场需求情况，我们分别列出了国产电子产品和"三资"企业电子产品2000～2001年销售收入变化和居民收入变化的情况，以及依据这一变化所测算出来的收入弹性系数（参见表1、表2）。

表1　　　　　　　　　　　　　国产电子工业新产品的收入弹性

产品名称	2000年（亿元）	2001年（亿元）	增长率（%）	居民收入增长率（%）	收入弹性
1. 通讯设备	671.7	873.2	0.3	—	—
通讯传输设备	99.3	63.1	−0.57	—	—
通讯交换设备	117.9	218.5	0.85	—	—
通讯终端设备	128.9	537.8	3.17	0.08	39.61
2. 雷达及配套设备	10.3	11.5	0.12	—	—
3. 广播电视设备	0.62	1.44	1.32	—	—
4. 电子器件设备	191.1	139.2	−0.37	—	—
电子真空器件	151.2	97.8	−0.55	—	—
半导体分立器件	6.3	10.3	0.63	—	—
集成电路制造	33.6	31.1	−0.08	—	—
5. 电子元件	97.4	174	0.79	—	—
6. 家用视听设备	637.7	663.7	0.04	0.08	0.50
7. 计算机整机	270.7	248.4	−0.09	0.08	−1.13
8. 计算机外部设备	256.1	370.7	0.45	—	—
9. 办公设备	10.2	10.3	0.01	—	—

　　注：（1）受统计数据的限制，表中的需求数量变化以产品销售收入的变化代替；居民收入增长率使用的是城乡居民的加权平均值。
　　（2）其他具有投资品属性的产品不适合于采用需求弹性的方法进行分析，故以"—"表示。

表2   "三资"企业电子产品的收入弹性

产品名称	2000 年（亿元）	2001 年（亿元）	产出增长率（%）	居民收入增长率（%）	收入弹性
1. 通讯设备	1538.5	2210.3	0.43	—	—
通讯传输设备	117.6	167.5	0.42	—	—
通讯交换设备	364.9	510.3	0.40	—	—
通讯终端设备	242.6	1194.2	3.92	0.08	49.00
2. 雷达及配套设备	0.09	0.10	0.11	—	—
3. 广播电视设备	16.69	15.85	− 0.05	—	—
4. 电子器件设备	621.7	577.0	− 0.08	—	—
电子真空器件	307.0	278.4	− 0.10	—	—
半导体分立器件	97.9	120.8	0.23	—	—
集成电路制造	216.8	177.8	0.22	—	—
5. 电子元件	729.0	870.4	0.19	—	—
6. 家用视听设备	1038.0	897.9	0.16	0.08	2.00
7. 计算机整机	504.2	810.2	0.60	0.08	7.50
8. 计算机外部设备	636.2	932.1	0.47	—	—
9. 办公设备	165.6	204.9	0.24	—	—

注：同表1。

从表1、表2计算的收入弹性值可以看出，最终消费品中两类不同厂家生产的通讯终端产品的收入弹性值高达39.61和49.00，市场前景均非常好。但家用视听产品和计算机整机的需求在"国产"和"三资企业"两类不同厂家之间的差别比较大（分别为0.50和2.00，− 1.13和7.50），这说明在高端商品的市场认同度方面国产商品的市场竞争力还有待提高。新进入该产业领域的厂商需要对该行业高、中、低端市场的这种现实的竞争力及其背后所蕴含的内容有一个清醒认识。

为判断具有投资品配套产品属性的一类商品的市场需求情况，我们进一步对电子信息产业当中居于核心产品地位的集成电路、新型电子元器件的产销量变化情况进行了综合分析（参见表3、表4）。从表3提供的数据可以看出，我国集成电路产品的实际产量虽逐年提高，但距离市场需求量还有很大的差距；有限的市场供给在整个市场规模中所占的比重始终没有超过20%，数额巨大的市场缺口是通过国外产品的进口来满足的；中国整个集成电路产品的市场需求在世界市场上所占的份额微不足道。这一方面反映出中国发展集成电路产品的巨大市场空间，同时也反衬出中国在该领域发展水平的落后和发展规模的局限。改变这一状况一方面有待于整个信息化水平的提高，同时也依赖于高端产品产出比重的提升。

表3   **国内集成电路产销量变化情况**

指标名称	单位	1996 年	1997 年	1998 年	1999 年	2000 年	2001 年
市场需求量	亿块	72.00	100	121.00	135.00	231.48	250.00
实际生产量	亿块	7.58	21.10	17.32	22.90	58.79	63.60
产量占需求量的比例	%	10.53	21.10	14.31	16.96	25.40	25.44
市场规模	亿元	204.00	303.00	347.00	400.00	975.61	1200.00
实际销售额	亿元	39.00	47.46	56.00	70.00	160.00	188.30
销售额占市场规模比例	%	19.12	15.66	16.14	17.50	16.40	15.69
世界销售额 （折合人民币）	亿元	10971.92	11387.57	11482.5	13959.20	—	—
国内市场需求占 世界市场比例	%	0.36	0.42	0.49	0.50	—	—

    资料来源：依据《中国电子工业年鉴》（2002）有关数据计算、整理。考虑到数据的可比性，本表中没有将近两年的数据加入，但这并不影响关于需求趋势的判断。

表4   **新型电子元器件产量、增长率预期情况**

产品名称	产量（2000 年）	年增长率（十五期间，%）	预计产量（2005 年）
新型电子元器件	1470 亿只	20	4000 亿只
发光二极管（LED）	100 亿只	15 ~ 20	300 亿只
液晶显示器（LCD）	120 万平方米	15	300 万平方米
等离子显示器（PDP）	尚处在起步期	—	10 万只
新型电源	1.2 亿只	20	4 亿只

    从表4提供的资料可看出，新型电子元器件产业的发展前景十分广阔。它不仅提供了巨大的投资空间和市场机会，而且对改进我国整个的工业发展面貌将产生极大的影响，面对这种趋势，如何突破技术约束的瓶颈，选择适度的切入点是青岛市北新产业区在项目选择的时候需认真面对的一个问题。

（二）产业链关键节点分析

    产业链的构成通常有三种情况：一是围绕某一产品从元器件到整机生产过程所形成的企业集合；二是围绕某一产品最终需求的满足所形成的一系列具有上下游关系的企业集合；三是围绕某一产品的研发设计、销售服务所形成的企业集合。关于产业链关键节点的分析需要区分不同的情况，从实际出发，以市场需求为重心，并将产业选择和定位问题提升到"研发—生产—销售—服务"的"链式反应"系统中来认识和理解。

1. 电子信息产业链。

（1）集成电路产业链：集成电路设计—新型半导体材料—集成电路制造设备—集成电路芯片—集成电路封装、测试—整机和 IC 卡生产等。可进入的领域有：新型半导体材料、电路封装、数字化消费类电子产品等。

（2）数字移动通讯系统产业链：第三代数字移动技术研究中心—数字移动通讯试验系统—专用芯片、主机板及零配件—数字手机—无线通讯终端产品—第三代移动通讯网等。可能进入的领域有：数字手机零配件，其他无线通讯终端设备等。

（3）信息网络产业链：工程技术研究中心—网络设备（交换设备、路由器、存储器等）—传输网及相关设备—接入网及相关设备—系统集成的软件、安全网关等。可能进入的领域有：路由器、存储器等。

（4）液晶显示器产业链：工程技术研究中心—上游原材料、零部件—TFT－LCD 模块—TFT－LCD 屏制造—下游应用产品（TFT－LCD 在笔记本电脑、台式液晶显示器、一体式计算机、液晶电视、数码相机、数码摄像机、车载电视及导航系统、移动电话等方面的应用）。可能进入的领域有：上游原材料、零部件、精密金属零件、液晶材料、彩色滤光片、玻璃基板等。

（5）数字电视产业链：工程技术研究中心—数字高清晰度电视节目制作—演播系统—发射系统—接收系统—专用芯片和显示器件—整机产品（机顶盒、高清晰度电视等）。可能进入的领域有：与专用芯片环节相关的专用集成电路及关键件（机芯、光学组件等）、与接收系统相关的数字机顶盒、与电视发射系统传输设备相关的调制器等。

上述产业链中高端环节的一个共同典型特征是，技术高度集成、资金高度密集、产品附加值大。受目前整个国家电子信息技术水平的限制和巨额资金投入的约束，尤其是考虑到青岛市北新产业区特定的开发条件和招商能力，我们认为，选择的难度太大，成功的概率较小，不宜作为产业选择的重点。中端环节虽然同样会遇到资金规模、技术压力的限制，但风险较小，谨慎操作，成功的概率较大。但从现实可能性来看，青岛市北胶州湾新产业区在电子信息产品的领域更有可能处在产业链的较低位置上，进入高端环节和中端环节的难度较大。

但是，招商引资应该服从于市场选择，在具体的工作中也可能因偶然性的机缘，而打破上述的预期。如果恰好遇到愿意进入青岛市北新产业区创业的高端产品制造商，即使在现阶段，新产业区也仍然可以从事某些中、高端产品的开发。由于园区的规模有限，此类入园项目的最为现实可行的方式是通过为其他产业配套（例如汽车电子产品）或作为高端技术的合作者来进行。

按照这一思路，建议对下述领域给予特殊关注：（1）以半导体、集成电路为主的电子专业设备；（2）应用电子元器件产品，如各种 IC 卡的开发制造等；（3）家用数字视听设备、消费类电子行业中的产品、家用电子的配套产品；（4）专门的电子材料、医疗电子仪器、用于科教的电子测量仪器等；（5）为通讯设备行业中龙头企业配套的产品；（6）真空电子器件技术产品；（7）其他领域和产业中所需要的电子类产品。

2. 家电及配件产业链。经验证明，一个城市或地区的产业链越长，链条上的各环节越均衡，在相同技术条件和管理水平下，其资源转移成本就越低，最终产品成本就越低，产品可达到的市场半径就越大，产品市场竞争能力就越强，整个产业链生存和发展能力就越强。

青岛市是全国著名的家电产品生产基地，海尔、海信、澳柯玛等企业的电子家电产品行销国内外，具有很高的知名度和市场份额。但这些企业又共同地存在一个弱点，即生产过程主要以整机装配为主，缺乏配件和零件供应的基础支撑，尤其是当地企业为整机装配企业配套率很低。例如，2001 年青岛海尔、海信、澳柯玛三大电子家电企业实现总产值 719 亿元，利税 24.6 亿元，出口交货值 42.4 亿元，但其数亿产品产出中，当地的配套率尚不足 10%。青岛电子家电产品超短的产业链构成，不仅对相关企业的市场竞争力产生了许多不利影响，而且对充分发挥名牌企业影响力，拉动当地经济发展也是十分不利的。

为说明拉长青岛电子信息和家电产品产业链的可行性，并进一步阐述青岛市北新产业区产业定位中的"以专业化零部件配套生产为特色"思路，我们依据在企业调查中收集到的资料，列出了青岛海尔集团面向全球采购的部分属于电子类产品领域的配件和辅件产品的清单，以及当年海尔集团位居青岛地区的各个企业采购零配件支出的货币金额（参见表5），虽然它只是电子家电产品当中最为低端的某些配件和辅件需求，但已足以说明问题。

表 5　　　青岛海尔集团部分需引进的配套产品和 2002 年采购额

序号	产品名称	产品描述	年采购额
1	散热器	空调、彩电用箱体散热	1000 万元
2	蒸发器	冰箱、冷柜用蒸发器	2.5 亿元
3	冷凝器	冰箱、冷柜用冷凝器	1.5 亿元
4	电阻	主控板	600 万元
5	温控器	冰箱用温控器	8000 万元
6	定时器	洗衣机用定时器	1200 万元
7	LCD	空调、冰箱显示屏遥控器	800 万元
8	VFD	冰箱、空调等家用电器显示屏	2000 万元
9	晶振	电视用电控板	500 万元
10	启动电容	洗衣机、空调用启动电容	3400 万元
11	按钮式电源开关	家用电气开关	500 万元
12	安全开关	洗衣机用安全开关	2000 万元
13	二线彩管	彩电用二线彩管	2400 万元
14	特殊电源线	各种家用电器	3.0 亿元
15	电磁阀、热电偶等组件	燃气灶使用电磁阀等	5000 万元

资料来源：根据调查资料整理（未全部列出）。

3. 销售服务环节的产业链。青岛市北区繁华的辽宁路上有一个大规模的青岛电子信息城，其在电子信息产品市场上的影响力和对货源供给的要求同样是青岛市北胶州湾新产业区制定发展规划时应考虑的重要因素。据统计，目前青岛电子信息城有经营业户 300 余家，经营品种上万个，电脑外设、配件、软件、耗材、电子出版物、网络数码产品、通讯器材等在这里一应俱全，康柏、IBM、LG、三星、东芝、联想、海尔、海信等数十种国内外知名品牌在这里尽数登场。

为进一步扩大青岛电子信息城的影响，青岛市北已着手对与青岛电子信息城一路之隔的 7.9 公顷土地实施旧城改造和整体开发，建设总建筑面积为 218639 平方米的科技大厦、专业孵化器和创业中心，并计划通过市场化运作使辽宁路"科技消费一条街"成为青岛市的信息资源开发中心、电子产品交易中心、科技成果展示中心和国内具有较高知名度的常设技术市场。

据课题组现场调查，目前青岛电子信息城经营的电子信息产品主要有电脑及电脑组装部件、网络设备、办公自动化设备、数码产品、电子科技服务等大类，产品的主要供货地区为广州、深圳、东莞、台湾、韩国和日本，部分产品则来源于北京中关村、济南科技市场（参见表 6），业户采购的方式五花八门，科技服务的层次以中、低档为主，经营的信誉主要靠品牌产品的质量支撑，管理层和在电子信息城经营的业户均希望在其众多的经营产品种类中能够就近采购到青岛地区生产的高品质的、具有市场竞争力的产品。我们认为，重视上述需求，将电子信息市场的发展纳入新产业区产业定位的视野，对形成"研发——生产——销售——服务"的大产业链系统同样具有重要意义。

表6　　　　　　　　青岛电子信息城主要经营产品和货源地

序号	产品类别	产品名称	主要品牌	供货地区
1	电脑和电脑组装部件	台式电脑、笔记本电脑、显示屏、主机、DVD刻录机、CPU、硬盘、其他配件	康柏、IBM、海尔、联想、海信、三星、LG、菲利浦、东芝、SONY、松下、英特尔等	广州、深圳、东莞、台湾、韩国、日本、北京中关村、济南科技市场
2	网络设备	网卡、远程视频会议系统、宽带光缆、服务器、接续器等	思科、甲骨文、大唐电讯、斯达康等	
3	办公自动化设备	扫描仪、复印机、打印机、传真机等	佳能、施乐、理光等	
4	数码产品	照相机、摄像机、投影机、摄像头等	富士、卡西欧、松下、联想、三星等	
5	电子科技服务	电子通讯器材维修、电子认证、网络游戏、软件产品、培训服务	——	
6	其他	通讯器材、电子出版物、配件耗材	——	

资料来源：根据调查资料整理。

二、汽车及其零配件行业发展状况及产业链解析

（一）汽车行业发展状况分析①

中国汽车工业的快速增长始于 20 世纪 90 年代，短短 10 年的时间，先后实现了两次历史性的突破。第一次是 1992 年国产汽车产量突破百万辆大关，第二次是 2000 年国产汽车产量跨过 200 万辆。在 90 年代之前，中国汽车市场 70% 的需求来自于政府、事业单位的公务用车，30% 左右是企业单位的商务用车，几乎没有私人用车。自 20 世纪 90 年代中期开

---

① 青岛市北胶州湾新产业区显然不具备发展汽车整车生产的能力和条件，但由于汽车零部件和零配件生产与汽车工业发展是成正比的，因此，分析汽车工业的整体发展趋势对于认识其可能进入的汽车零部件或零配件行业的发展前景同样有参考价值。

始，这一情况发生了重大的变化，在新增汽车的市场需求当中，公务用车的份额下降，商务用车的份额加大，私人购车开始起步，至2002年时，私人购车的比例已经超过50%，其中，汽车市场最活跃的北京市私人购车比例已接近90%。在私人购车和商务购车的推动下，无论是中国汽车产量（参见表7）还是各种不同车型所占的比重（参见表8）均发生了重大变化，中国汽车制造业已进入一个全新的资源重新整合与结构调整的新阶段。

表7　　　　　　　　　　1992～2001年中国汽车产量统计　　　　　　单位：万辆

年份	1992	1994	1996	1998	2000	2001
产量	106.1700	135.3300	147.4900	162.9000	206.9000	233.4000

资料来源：中国汽车统计年鉴（2002）。

表8　　　　　　　　中国汽车市场不同车型所占比重的变化　　　　　　单位：%

车型	1990年	2000年	2001年
货车	70.88	36.93	31.91
客车	20.79	33.83	36.89
轿车	8.33	29.22	31.17

资料来源：同上。

据有关方面分析，今后数年内，中国汽车市场需求还将持续保持高速增长的态势。2003～2010年中国汽车市场的增长趋势预计为16%～20%，其中轿车的增长率可达到19.2%～24%；2005年中国汽车的保有量将达到2465万～2545万辆，到2010年汽车保有量将达到6650万～8431万辆。另外，依据汽车年6%更新率的经验数据可推断，2005年中国汽车的需求量（汽车需求量＝新增汽车保有量＋0.06×汽车保有量）为310万～330万辆，其中轿车的年需求量（轿车需求量＝新增轿车保有量＋0.06×轿车保有量）为110万～120万辆；到2010年中国汽车年需求量将达到1317万～1911万辆之间，其中轿车需求量将在640万～1007万辆之间（参见表9）。

按照这一趋势，中国在21世纪最初的10年过后，就将成为世界上最具成长性和规模最大的汽车消费市场。中国汽车尤其是轿车这一旺盛的市场需求状况，不仅为中国汽车工业的整车生产带来了极好的发展机遇，而且将带动汽车零部件和其他相关产业进入一个新的高速发展的黄金时期。[1]

————————

[1]　徐卫东：《汽车行业分析：新的消费增长点和经济增长点》，载《财经纵横》2003年第9期。

表9	中国汽车保有量和需求量预测	单位：万辆
年份	2005 年	2010 年
汽车保有量	2465～2545	6650～8431
汽车需求量	310～330	1317～1911

资料来源：根据预测数据整理。

中国汽车市场巨大的发展潜力已引起世界上美国、日本、德国等汽车生产大国的关注，2000 年中国汽车进口的数量较上一年度增长了 20%以上。其中，中高档轿车、轻型越野车的增长速度最快，2002 年我国汽车市场上的中高档型汽车的进口继续保持了高速增长的态势，同时，国内生产厂家也在通过各种方式（包括与国外著名汽车制造商的合资与合作等）逐渐提升自己的产品品质和品牌影响，中国汽车工业内外生产商之间的竞争已经在一个新的起点上展开了。

（二）汽车零配件行业发展状况

中国汽车市场的强劲需求对中国汽车零部件工业的高速增长产生了巨大拉动作用，其 2001 年的市场销售总量已经高达 1300 多亿元，并且随着国内汽车生产档次的提高，在汽车价值链中所占的比例不断上升，至2001 年时已经超过了 50%。与此同时，作为整个汽车工业中、上游的汽车零部件产业面向全球市场的业务重组也已经逐步展开，以往那种零部件生产与整车生产集中于一个集团，零部件生产主要满足本集团内部整车生产需要的方式正在被打破，一批有竞争力的零部件供应企业已经开始凭借自身的努力，并借助跨国公司的全球采购和销售网络扮演全球供货商的角色，并且开始尝试通过模块化、系统集成的方式谋求汽车零部件生产新的发展空间。

为准确反映中国汽车零配件行业的基本情况，做好青岛市北新产业区的产业定位工作，我们根据有关统计资料（2000 年数据），对中国 760 家汽车零部件企业的运营情况进行了总括性分析（参见表10）。在被选取的760 家汽车零部件样本企业中，汽车零部件销售额亿元以上的有 134 家，10 亿元以上的有 6 家，基本上可反映出整个中国汽车零配件工业的概貌。

从以上指标分析情况来看，我国汽车零部件工业重点企业资产结构较好，但目前其获利能力还较低，研发投入和固定资产更新投入缺口较大。760 家企业年末资产总计为 1606.14 亿元，其中，流动资产总计为800.10 亿元，流动资产构成比率为 49.72%，该指标基本属于正常；年末负债总计为931.04亿元，其中，流动负债为709.70亿元，资产负债率为57.97%，位于正常值50%~60%之间，流动比率为112.74%，表明企业偿付短期债务能力较强；销售总金额为928.74亿元，其中，汽车零部件销售额为631.14亿元，粗略估算流动资产周转率为1.16次，低于标准值1.52次，利润总额为55.22亿元，总资产利润率为3.44%，水平较低；研究开发费用为13.40亿元，占销售总金额的1.44%，国际水平约为5%；设备投资额为39.56亿元，占销售总金额的4.26%。

表10　　　　　　　　国内760家汽车零配件企业运营情况

指标名称	指标数	指标名称	指标数
流动资产构成比率%	49.72	总资产利润率%	3.44
资产负债率%	57.97	研究开发费用占销售额比率%	1.44
流动比率%	112.74	设备投资占销售比率%	4.26
流动资产周转率（次）	1.16	—	—

考虑到汽车零部件生产厂家的分布情况对该行业新进入厂家的重要影响，我们进一步依据汽车零部件销售额的地区分布比例，分析了其在各个省市的布局情况。结果表明，汽车零部件工业企业主要集中在天津市、辽宁省、吉林省、上海市、江苏省、浙江省、山东省、湖北省、广东省和重庆市，除辽宁省、广东省和重庆市外，以上几个省份尤其是上海市几项指标均居全国前列（参见图2）。

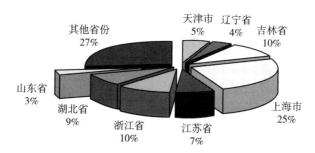

图2　全国各省市汽车零部件销售统计图

（三）汽车产业链关节点解析

从大产业系统的角度来看，汽车工业的产业链由四大部分组成：汽车工业开发和生产系统、汽车工业流通系统、汽车工业用户系统、汽车工业专业服务系统。

就青岛市北新产业区而言，由于汽车产业链中的三个服务系统均有极为特殊的条件限制，明显不适合于作为新产业区的情况，并且明显不具备发展汽车的整车装配生产和汽车产业链中的"研究与开发"环节，因而，在该领域需要关注的产业链的关键点主要是汽车零配件或辅件。考虑到汽车零部件产品种类数以 10 万计，不易于产业定位的把握，我们进一步依据不同汽车零配件的功能和用途将之划分为几个不同的类别（参见图 3）。

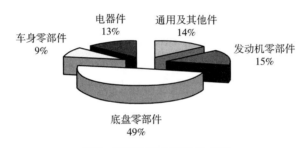

图 3 五类汽车零部件构成图

分析图 3 列出的五大类别的汽车零部件构成图，我们认为，由于发动机系统是汽车生产的核心技术领域，需要很高的技术密集度和制造经验，且其生产厂家的布局已经形成，招商引资比较困难；汽车底盘类别的产品多数属于一般机械加工产品，技术含量不高，且运输不便，占用场地大，与新产业区功能定位矛盾，一般不宜在新产业区布点生产。而车身零部件、汽车通用件和汽车电子的可行性要远大于前者。

理由是，整车企业的零部件全球采购已经模糊了汽车产品的地域特征，车身零部件生产局限于本集团内部的情况已经发生了重大的变化，进入汽车制造业进行相应的配套生产和供应具有较大的可行性；汽车通用配件具有广阔的适应性，有利于新厂家选择合作伙伴和吸取世界范围内相关领域的技术创新成果；汽车电子产品在汽车产品智能化已经形成不可逆转趋势的背景下，具有广阔的发展前景。目前，我国企业在上述领域的起点普遍较低，进入该行业的"门槛"障碍比较小，吸引国内外的厂家来青岛市北新产业区创业具有较强的可操作性。

（四）若干重点产品门类选择

考虑到伴随经济增长和人们对生活质量的要求不断提升，以及信息化对汽车工业的影响，我们进一步分析了与汽车的安全、舒适性有关的高科技的汽车安全系统、电子系统和环保系统应用的前景。结果表明，目前我国整车成本中电子产品仅为3%，而国外已达到20%，市场潜力巨大，发展前景广阔。为此，我们进一步对汽车电子产品、汽车安全气囊（SAB）、汽车防抱死制动系统（ABS）的国内外市场情况进行了预测分析。

1. 国外市场。据美国汽车工业协会分析，2000年全球的汽车电子产品市场销售额已经达到600亿美元，到2007年将增至900亿美元，而这还不包括车载娱乐性电器。由于环保法规的严格约束，汽车上采用电子控制汽油喷射系统（EFI）在美国、德国和日本已分别达到100%、98%和90%。可见，EFI在国外汽车配件市场上的巨大需求。

安全气囊（SAB）在美国和欧洲的装备量同样很大，2000年美国的SAB系统绝对装备量为2000万套，欧洲为2000万套。据国外报道，21世纪全部的小客车还将装备司机座侧面的SAB，相当一部分小客车将装备后排座SAB，其发展空间十分广阔。

防抱死制动系统（ABS）在国外货车、大客车和拖车等类型的汽车上应用较为广泛，加上轿车估计有300多种车型需要装备这一系统。目前，美国福特汽车公司生产的汽车ABS的装车率已经达到94%。随着人们对汽车安全问题的重视，以及强制性法规的不断出台，全球范围内的ABS装车率势必会迅速增长。

2. 国内市场。目前，我国汽车电子产品的应用正在逐步扩大，除汽车音响、电视、空调等产品外，高能无触点点火系统（在桑塔纳、捷达、奥迪、富康以及解放中卡等车上）、发动机管理系统（在国产轿车和轻型车上）、中央门锁控制（在捷达、奥迪、桑塔纳等车上）均已经装车；防抱死制动系统、安全气囊等产品也开始在高档车上装备。汽车电子产品在汽车成本当中的比例逐年提高，其中奥迪A6已经高达30%以上。据有关方面估计，到2005年，汽车电子产品的销售额将达到2000亿元。预计发动机管理系统的需求量为340万套，防抱死制动系统（ABS）需求量为150万~200万套，安全气囊的需求量为150万~200万套，汽车音响的需求量为500万套。

综合上述分析，可将该领域产品开发门类界定在以下方面：（1）电子控制燃油喷射，电子发动机控制和电子变速器控制等；（2）导航装置等电子系统；（3）夜视功能、音控技术、卫星电话系统、车上网络系统、中央自动门锁控制系统；（4）汽车仪表板、汽车计算系统；（5）防抱死制动系统；（6）高能无触点点火系统；（7）其他汽车电子产品系统；（8）各类市场所需的通用汽车配件或辅件。

三、新材料及其制品发展状况及重点领域选择①

（一）新材料产业发展状况

新材料是一个发展前景广阔的新兴行业，据统计，2000 年我国新材料的市场需求已达 2500 亿元，预计到 2005 年，新材料的市场需求可以达到 4000 亿元，约占全世界新材料市场的 9.4%。据不完全统计，青岛市目前已经跻身新材料行业的企业有 100 多家，其中，既有政府大力支持的高新技术开发和产业化项目，也有在原企业基础上通过产品或工艺的开发而形成的项目。社会各界对该领域的发展普遍寄予厚望，并无一例外地将之视为重点发展的战略性产业。

为充分反映新材料产业的投资景气情况，我们以小型会议讨论和专家咨询方式，邀请若干相关技术或生产领域的科技开发人员、管理干部，以新材料领域中影响较大的镁合金材料、交联聚乙烯管材（近年兴起的一种新型建材）、高性能碳纤维材料、纳米材料等作为评价对象，采取强制打分的方式，分别就三个大类的评价指标和细分的 11 项具体指标进行了评价。其中，三个大类评价指标是：反映社会需求强度的"市场潜力"、反映项目竞争力的"产品性能价格比"、反映企业可持续发展能力和后劲的"产业化前景"。表中与三个大类相对应的 11 项具体指标是根据大类指标的要求，并充分考虑到评价系统和参与评价人员的特点设定的。评价结果显示：各方面对相应指标具有强烈的"向好期望值"（参见表 11）。

---

① 按国家高技术新材料专家委员会发布的《新材料领域战略研究报告》的口径，新材料主要包括新型复合材料、新型建筑材料、新型功能材料、金属新材料、生物医用新材料、纳米材料、高分子新材料（包括碳纤维、高性能聚合物等）、其他新材料（如新型屏蔽材料）等。

表 11 部分新材料项目的预期发展前景评价

评价项目及其细分指标		纳米材料	镁合金材料	交联聚乙烯管材	高性能碳纤维
市场潜力	市场容量大小	大	大	大	大
	在本行业的地位	弱小	国内最大基地	有一定影响力	空白
	需求增长率	高	高	高	高
性能价格比	技术成熟程度	不成熟	成熟	成熟	成熟
	知识含量高低	高	较高	较高	高
	能否大批量生产	尚不能	能	能	能
	有无规模效应	无	有	欠缺	欠缺
产业化前景	企业进入壁垒	大	大	小	大
	替代品数量及强度	数量少、强度小	无	有替代、强度中等	反向替代难
	技术储备状况	欠缺	缺乏核心技术	较好	差
	环境适应性	高	高	较高	高

为进一步提供可以为青岛市北新产业区在新材料领域筛选的项目，我们借鉴有关方面关于国内外新材料产业和新材料技术研究的成果，并结合自己的有关调查资料，分别列出了若干领域新材料应用情况，并对青岛在该领域的产业基础和开发方式作出了具体描述（参见表12）：

表 12 新材料重点发展领域、现实基础和开发方式

类别	重点发展领域	现实基础和开发方式
纳米材料	1. 用于家电、建材等行业的抗菌材料 2. 用于纺织行业的抗菌织物等 3. 纳米级的新材料	1. 有良好技术基础，适合本地重点发展 2. 需要政府引导，并加大投入力度 3. 需要实施科技计划集成和资源整合
高分子新材料	1. 农、医、建筑用新型高分子材料 2. 高吸水树脂材料 3. 功能高分子材料、高分子分离膜 4. 改性塑料、塑料合金、工程塑料	1. 本地有一定基础，适合于重点发展 2. 需要引进技术，并加以培育 3. 需要尽早确定重点方向，提供资金支持 4. 市场开发需要特殊关注
新型复合材料	1. 轻质高强度复合材料 2. 低成本、高性能的树脂基复合材料 3. 碳纤维复合材料 4. 橡胶并用复合增强材料	已经具备相当研究基础，并积聚了若干重要的研究成果，但实施高水平的技术开发和大规模的产业化仍需要实施引进技术或合作开发。
新型功能材料	1. 信息功能材料（含磁性材料等） 2. 生物功能材料 3. 智能材料	技术积累较少，可形成规模化项目少，但与国外厂商洽谈的技术引进项目若成功，则可对该领域形成强烈刺激，促其面貌大变。
新型建筑材料	1. 高效能混凝土 2. 公路用多孔沥青复合材料 3. 高性能涂料	1. 已具备研究基础并取得成就，但大规模的产业化和应用尚需要努力。 2. 无毒防污涂料填补国内空白；海洋涂料有特色。

类别	重点发展领域	现实基础和开发方式
金属新材料	1. 无镍奥氏体不锈钢 2. 硼钛稀土变质处理 H13 改性压铸模用钢 3. 长寿命反应釜新材料 4. 镁合金及其制品	1. 不锈钢项目，产业化前景广阔，但生产规模的形成尚需建立新的大规模生产基地才能实现。 2. 重点突破特种工艺方面的局限。 3. 镁合金及其制品已经形成产业化基地。
能源新材料	1. 金属玻璃、超导材料、储能材料 2. 高强度电池（高密度蓄电池、燃料电池等）	锂离子电池、镍氢电池及其材料是能源新材料主要发展方向之一。
精密陶瓷	1. 陶瓷基复合材料 2. 耐腐蚀、耐高温精密陶瓷产品 3. 膜、膜装置及膜工程 4. 微波烧结陶瓷新材料	已拥有国内先进的 5KW 微波烧结装置，技术达到国际先进水平。方向是，在微波烧结纳米陶瓷材料、微波烧结生物医用陶瓷材料方面实施突破。
海洋生物新材料	1. 从海洋节肢类动物外壳及真菌、藻类中提取甲壳质及其衍生物制备海洋生物材料 2. 生物医用新材料	在神经创伤修复、软组织创伤修复、伤口粘合剂等产品开发方面有广阔前途。

资料来源：借鉴《青岛市国民经济和社会发展"十五"计划》（青岛市计委）、《2000～2002 年新材料产业发展规划》（青岛市经委）、《青岛市科技发展规划》（青岛市科委）等重要研究文本，并综合了若干业内专家意见。

（二）重点产品领域选择

我们认为，笼统地进行所谓新材料产业链的分析是不可行的。首先，新材料是一个宽泛的概念，其包括的领域几乎涉及国民经济的各个部门，因此，希望用一个简单的系统将之全部包揽是不现实的；其次，新材料产业具有突出的成长性特点，它的发展具有"供给产生需求"的特征，某一技术节点上的突破往往同时酝酿着新产业的诞生，并且会导致传统产品生命周期因为新技术的出现而大大缩短或断裂，因此，关于新材料的市场分析必须与技术的发展动向密切联系在一起。鉴于此，我们首先对新材料技术的成熟程度、发展前景进行了分析（参见表 13）。

表 13　　　　　　　部分新材料产品的应用前景和技术研发动向

工程塑料	应用前景	随着汽车、电气、电子工业的发展，对高级工程塑料的需求量增加很快，对其性能的要求越来越高，新品种的开发难度越来越大。
	研发动向	国外已经能够通过不同单体与共聚单体进行共聚合金化，得到具有高抗冲击性和低模量、易加工的改性聚烯烃和性能各异的功能性聚丙烯材料。国外工程塑料的高性能化技术发展也很迅速，如充填和增强改性等。

续表

特种材料制备	应用前景	指具有特种结构、优异性能和特殊功能，适应各种恶劣环境和特殊用途的材料。特种材料在高技术开发及其产业化中的作用往往具有不可替代性。科学实验中的重大突破和优质产品的生产大都依赖或借助于特种材料的发明、制备和应用。
	研发动向	美国已有300多家公司专门生产微孔金属材料、微孔陶瓷材料和器件，具有自动化、高性能、大批量生产的能力。我国特种材料实验室性能较高，但规模化生产和应用较落后。其中，高性能的微孔管材和板材只能批量生产低性能的产品，急需形成高性能材料大批量生产能力。
复合材料	应用前景	利用材料特有的复合效应可产生原组成材料不具备的性能，且可以通过材料设计达到预期的性能目标。现代经济和社会发展对复合材料的需求量越来越大，其应用前景十分广阔。
	研发动向	国外先进复合材料发展非常迅速，其中，树脂基复合材料在工业发达国家已经形成产品品种多、自动化程度高和生产效率高的产业。国内差距主要表现在规模化生产技术，包括制备工艺及辅助材料系统配套等方面。
膜工程技术	应用前景	随着能源紧张、资源短缺和环境污染加重，膜工程技术在能源、电子、石化、饮料、医药、轻工和人们日常生活中有重要作用。膜分离技术已被公认为是促进和保证社会可持续发展的关键技术之一（如海水淡化中使用离子交换膜）。
	研发动向	目前膜市场的75%在美国、欧洲和日本。其中，微హ和透析膜的市场最大，气体分离膜在美国已达到工业化规模，渗透汽化膜处于工业化初期，离子交换膜的技术最为成熟。国内的差距在于，新的功能膜研制及产品开发力度不大，尤其是产品后期应用开发慢，形不成大的规模。
半导体材料制备	应用前景	半导体材料的发展，不仅可直接支持电子器件和电子整机产业，而且可带动一系列相邻产业的发展。半导体材料中硅占有重要地位。硅单晶是半导体器件和集成电路赖以发展的基础原材料，不论是分立器件还是集成电路，多是用硅制造的。
	研发动向	化合物半导体材料如砷化镓、磷化镓等是继单晶硅之后的新一代半导体全功能材料，用它制作的器件和电路具有频率高、速度快、功耗低等优点，又有受激发光的特点，在超高温、微波、毫米波、军事、高温、电子等领域发展较快，地位十分重要。但其工艺至今不如硅成熟。
纳米材料制备及应用	应用前景	伴随新的制备方法的不断出现，纳米材料的应用领域不断拓展，并对若干传统产业的产品改性产生了重大影响。目前，它已经在冶金、化工、轻工、电子、环保、国防和航空等领域展现出广阔的发展前景并发挥着极其重要的作用。有人甚至称21世纪是纳米材料的世纪。
	研发动向	纳米颗粒制备方法有物理方法、化学方法、综合方法三种。各种制备方法在颗粒的纯度、产率、粒径分布、均匀性及颗粒可控制性等方面尚存在一些技术问题。近年来，开始尝试利用激光技术、等离子技术、电子束技术制备高质量的纳米颗粒。
新型建材	应用前景	建材工业在国民经济发展中具有举足轻重的地位。新型建材是建筑结构现代化、施工技术现代化、城乡住宅现代化的前提，且其产业连带效果突出、经济附加值远高于传统产业，具有良好的经济效益和社会效益，能带动一批相关技术和产业发展。未来10年是建筑业发展的关键时期。
	研发动向	墙体材料正向多功能方向发展；化学建材从生产工艺到应用技术也已经成熟。21世纪"健康建筑"概念的兴起，将对绿色建材产生强烈的需求，研究和开发高性能建筑材料、生态水泥、节能节约资源的新型建筑材料是一个世界性的潮流。

资料来源：根据《未来十年山东关键技术发展研究》、《国家计委重点技术领域规划》、《山东省高新技术产业发展纲要》等材料，结合本地专家意见归纳整理。

在上述分析的基础上，我们参照《青岛市国民经济与社会发展"十五"计划》、《青岛市"十五"工业发展规划》等文件，将能够供青岛市北新产业区选择的新材料产业重点发展领域初步框定为：纳米材料及其应用（含防菌材料）、高分子材料、新型复合材料、新型功能材料、新型建筑材料等。

同时，我们还认为，智能材料、磁性材料、感光材料、海洋生物材料、能源新材料、生物功能材料若能配合信息产业、海洋产业等新兴产业的成长和传统产业的改造，也有望形成可观的产业化效应。但受技术成熟程度和产业化基础条件限制，若无特殊发展机遇，其成长和壮大所需要的培育时间可能更长，成本更高。

根据上述判断，我们进一步就发展新材料产业的问题提出如下几点意见：

第一，纳米材料的应用具有广阔前景。借助青岛市在纳米材料制备及其应用方面的技术优势，采取单项渗透方式，选择合适领域介入，获得成功的几率较高，回报较大。此外，随着工作、生活环境质量要求的日益提高和健康卫生等现代消费理念的驱动，人们对卫生用品、水处理装置、食品包装、服装等耐用消费品的抗菌性有了更高要求，消费市场已出现对抗菌材料及其制品旺盛的需求，也可以作为重点关注的领域。

第二，高分子新材料技术相对成熟、工程化水平较高，涉及领域广阔，是青岛市发展规模最大、产业化水平最高，正在建设和酝酿的工业化项目最多，并在生产基地建设方面成绩最为突出的一个领域，应当给予特殊关注。目前，青岛市在该领域在建和已形成工业化能力的项目有：高性能聚合物格栅工程材料、塑料合金材料产业化项目、多功能高分子复合材料开发项目等。该领域投资强度中等，对生产场所的地质、水文等方面的要求不高，极有可能成为首批进入青岛市北新产业区的工业项目。

第三，功能材料领域是目前最受人们关注的新材料领域之一，它所包含的膜材料、感光材料、医用高分子材料（包括人造器官材料及治疗用医药及器械材料等）、导电和磁性材料、智能材料等均具有广阔的发展前景，其中又尤以与电子信息产业发展密切相关的功能性材料表现最为突出。在 IT 产业高速发展的背景下，各类半导体材料和器件的需求量将会继续飞速增长，其发展规模有可能超过钢铁工业。

建议对该领域实施创新型思维，按跨越式发展思路来判断发展前景和确定项目选择。

第四，现代复合材料不仅可以保留原有基体材料的特性，同时还增添了许多新的性能，是取代若干传统材料的最为理想的选择，用途极其广泛。目前，新型复合材料中的新型工程塑料制品、橡胶制品、新型纤维材料等是社会最为关注的热点。金属基复合材料、碳/碳复合、粒子复合材料和各种复合功能材料（复合防弹板、碳纤维刹车片、聚丙烯腈原丝等）应用前景广泛。

第五，具有优良性能、节省能源、轻质耐用建筑新材料的发展前景十分广阔。进入21世纪后，围绕建设现代化城市和2008年青岛奥运会项目建设目标，新型墙体材料、新型室内装饰装潢材料、防水密封材料、保温隔热材料、新型化学建材、铝塑及钢塑复合管等都将得到广泛应用，项目选择空间大、市场需求量大，可予以重点关注。

第六，近年来，新型能源材料的发展热点很多。其中，锂离子电池、镍氢电池及其材料是主要发展方向之一。国内在能源新材料方面建设规模最大的是天津市，该市的镍氢电池、锂离子电池、太阳能电池和燃料电池四大支柱产品的总产值已超过100亿元人民币。但国内能源新材料领域的整体技术还不成熟，与国外产品相比尚缺乏竞争力。在进行产业选择时，若没有特殊的发展机遇和雄厚的技术依托力量，对有关方面提出的产业化意向应持谨慎评价态度。

第七，高性能陶瓷材料在信息、能源、汽车、纺织、化工、航天、石油、造纸、机械、海洋等金属材料和高分子材料无法胜任的诸多领域已获得广泛应用。目前，面临的问题是，陶瓷的制造成本高和使用性能可靠性差，导致产品的价格高，使其难以与金属及其复合材料竞争，只能应用于一些特殊领域。如果上述两个问题不解决，高性能陶瓷产品很难打开市场局面。

此外，还有若干其他类别的新材料也都具有广阔的用途和发展前景，只要建立可靠的技术基础、资金支持，均具备作为优势产业项目选择的资格和条件。

四、制药行业发展状况及重点领域选择

据中国南方医药经济研究所分析，"十五"期间，我国药品需求年平

均递增速度为 12%，预计到 2005 年，全国药品的需求量将达到 2180 亿元，比 2000 年净增 940 亿元。该分析同时还表明，近年来，除化学原料药及制剂、中药材、中成药、抗生素、生化药品、放射性药品等常规制药门类增长较快外，一些新兴制药业展现出巨大的发展潜力，其中，尤为引人注目的有海洋药物、生物工程与新医药、天然药物（主要指中药及其复方新药）等。

结合青岛市发展制药业的自然优势、产业基础和技术条件，以及我们对青岛市北胶州湾新产业区发展制药业取向的评价与判断，我们将重点突出海洋制药、生物制药、天然药物三个门类的分析，同时，将兼及重点产品领域的选择问题。

（一）海洋药物的选择

20 世纪下半叶，由于化学化工技术、生物技术、分析检验技术的长足进步，海洋药物的开发开始起步，历时近半个世纪，各国学者已从海洋生物中分离提取了 6000 余种化合物，并证明其中 3000 余种具有生物活性。一批抗肿瘤、抗病毒、抗放射、抗衰老、抗心脑血管疾病的海洋药物相继上市。尽管迄今为止，世界范围内真正意义上的海洋药物仅十几种，但其独特的疗效、低毒性已引起人们高度重视。进入 21 世纪后，利用海洋生物进行高技术二次加工的趋势日趋明显，以海洋生物技术为支撑，融合化学与化工等多学科领域高新技术成果的海洋药物的制备与生产已走上大规模的产业化道路，海洋制药业的发展展现出越来越光明的前景。

第一，社会需求量大，市场前景好。理由有二：（1）从整个社会对海洋药物的需求情况来看，由于目前所开发的海洋药物主要针对的是那些对人类健康威胁最大的多发病、疑难病（如心脑血管系统疾病、肝病、糖尿病、艾滋病等），即传统药物疗效不够显著的领域。那些希望通过海洋药物解除身体痛苦的患者，形成了庞大的对海洋药物的需求群体。[①]（2）从国内治疗上述病症的手段来看，目前治疗缺血性心脑血管病、肝病常用的西药主要有两类，一是仿制西药，二是进口西药。仿制药一般药龄较长，疗效一般；进口药（含基因工程药）价格昂贵，广大患者难以普遍使用。而传统的中药虽然使用较为普遍，但疗效缓慢，对急性患者控制病情难度较大。而海洋药物不仅具有安全、高效的特点，而且价格

---

① 据有关资料记载，目前世界各国心脑血管病发病率在 8% ~ 10%（我国为 5% ~ 6%），乙肝病毒携带者在 5% ~ 10%（我国在 10% 左右），糖尿病发病率在 4% ~ 5%。

适中，因此，很受国内消费者的欢迎，市场需求增长迅速（参见表14）。

表14   **国内几种常用海洋药物的市场需求分析**

序号	针对的病症及该病的发病率状况	海洋药物名称及使用情况	需求量
1	心脑血管系统疾病治疗药，此类病发病率为5%~6%	假若这其中的1%的病人用此类药（PSS、甘糖酯、卡迪康、海扑塞通）且每年只用4个月	每年需8.4亿片，注射液1000万支
2	抗乙肝病毒、保肝药，国内乙肝病毒携带者约有10%	若其中1%的病人用华海药厂生产的海洋药物（海扑肝泰、海力特）	每年只用4个月计，每年需求量为6亿~8亿粒
3	糖尿病防治药，我国糖尿病发病率约在2%~3%，有些地区还高，且此病近几年呈明显上升趋势	此病患者中的4%用此药，且每年只用4个月	需要量为360吨/年

资料来源：青岛海洋大学海洋经济与海洋法研究院：《青岛海洋药物发展研究》（2003年）

第二，科技力量雄厚、可供选择的产业化项目较多。青岛是蜚声国内外的著名海洋科技城。这里不仅汇聚了大批的海洋科技人才，而且云集了一批专门的海洋研究机构，近年来，又有国家海洋药物中试基地、国家海洋药物研究工程中心相继在青岛建立，进一步加强了青岛在海洋生物工程和制品研究与开发领域遥遥领先的地位。目前，以青岛海洋大学为代表的高等学校和以中科院黄海研究所为代表的一批科研单位与企业共同组成的青岛海洋药物和保健品研究开发基地已经形成，其开发和研究的技术和成果辐射全国，取得了较大的经济效益和社会效益。

目前，青岛海洋药物开发项目有50多个，其中，已拿到新药证书和正在进行临床实验的国家一类新药有6个，其他类别的药物有近20个。2002年"肝糖脂"、"海力特"、"降糖宁散"、"PSS"、"海通"、"快胃片"等一批代表性海洋药物产品，已形成年产值6亿元，利税2亿元的规模；"深海龙"、"海富硒"、"养年康保"、"康友"、"海洋雨露"、"降糖乐"、"胃好"等一批海洋保健品，"海洋活性微肥"、"海洋杀菌剂"、"海洋丽姿"等一批海洋活性物质生物制剂，也已形成上亿元产值规模。此外，还有若干极富潜力的海洋药物项目已进入产业化开发预备阶段，其影响力也将快速释放出来（见表15）。

表 15   青岛市正在开发的重大海洋药物项目

序号	项目名称	开发方式和发展前景
1	抗艾滋病药 911 项目	预计 2003 年底将取得新药证书。投产后，可形成年产 10 吨原料药的生产能力，年新增工业总产值 15 亿元。中鲁远洋渔业股份有限公司已经以 7600 万元人民币作为投资，在新成立的中鲁海大爱华药业股份有限公司控股 60%。
2	共轭亚油酸系列产品	一期建设工程已经完成，预计投产后可实现年产出 200 吨胶囊和 100 吨微囊的规模，实现年销售收入 7500 万元。计划 2 ~ 3 年内再开发出 6 ~ 8 个产品，使年生产能力达到 2000 吨，产值 5 亿元。青岛澳柯玛集团已经投资 1 亿元介入该项目的开发。
3	色素 S—9801 菌株的扩大发酵及色素提取	项目采用海洋细菌 S—9801 菌株，能产生鲜艳的红色素，稳定性好，对光、热、酸碱具有较强的耐受力，作为一种新开发的天然色素具有良好的发展前景。
4	超级抗氧化剂（OPC）和葡萄籽油项目	已正式投产，年产分别达到 20 吨和 300 吨，成为亚洲最大的生产厂家，产品由香港、北京的两家公司包销，预计 2 ~ 3 年内将达到 2 亿多元的产值。
5	抗脑缺血新药 D—聚甘酯开发项目	即将取得新药证书，工业化生产之后，将形成年产 10 ~ 20 吨 D—聚甘酯原料药、片剂 1 亿片、注射液 5000 万支的生产规模，年新增工业总产值将达 8000 万元。
6	植物生长生态因子调节剂	现已完成盐碱地土壤改良剂制备工艺，根据小试，农作物平均可增产 10% 以上。现已取得农业部颁发的生产许可证；2003 年开始投入生产，年产 5 万吨。约可改良 2000 万亩低盐碱土地，以每亩土地施用生物改良剂 25 公斤计算，将获取产值 2 亿元，利税约 9200 万元。

资料来源：青岛海洋大学海洋经济与海洋法研究院：《青岛海洋药物发展研究》（2003 年）。

    第三，产业化经验和技术人才、管理人才储备较为丰厚。目前，青岛已在海洋药物行业形成了三九海大事业有限公司、国风药业股份有限公司海洋药物工程开发中心、万国商贸有限公司、中科院海洋科技园和产业基地等名优企业和研究机构。其中，三九海大事业有限公司首期总投资 1250 万美元，最终将形成总投资 20 亿元规模的海洋新成药生产能力；国风药业股份有限公司目前选择的重点发展项目是重组海葵毒素等心脑血管用药；国大生物技术有限公司开发的重组链激酶和鲑鱼降钙素两种药物，已达到国际先进水平。其中，重组链激酶已获得了国家一类新药证书，鲑鱼降钙素 2002 年取得生产批准文号，并即将正式投产；青岛万国商贸有限公司致力于多烯鱼油系列产品的加工、销售，其新开发的婴幼儿和孕妇奶粉添加剂 DHA 超微粉通过了国家水产品质量监督检验中心检测，并获得 2001 年国家农业博览会金奖。

第四，制药工业的资源自然条件比较优越。目前海洋药物的制备主要通过两条技术路线来解决药源这个制约海洋药物产业化的瓶颈问题：一是养殖海洋药源生物，二是对量大的低活性物质进行人工修饰，使之变为高活性物质。青岛市北胶州湾新产业区地处胶州湾畔、毗邻青岛市海洋科技开发区（红岛），海岸线长度、可提供海滨养殖的滩涂面积、近海宜养水产品的海域十分广阔，发展海洋制药产业具有优越的区位优势和政策优势。另外，青岛市至今还没有形成一个较有规模的海洋药物生产基地，若能与青岛市海洋科技开发区密切协作，在一定的区域范围内形成海洋制药项目相对集聚的生产基地和研发基地，将可能享受到国家多方面的扶植，使自己临海、临港、邻近海洋研究中心的优势充分地释放出来，其发展前景不可限量。

综上所述，我们认为，青岛市北新产业区进入海洋制药产业是可行的。项目选择的重点是，与人们的生活质量密切相关的新一代抗肿瘤类、防治心脑血管疾病、肝炎、糖尿病类及延缓衰老类的新型药物和海洋滋补保健品，同时，在众多的海洋药物项目选择中，应重点吸引那些已取得国家新药证书和有望很快取得新药证书的项目来新产业区创业或将原有生产基地迁入新产业区扎根。需特别强调的是，海洋药物制备的技术含量较高，对专利的依赖性强，新产业区在发展一般性非专利药品的同时，应重点吸收那些具有自主知识产权的项目进入工业园区。同时，应鼓励园区创业者积极申报各类专利，以保证可持续的竞争力。

（二）生物工程和新医药的选择①

我国生物工程及新医药历经多年发展，已形成相当规模，并在许多领域具有独特竞争优势。目前，全国从事生物制药的企业已有200多家，累计开发成功的基因工程药物和疫苗（已取得新药证书）有21种。世界销售额排名前10位的基因工程药物和疫苗，我国已能生产8种。另外，有近40种生物技术药物和疫苗正在进行临床试验。从新型生物医药产业研究开发的布局、结构、规模来看，目前，我国新型的生物医药产业主要是分布在高等学校比较集中的地区，如北京、上海，以及一些经济发

---

① 生物制药通常指的是生物工程与基因工程技术在医药领域的产业化。国际上通行的看法是，所有涉及化学制药、传统制药、生物技术制药、基因工程制药、生物医药工程的领域都属于生物医药产业，而基因工程产品是现代生物医药产业中的最主要部分。鉴于此，此处未将海洋生物制药列入其中，但这不影响对基本问题的判断。

达的省份，如广东、浙江、江苏和山东。如从更广泛区域看，我国生物医药产业主要分布在长江三角洲、珠江三角洲和环渤海湾地区。

　　为说明生物工程及新医药的现状和发展前景，我们以北京市为例，对其良好发展态势作出了三点描述：（1）增长快速、地位显赫。北京生物工程和新医药创新能力居全国领先水平，全国每年研发出的 10 种新药中就会有一种来自北京。2001 年北京已将生物工程和新医药、汽车、微电子集成电路、光机电一体化确定为振兴现代制造业的四大支柱产业，2002 年北京生物医药产业增长 24.4%，居全市高新技术产业之首。（2）产业化格局较为合理。从 2002 年国家统计局的统计数据可见，北京生物工程和新医药产业现已形成了以化学药、中药和医疗器械三大领域为主要支柱的产业格局，其在化学药、中药、医疗器械、生物制品四大领域中所获得的利润和销售收入在全国均占重要地位。（3）产品销售形势良好。表 16 列出了北京市 2002 年在生物工程和新医药产业新增的 21 个超过 1 亿元销售额的品种。这些药品并非名贵药物，多是一些大众化的药品，但因其与市场需求高度吻合，通过规模增长同样能够达到高盈利的目的。

表 16　　　　　　　　　**北京生物工程和新医药产业亿元品种**

序号	产品名称	企业名称	序号	产品名称	企业名称
1	乌鸡白凤系列	同仁堂	12	华素片	四环科技
2	牛黄清心系列	同仁堂	13	苏诺	四环科技
3	六味地黄系列	同仁堂	14	米非司酮	紫竹
4	国公酒	同仁堂	15	泰力特	太洋
5	感冒清热冲剂	同仁堂	16	糖适平	万辉
6	大输液	双鹤	17	巨能钙片	巨能实业
7	降压 0 号	双鹤	18	CT	GE 航卫
8	奥复星、利复星系列	双鹤	19	毓停	紫竹
9	新诺明原料	双鹤	20	乙肝疫苗	天坛生物
10	扶它林	诺华	21	血脂康	北大维信
11	拜糖平	拜耳	22	—	—

　　资料来源：北京生物技术和新医药产业促进中心：《科技潮》2003 年第 7 期。

　　为进一步说明生物工程和新医药产业的发展取向，我们依据有关资料对目前生物医药新技术的发展方向进行了分析：（1）利用细胞凋亡的机制来筛选抗肿瘤、抗老化、抑制心脑血管病的药；（2）利用细胞的信息传导机制来研究开发新药；（3）利用炎症免疫反应的机制来筛选抗炎症的药；（4）利用结构与功能的关系，并结合三级结构的模拟来达到新药研究开发与设计的目的；（5）利用细胞内分子之间的相互作用或细胞外分子与膜上蛋白的相互作用机制来研究开发新药；（6）利用病原菌感染致病的分子机理来研究开发新药；（7）通过对人的基因组进行研究，并由此筛选出许多具有特定序列的新基因，探寻这些新基因成为新药筛选与设计的靶子的可能性；（8）将电脑的知识技术及其软件引进到以上所述新药研究开发的过程中去，从而加速新药研究开发的进程，增加其自动化程度及新药筛选的精确性和灵敏度。

项目研究同时还发现，中国生物制药业虽取得了许多重要成就，但与国外发达国家生物医药发展的水平相比，在新药创制能力、新药创制条件和标准、新药技术转移、制药企业规模、研发的人力、物力投入等方面还存在很大差距，且技术标准与国际惯例存在较多冲突。因此，产业选择应重点关注那些与国际标准接轨、有关键技术支撑、资本要素雄厚，能够提升核心竞争力的研发项目。对一般性的生物制药项目则应依据生物医药新技术发展方向，对其潜在优势和现实成长性作出判断后再行决策。

（三）天然药物（中药及其复方新药）的选择

中药产业目前已经初步形成了一定规模的产业体系。但从总体上看，我国中药的质量标准体系还不够完善，质量检测方法及控制技术比较落后；中药生产工艺及制剂技术水平较低，市场竞争力不强。我国中药在国际制药界的地位已远远落在众多国家之后。据统计，2002年全球中成药销售额已超过100亿美元，其中来自中国的中药出口销售额仅占3%。与之形成鲜明对比的是，日本、韩国、西欧生产的所谓"洋中药"却以每年300%的增速"抢滩"中国市场，且这些"洋中药"的原料无一例外来自中国。

从天然药物的技术趋向来看，世界各国运用新技术、新方法研究开发和生产天然药物主要集中在三个重要方向：一是天然药物的栽培和种植技术的发展；二是制药业的生产技术标准的制定，包括对药物提纯的要求和成药精细化程度的约束等；三是中药工业（包括中药饮片炮制加工、中成药制剂和中药保健品生产）具体生产工艺的改善和生产效率的提升，其涉及的领域不仅包括中成药工业、中药饮片工业、中药保健品工业，还包括中药制药机械、辅料、包装材料等相关产业。

此外，近几年兴起的植物药材提取技术发展势头迅猛，国际大制药公司纷纷成立天然药物研究开发机构，国际上申报中药及其他植物药专利的数量每年达 3 万件以上。其中，在天然药物制药工业领域处于领先地位的意大利，以天然植物为原料的药物制剂品种多达 2000 余种，每年消耗的植物药品占药品总额的 23%；法国、德国、瑞士的植物药市场也占到 24% ~ 38% 的份额；韩国的人参、银杏叶制剂，每个品种的销售额均超过 1 亿美元；德国从中国进口的银杏叶，采用先进专利工艺技术提取，再将提取物制成治疗心血管病药物，年销售额达 3 亿美元；日本的很多药物源于中国的汉方制剂，但研究与开发的速度很快，其产品在国际市场上已进入品牌化阶段，在世界植物药市场上的份额已超过 70%。

鉴于上述情况，在天然药物（中药和中药新成药）项目的选择中，应重点关注的是，按国际标准和制式进行的天然药物（含中药和中药新成药等）的精细加工项目（包括中药提取、分离、纯化等核心生产技术的研究和推广应用等）。

五、结论

青岛市北新产业区应当结合本地实际，走传统产业与高新技术产业结合的道路，实施追求有限目标、优化发展主题的策略，将自身的产业选择定位在成长性高、市场前景好、技术含量高的电子信息（含电子家电）、汽车零部件和技术相对成熟的新材料及其制品，以及新型制药（含海洋药物、生物工程和新型医药等）等产业领域内。同时，建议参照如下路线，将市场导向和产业链解析有机结合起来，对重点发展的项目和产品作出更明确判断：

（一）电子信息（含电子家电）

1. 半导体、集成电路为主的电子专业设备。

2. 与汽车、船舶、交通业相关的应用电子元器件，包括各种 IC 卡的开发等。

3. 与数字视听设备、消费类电子行业中的产品、家用电子配套的产品。

4. 专门的电子材料、医疗电子仪器、用于科教的电子测量仪器等。

5. 为通讯设备行业中的龙头企业配套的产品；真空电子器件项目。

6. 其他领域和产业中所需要的电子类产品。

7. 为国内外大中型电子家电企业配套生产的电子产品和其他零配件及制品。

8. 与区域范围内有较高知名度和影响力的零售、批发商结成供货关系，为其提供高品质的、具有市场竞争力的电子信息配套或辅助产品。

（二）汽车零部件及配件

1. 电子控制燃油喷射控制系统，电子发动机控制和电子变速器控制系统。

2. 导航装置等电子系统。

3. 夜视功能、音控技术、卫星电话系统、车上网络系统、中央自动门锁控制系统。

4. 汽车仪表板、汽车计算系统。

5. 防抱死制动系统（ABS）。

6. 高能无触点点火系统。

7. 其他汽车电子产品系统。

8. 各类市场所需的通用汽车配件或辅件。

（三）新材料及其制品

1. 纳米材料及其应用（含防菌材料）。

2. 高分子材料（工程塑料等）。

3. 新型复合材料（纤维增强、颗粒增强、层叠复合、多组分混杂复合材料等）。

4. 新型功能材料（硅、锗等半导体材料、单晶硅等集成电路材料）。

5. 新型建筑材料、环境材料。

6. 智能材料（含机敏材料、磁材料、感光材料等）。

7. 能源新材料（镍氢电池、锂离子电池、燃料电池和各种储氢材料等）。

8. 生物功能材料（海洋生物材料等）。

9. 其他新材料（新型屏蔽材料、生物医学材料、新型半导体材料等）。

（四）新型制药

1. 重点关注与人们的生活质量密切相关的新一代抗肿瘤类、防治心脑血管疾病、肝炎、糖尿病类及延缓衰老类的新型药物和海洋滋补保健品。

2. 重点吸引那些已经取得国家新药证书和有望很快取得新药证书的项目。

3. 重点关注那些与国际标准接轨、有关键技术支撑、资本要素雄厚，能够提升核心竞争力的生物制药项目。

4. 重视天然药物（含中药、中药新成药等）精细加工项目的引进。

青岛市崂山区简介

一、自然环境

青岛市崂山区位于北纬 35°23′~36°03′，东经 120°22′~120°43′之间，东、南两面濒海，北靠、西接青岛的老城区。陆地总面积 389.34 平方公里，海岸线长 103.7 公里，海域面积 3700 多平方公里。崂山区属胶东半岛丘陵区，东高西低，山多地少，东部是以海拔 1132 米的巨峰（又称崂顶）为中心的崂山山脉，西部为丘陵、平原；区内有白沙河、张村河等 18 条内河；沿海有文武港、仰口湾、太清宫湾等 25 处港湾；有长门岩、大福岛、大公岛等大小 24 个岛屿。

崂山区濒临黄海，气温受海洋影响明显，属中纬度暖温带季风气候区，光照充足，降水量较大，温和湿润，四季分明，历年日照平均为 2503.3 小时。年平均气温 12.1 摄氏度，月平均相对湿度为 72%。冬无严寒、夏无酷暑，是避暑疗养的胜地。崂山区自然资源丰富。水产资源主要有沿海鱼类约 87 科，155 属，200 余种；矿藏主要有石中极品崂山绿石和大量花岗岩；崂山矿泉水、崂山绿茶闻名遐迩。崂山风景区是国务院 1982 年首批审定公布的国家级重点风景名胜区之一，是国家级森林公园。境内的青岛石老人旅游度假区占地 10.8 平方公里，以"石老人"景观而得名，位于崂山区海滨一线，青山叠翠，碧海连天，海山景观浑然一体，是避暑度假和旅游休闲的好地方。

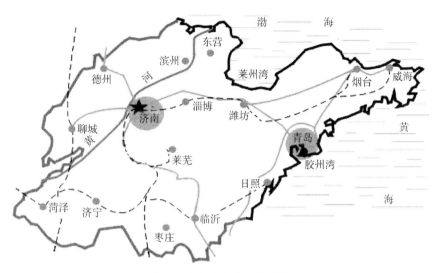

图1　青岛市在山东的位置

二、历史沿革

　　崂山在 1929 年 8 月划归青岛特别市所辖。1951 年青岛市人民政府设崂山行政办事处，1953 年设崂山区，1961 年成立崂山县，1988 年 11 月撤销崂山县设青岛市崂山区，辖李村、中韩、沙子口、北宅、王哥庄、夏庄、惜福镇、城阳、流亭、红岛、棘洪滩、上马、河套等 13 个乡镇。1992 年，青岛高科技工业园创建于崂山区中韩镇，规划面积 67 平方公里，园内包含了国家高新技术产业区和石老人旅游度假区。1994 年 4 月青岛市进行区划调整，成立了新崂山区，辖中韩、沙子口、北宅、王哥庄等四乡镇，139 个村（居）民委员会，人口 24 万余人。① 包含了国家高新技术产业开发区、石老人国家旅游度假区和崂山风景区及可持续高效农业技术研究示范区四个国家政策性区域。

---

　　① 2005 年底数字，中国海洋大学、青岛大学、青岛科技大学等高校在校生未计入。

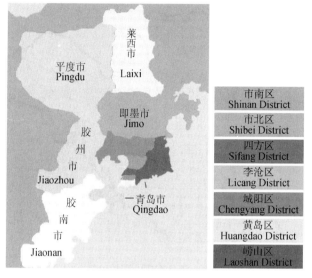

图 2 崂山区在青岛市的位置（临海深色）

三、发展成就

崂山区是肩负着青岛市改革开放实验区重任的一个新城区。它依山傍海，风光旖旎，气候宜人，特产丰富，是青岛市高新技术产业的重要基地、现代旅游中心的主要区域和窗口。

按照青岛市"规划建设高起点、产业发展高层次，社会发展高质量"的总体原则，崂山区历经十几年的建设，已初步形成了现代化城区风貌。其中，高科园产业区、中心城区、度假区基础设施建设日臻完善，一批重大公益项目已先后投入使用。以沿海"一线四点"——青岛极地海洋世界、石老人海水浴场改造、滨海步行道崂山段和青岛现代艺术中心项目为项目重点，已经构成青岛市一批新的靓丽城市景观。

近年来，崂山区准确把握国内外旅游市场发展趋势，加快了石老人旅游度假区与崂山风景区一体化发展步伐，一批高档次的旅游设施相继投入使用，青岛海洋游乐城、青岛市海豚馆、高尔夫球场、国际啤酒城等30多个娱乐休闲项目与一大批造型别致的建筑群，把崂山区装点得多姿多彩，形成了以"山海风光、啤酒文化、渔村民俗、美食购物、海洋娱乐"为特色，景点相对集中，功能相对完善的旅游环境。客流量每年以20%的速度递增。

以高新技术产业、旅游经济、楼宇经济为三大亮点的崂山区域经济开始实现突破。高技术产业投资增长迅猛、产业规模增长迅速，高技术产业发展的水平不断提高。崂山旅游文化节、登山节、崂山茶节、北宅樱桃节、枯桃花会"五个节会"的成功举办，以及"崂山十大特产"、家庭旅馆业等特色产业的发展，进一步拓展了旅游业发展的路子，提升了发展质量和层次。同时，崂山区还成功引进了一批集团总部、研发孵化和金融商贸机构，楼宇经济作为一个新的生长点已初步形成。

目前，崂山区正在加快构筑"一个中心区"、"两条产业带"和"三个辅助中心"的经济社会的总体发展布局。"一个中心区"即以高新区张村河以南的区域为中心区，集中发展科技、服务、教育、会展、商贸等第三产业，成为以科技教育、商贸、生活居住为主要功能的区域；"两条产业带"即调整高新技术产业开发区向北宅方向延伸建设高新技术成果产业化基地、专业产业园区和高新技术产品出口基地，建成面积达 16 平方公里的高新技术产业带；以滨海旅游线为基础，建设石老人国家旅游度假区、沙子口旅游经济带、崂山风景名胜区、王哥庄滨海度假区为整体的崂山滨海旅游经济带；"三个辅助中心"，即以沙子口、王哥庄、北宅三个街道驻地集中改造建设为重心，形成一定规模，功能互补，与中心区接近的辅助中心。

展望未来，崂山区将按照在青岛市整体发展格局中，发展速度和效益领先、高新技术产业发展领先、城市化建设领先、旅游产业发展领先、现代服务业发展领先、建设社会主义新农村领先的目标，进一步加快发展步伐，一座现代化的新城区必将以其更加靓丽的身姿矗立在青岛的东部。

图 3　青岛市崂山区内部各政策区域分布

参 考 文 献

1. 阿瑟·奥沙利文：《城市经济学》，苏晓燕等译，中信出版社 2004 年版。

2. 连玉明：《中国城市报告》，中国时代经济出版社 2004 年版。

3. 曹伟：《城市生态安全导论》，中国建筑工业出版社 2004 年版。

4. 陈秀山、张可云：《区域经济理论》，商务印书馆 2005 年版。

5. 周伟林等：《城市经济学》，复旦大学出版社 2004 年版。

6. 胡欣、江小群：《城市经济学》，立信会计出版社 2005 年版。

7. 辛晓梅：《区域发展战略与规划》，中国科学技术出版社 2005 年版。

8. 安虎森：《空间经济学原理》，经济科学出版社 2005 年版。

9. 毕宝德：《土地经济学》，中国人民大学出版社 2006 年版。

10. 王克强等：《土地经济学》，上海财经大学出版社 2005 年版。

11. 周诚：《土地经济学原理》，商务印书馆 2003 年版。

12. 孙群郎：《美国城市郊区化研究》，商务印书馆 2005 年版。

13. 于方涛：《城市竞争与竞争力》，东南大学出版社 2004 年版。

14. 刘江涛等：《城市边缘区土地利用规制》，新华出版社 2005 年版。

15. 王辑慈等：《创新的空间——企业集群与区域发展》，北京大学出版社 2003 年版。

16. 王圣学：《西安大都市圈发展研究》，经济科学出版社 2005 年版。

17. 建设部城乡规划司：《城市规划决策概论》，中国建筑工业出版社 2003 年版。

18. 宋林飞等：《地区经济发展平台》，社会科学文献出版社 2005 年版。

19. 孙万松：《园区经济与城市核心竞争力》，中国经济出版社 2004 年版。

20. 申振东、周其华：《城镇化透析》，中国经济出版社 2004 年版。

21. 皇甫晓涛：《城市革命——都市产业新浪潮》，中国物资出版社2004年版。

22. 顾朝林等：《经济全球化与中国城市发展》，商务印书馆2000年版。

23. 刘平洋：《中国产业国际竞争力分析》，经济管理出版社2003年版。

24. 芮明杰、陶志刚：《中国产业竞争力报告》，上海人民出版社2004年版。

25. 叶朗：《中国文化产业年度发展报告（2004）》，湖南人民出版社2004年版。

26. 劳爱乐等：《工业生态学与生态工业园》，化学工业出版社2003年版。

27. 迈克·詹克斯等：《紧缩城市：一种可持续发展的城市形态》，中国建筑工业出版社2004年版。

28. 青岛科技大学城市可持续发展研究中心：《城市与城市发展研究》，中国广播电视出版社2005年版。

29. 傅崇兰：《新城论》，新华出版社2005年版。

30. 王明浩：《城市情结》，经济科学出版社2005年版。

31. 楼江：《城市化过程中的土地管理方法与实务》，东南大学出版社2004年版。

32. 何芳：《城市土地经济与利用》，同济大学出版社2004年版。

33. 张帆等：《旅游对区域经济发展贡献度研究》，经济科学出版社2003年版。

34. 罗明义：《旅游经济研究与探索》，云南大学出版社2004年版。

35. 彭补拙、周生路：《土地利用规划学》，东南大学出版社2003年版。

36. 王关义：《中国五大经济特区可持续发展战略研究》，经济管理出版社2004年版。

37. 陆军：《城市外部空间运动与区域经济》，中国城市出版社2001年版。

38. 耿毓修：《城市规划实施》，上海三联书店2003年版。

39. 张季：《多视角的城市土地利用》，复旦大学出版社2006年版。

40. 左铁镛：《北京交通与奥运》，人民交通出版社2004年版。

41. 中国科学院中国现代化研究中心：《中国现代化报告（2005）》，北京大学出版社 2005 年版。

42. 李荣平等：《技术创新能力与活力评价理论和实证研究》，天津大学出版社 2005 年版。

43. 马庚存：《绿色青岛》，青岛出版社 2006 年版。

44. 马立宪：《东部黄金海岸》，青岛出版社 1999 年版。

45. 李翅：《土地集约利用的城市空间发展模式》，载《城市规划学刊》，2006 年第 1 期。

46. 邹璇等：《产业扩张对土地需求的定量分析》，载《工业技术经济》，2006 年第 5 期。

47. 张玉亭：《城市化模式下的土地治理与制度创新》，载《山西经济管理干部学院学报》，2006 年第 3 期。

48. 王茹等：《北京市土地利用总体规划中耕地与基本农田空间布局探讨》，载《国土资源》，2005 年第 6 期。

49. 王新生等：《中国特大城市空间形态变化的时空特征》，载《地理学报》，2005 年第 3 期。

50. 刘清丽等：《福建省土地利用格局及其影响因子》，载《福建地理》，2004 年第 4 期。

51. 周年兴、俞孔坚：《风景区的城市化及其对策研究》，载《城市规划汇刊》，2004 年第 1 期。

52. 朱鹏宇、胡海波：《都市圈内部城市空间扩展机制研究》，载《规划师》，2003 年第 12 期。

53. 张华：《保护耕地与城市化进程》，载《中外房地产导报》，2001 年第 7 期。

54. 欧俊豪、马逢祥等：《城市综合经济实力的主要成分分析》，载《数理统计与管理》，1998 年第 3 期。

55. 李勋来：《城市边缘旅游新区的开发模式》，载《资源开发与市场》，2005 年第 5 期。

56. 张蔚文、吴宇哲：《韩国土地政策沿革及其对我国的启示》，载《城市开发》，2002 年第 11 期。

57. 王静：《日本、韩国土地规划制度比较与借鉴》，载《中国土地科学》，2001 年第 3 期。

58. 汪秀莲：《韩国土地管理法律制度》，载《中国上地科学》，2003

年第 3 期。

59. 刘黎明：《韩国的土地利用规划体系和农村综合开发规划》，载《经济地理》，2004 年第 3 期。

60. 欧海若、吴次芳：《韩国的土地征收制度及其借鉴》，载《国土经济》，1999 年第 4 期。

61. 李国俊，刘澎：《上海现代服务业展望》，载《上海经济》，2005 年第 2 期。

62. 刘家明：《国内外海岛旅游开发研究》，载《华中师范大学学报（自然科学版）》，2000 年第 3 期。

63. 彭超、文艳：《海岛旅游多元化发展的探讨》，载《中国渔业经济》，2005 年第 2 期。

64. 万朝林：《失地农民权益流失与保障》，载《理论与改革》，2004 年第 1 期。

65. 宋斌文等：《当前失地农民问题的成因以及化解对策》，载《观察与思考》，2003 年第 11 期。

66. 王世波、王世良：《高新技术风险投资项目评价的 AHP 模型》，载《科技管理研究》，2004 年第 1 期。

67. 国土资源部：《国土资源"十五"计划纲要》，2001 年版。

68. 重庆社会科学院课题组：《重庆市工业布局调整及工业园区研究》，载《重庆经济》，2001 年第 5 期。

69. 中国城市规划设计研究院：《高平市城市总体规划》，2003 年版。

70. 台州市政府：《台州市土地开发整理规划（2002~2010）》，2002 年版。

71. 李增勇：《运筹新崂山》，载《青岛日报》，2004 年 2 月 16 日。

72. 中国人民大学区域经济研究所：《青岛市崂山区经济社会可持续发展总体战略研究》，2005 年版。

73. 中国海洋大学课题组：《青岛高新区在山东半岛高新技术产业带中的功能定位研究》，2003 年版。

74. 青岛市发改委：《青岛市"十一五"高技术产业发展规划》，2005 年版。

75. 青岛市发改委：《青岛市"十一五"制造业发展规划》，2005 年版。

76. 青岛市奥帆委：《奥帆赛对青岛市经济影响的预测分析》，2005 年版。

77. 青岛市统计局：《青岛市 R&D 投入水平的评价分析》，2005 年版。

78. 青岛市统计局：《青岛市国民经济和社会发展统计公报》，2005 年版、2006 年版。

79. 崂山区统计局：《青岛市崂山区国民经济和社会发展统计公报》，2005 年版、2006 年版。

80. 崂山区发改局：《青岛市崂山区"十一五"国民经济和社会发展规划》，2006 年版。

81. 崂山区风景管理委员会：《崂山国家风景管理区发展规划》，2005 年版。

后　记

　　《土地资源约束下的新城区发展》是在青岛科技大学和中国海洋经济学会联合承担的青岛市科技计划项目《崂山区有限土地资源供给背景下的新发展战略研究》的基础上，经过新的编撰和修订后形成的。

　　项目负责人是青岛科技大学的李立教授。项目组成员叶焕民、韩立民、张天旺、于洋、边伟军、徐立勋、祝晓波、张红智分别来自青岛科技大学、中国海洋大学、山东省对外贸易学院等单位的教学和研究机构。韩国东洋大学校权光善教授作为青岛科技大学的访问学者参与了部分的研究工作。

　　书中各章节撰稿人是：导论，李立；第一章，张天旺；第二章，于洋；第三章，叶焕民；第四章，边伟军；第五章，边伟军；第六章，李立、韩立民；第七章，祝晓波；第八章，韩立民；第九章，李立、张红智；第十章，徐立勋；第十一章，祝晓波（根据韩国国土研究院崔赫宰的《韩国国有土地的研究》、韩国不动产研究院柳海雄的《关于公益事业用地等的取得和补偿制度》和韩国国土研究院桂基锡的《韩国长期未执行的城市计划设施用地管理制度的变迁及课题》等研究成果整理）。

　　附录Ⅰ《青岛市北新产业区产业选择》由李立撰稿。

　　附录Ⅱ《青岛市崂山区简介》根据青岛市崂山区提供的资料整理。

　　在书稿编撰过程中，原课题组成员相互支持，集思广益，使书稿增色许多。

　　在项目研究和书稿编撰过程中，青岛市崂山区政府和诸多相关部门提供了重要的帮助；南开大学、山东大学、中国海洋大学、青岛大学和青岛市社科院的多位专家不辞劳苦，伏案阅读了研究报告，并提出了许多重要修订意见。借本书即将付梓之际，特向他们表示深深的敬意。

　　此外，课题组借鉴和吸纳了国内外新城区（新经济区）发展的诸多经验和各界人士相关的研究成果，以及当地许多政府和企事业单位有关同志闪烁着智慧火光的思想，在此一并表示最诚挚的感谢。

作　者

2007 年 3 月于青岛市

责任编辑：吕　萍　段小青
责任校对：徐领弟
版式设计：代小卫
技术编辑：邱　天

土地资源约束下的新城区发展
——关于青岛市崂山区的案例研究
李　立　等著
经济科学出版社出版、发行　新华书店经销
社址：北京市海淀区阜成路甲 28 号　邮编：100036
总编室电话：88191217　发行部电话：88191540
网址：www. esp. com. cn
电子邮件：esp@ esp. com. cn
汉德鼎印刷厂印刷
海跃装订厂装订
720×960　16 开　17.5 印张　280000 字
2007 年 7 月第一版　2007 年 7 月第一次印刷
印数：0001—4000 册
ISBN 978 - 7 - 5058 - 6373 - 6/F・5634　定价：30.00 元